böhlau

Judith Wolfsberger

Schafft euch Schreibräume!

Weibliches Schreiben auf den Spuren Virginia Woolfs.

Ein Memoir

2018

BÖHLAU VERLAG WIEN KÖLN WEIMAR

Bibliografische Information der Deutschen Nationalbibliothek:
Die Deutsche Nationalbibliothek verzeichnet diese Publikation in der
Deutschen Nationalbibliografie; detaillierte bibliografische Daten sind
im Internet über http://dnb.d-nb.de abrufbar.

Umschlagabbildung: Portrait of Virginia Woolf and Vanessa Garnett, 1932
© Peter Lofts Photography;

© 2018 by Böhlau Verlag GmbH & Co. KG, Wien Köln Weimar
Kölblgasse 8–10, A-1030 Wien, www.boehlau-verlag.com

Alle Rechte vorbehalten. Dieses Werk ist urheberrechtlich geschützt.
Jede Verwertung außerhalb der engen Grenzen des Urheberrechtsgesetzes ist
unzulässig.

Korrektorat: Constanze Lehmann, Berlin
Einbandgestaltung: Andrea Schiffer, Wien
Layout: Andrea Schiffer, Wien
Druck und Bindung: Hubert & Co., Göttingen
Gedruckt auf chlor- und säurefreiem Papier
Printed in the EU

ISBN 978-3-205-20635-4

	Vorbemerkung	11
1	**Autorin werden?** Meine große Virginia-Woolf-Reise durch Südengland	13
2	**Mutter werden?** Geschichte im Körper & der Körper im Text – Eine Familienreise nach Sussex	73
3	**Künstlerin werden?** Autonomes Arbeiten und Wandern mit Krücken. Southwest Coast Path in Cornwall	127
4	**Virginias Vision für 2028?** *Shared Writing Spaces* & *Mother Writers* in New York – Elf Wünsche für unsere Schreibzukunft	187
5	**Feministin sein?** Neue Manifeste in Weimar & neue Schreibräume in Wien	231
	Literatur	284
	Abbildungen	289
	Dank	290
	Die Autorin	292

Für Alexa, Paul und Violetta

„if we have the habit of freedom
and the courage to write
exactly what we think [...]
then the opportunity will come"

Virginia Woolf, A Room of One's Own (1929)

Virginia Woolf inmitten ihrer *community* (1923)

Vorbemerkung

Ich habe Virginia Woolf gelesen und Biografien über sie aufgesaugt. Ich bin Virginias Wege nachgegangen, habe Fragen an sie gestellt und mir erlaubt, Prozesse meines Lebens in Relation zu ihren zu setzen. Fiktion und Faktum sind bekannterweise weder in Biografien noch in autobiografischen Texten scharf zu trennen. In diesem vorliegenden Buch handelt es sich um eine narrative Wahrheit, die auf meinem persönlichen Erleben, Erinnern und Erkennen beruht. Andere haben andere Versionen dieser Geschichten zu erzählen.

Um die Identität von Personen in meinem Umfeld zu schützen, wurden manche Namen für das Buch verändert.

„Lock up your libraries if you like; but there is no gate, no lock, no bolt that you can set upon the freedom of my mind."

Virginia Woolf, A Room of One's Own (1929)

1

Autorin werden?

Meine große Virginia-Woolf-Reise
durch Südengland

Ich saß im Kino, neben mir mein England-Liebhaber und vor uns Virginia Woolf auf der Leinwand. Philip Glass' Musik drehte sich wie ein Wirbelwind, während Virginia Woolf, nein Nicole Kidman mit aufgeklebter Virginia-Woolf-Nase, schrieb. Sie saß in einem Lehnstuhl umgeben von Papier- und Bücherstößen, trug ein geblümtes 1920er-Jahre-Kleid, hatte ein Brett als Schreibunterlage auf ihrem Schoß und kritzelte in großer, schneller Schrift mit einem langen Federhalter: „Mrs. Dalloway said she would buy the flowers herself." Der heilige Moment, in dem ein erster Satz entsteht, der ein ganzes Buch trägt, noch dazu ein Buch, das eine Frau des frühen 20. Jahrhunderts zur Weltautorin machte. Und nun, am Anfang des 21. Jahrhunderts, durchzog dieser Roman über die Londoner Gesellschaftsdame Mrs. Dalloway einen ganzen Hollywood-Film, „The Hours".

Ich saß im Kino und spürte, dass die blassgrüne englische Landschaft, der blühende Cottage Garden von Virginias Woolfs Landhaus und die englische Sprache meinen Freund ebenso berührten wie mich. Doch ihr Höhenrausch beim Schreiben war alleinig mein Thema. Ein tiefer Wunsch, mehr zu schreiben, mutiger und freier, literarisch und erfolgreich, pochte in mir, war mein Herzschlag. Begierig schaute ich Virginia Woolf beim Schreiben zu, *author at work,* wie schön. Doch wie bitte sollte ich je einen ersten Satz schreiben, der trägt? Wann würde ich endlich Texte schreiben, die auch publizierbar wären? Durfte ich mir das anmaßen? Was heißt es überhaupt *Autorin* zu sein? Und war sie, Virginia Woolf, immer schon Autorin gewesen? Ich sog jeden noch so winzigen Moment der Lebenswelt von Virginia Woolf, die der Film darstellte, auf. Wollte mir die Aura der Autorin quasi aneignen. Es war ein unerhörter, maßloser, ja peinlicher Wunsch. Zum Scheitern verurteilt.

Denn wir leben in einer Kultur, die implizit an das Naturgenie glaubt, und ich fühlte mich definitiv nicht als so eines. Entweder frau war ein großes Talent, dann wurde sie wie von selbst zur Autorin, oder eben nicht. Und wenn nicht, dann galt es in Mitteleuropa als peinlich zu schreiben, erst recht Autorin sein zu wollen.

Doch einige Schreibworkshops in den USA und viele englischsprachige Bücher zum Thema Schreiben, die unentwegt Virginia Woolf zitierten, hatten mir die Idee in den Kopf gesetzt, dass Schreiben erlernbar ist. Sie hatten mich ermutigt, mir Schreibstrategien anzueignen, Schritt für Schritt, Text für Text. Und doch schrieb ich nur zaghaft, für die Schublade, scheu, geheim, unsicher. Begierig betrachtete ich Virginia Woolf im Film. Wie schaut das aus *Autorin zu sein?* Wie fühlt sich das an? Wie geht das?

Ich saß also im Kino und sah, wie Virginia Woolf die Feder zur Seite legt und sich selbst den Text, den sie gerade geschrieben hat, laut vorliest: „Mrs. Dalloway said she would buy the flowers herself". Die nächste Szene zeigt eine Verlegerin im New York der Gegenwart, Meryl Streep, die in einer Blumenhandlung steht und mehrere Eimer voller Blumen kauft, für einen ihrer Autoren, der an diesem Tag einen Literaturpreis gewonnen hat. Sie gibt eine Party am Abend, so wie Mrs. Dalloway in Virginia Woolfs Roman. Der Film spielt auf drei Zeitebenen: 1. circa 1920 wird Virginia Woolf in England gezeigt; 2. circa 1950 liest eine Frau in Los Angeles Virginia Woolfs Roman „Mrs. Dalloway" und 3. circa 2000 plant eine Verlegerin in New York ein Fest. Doch aus der Party für den Autor wird nichts, denn dieser springt kurz davor aus dem Fenster, so wie der kriegstraumatisierte Septimus im Roman „Mrs. Dalloway". Und dann wird die Eingangsszene des Films wiederholt, Virginia Woolfs Selbstmord. Immer wieder im Laufe des Films sehen wir, wie sie in den Fluss geht. Depressiv und wirr stopft sie große Steine in ihre Manteltasche, läuft durch den Garten und durch die schöne englische Landschaft zum reißenden Fluss, geht hinein, sinkt tiefer, ertrinkt. Ertrinkt! Ich ertrinke mit ihr. „Geh nicht!", will ich rufen. Philip Glass überstürzt sich in wilden Klavierrhythmen. Sie ertrinkt und mit ihr der Traum von der Möglichkeit, Autorin zu sein und gleichzeitig glücklich.

Nach dem Film gingen Paul und ich eng umschlungen die nächtlich beleuchtete Wiener Ringstraße entlang. Wir schwiegen. Ich durfte noch eine Weile in dem bitter-süßen Traum des Films bleiben. Dann sagte er: „Sehr schön war der Film, aber traurig."

Ich nickte. Was sollte ich sagen? Ich hatte das Gefühl, nun tage- ja jahrelang über diesen Film nachdenken zu wollen, alle Bücher von und über Virginia Woolf zu lesen, denn, so wurde mir plötzlich klar, etwas stimmte hier nicht. Paul riss mich aus der Film-Trance, als er sagte: „Ich verstehe nicht, warum du so begeistert bist von Virginia Woolf. Sie hat sich doch umgebracht ... was findest du an ihr?"

Ich riss den Mund auf, um tief Luft zu holen, ich ruderte mit den Händen, wo sollte ich bloß beginnen, wo aufhören? Mit Virginia Woolfs Tagebüchern, die Generationen von Schreiberinnen inspiriert haben? Sie hatte darin ihre Schreibprozesse dokumentiert und reflektiert und damit einen Schatz an Inspirationen für Schreibende geschaffen. „A Writers Diary", ein Buch mit Ausschnitten aus Virginia Woolfs Tagebüchern, war quasi meine Bibel. Sollte ich die Zitate daraus anführen, die meine Arbeit als angehende Schreibtrainerin jeden Tag leiteten? Wie

> „The worst of writing is that one depends so much upon praise."
>
> Virginia Woolf, Diary (1919)

Oder sollte ich ihm von meinen unvergesslichen Leseerfahrungen als 17-Jährige erzählen, als ich Virginia Woolfs schrägen Stream-of-Consicousness-Roman „The Waves" gelesen hatte, wodurch die Welt so weit und tief und vieldimensional wurde? Nein, ich hörte mich anderes sagen:

„So war sie nicht! So wie der Film sie zeigt, SO war es NICHT!" Ich schnaubte vor Wut: „Sie war – verdammt nochmal nicht so jung, als sie Suizid beging, wie der Film es zeigt." Ich löste mich von Pauls Arm: „Sie war nicht bloß depressiv; sie war nicht so verwirrt und traurig und daneben, wie der Film sie zeigt!", schrie ich.

Paul sagte, „Ist schon okay. Wie war sie dann? Und wieso stört es dich eigentlich so, dass Virginia Woolf im Film falsch dargestellt ist?"

Warum es mich störte? Ich fand es unerhört, es traf mich. Tief unter der Haut, tief unter meinen sprachlichen Erklärungen, tief in der Geschichte. „Ich weiß", sagte ich schließlich „es ist bloß ein Spielfilm, eine Fiktion, eine Story, die eine historische Persönlichkeit verwendet."

Aber ich spürte, es war nicht bloß irgendeine Story. Es war meine Story. Meine Zukunft. Es ging um Leben und Tod. Um ihr Leben und Schreiben und um das Leben aller Frauen, die je schreiben wollten und sich damit immerzu exponierten. Was passiert, wenn wir schreiben? Riskieren wir das Leben? *Sanity? Safety? Family?*

Riskieren Frauen verrückt, mittellos und einsam zu werden, wenn sie es wagen zu schreiben und zu publizieren?

Ich fasste mich und sagte: „Was heißt das, wenn die große Ahnin des weiblichen Schreibens, die Kämpferin für die Sprache der Frauen, für freie Schreibräume, reduziert wird auf eine todessüchtige Halbwahnsinnige?" Und ich dachte mir dazu: Und was heißt das für meine Chancen, Autorin zu werden?

Tagelang redeten wir über den Film. Ich las „Mrs. Dalloway" und gab das Buch dann Paul zum Lesen, ich bestellte mir die große Biografie, die Virginia Woolfs Neffe Quentin Bell über sie geschrieben hatte. Wir lasen, wir redeten, wir fingen Feuer. Paul liebte den Roman „Mrs. Dalloway", auch weil er London liebte. Und auch weil er mich liebte. Er machte mich auf den im Buch abgedruckten Stadtplan aufmerksam, auf dem sich die Wege der Protagonisten des Romans nachverfolgen ließen. Sie alle gingen an diesem einen Tag in den 1920er-Jahren jeder für sich durch London, sie nahmen die Großstadt wahr, den Verkehr, die Geschäfte, die Menschen, einen Zeppelin am Himmel. Doch das Buch zeigt auch, wie sehr ihr Sein von Erinnerungen an dies und das, von Wünschen, Hoffnungen und Ängsten bestimmt ist. Immerzu leben sie gleichzeitig in Vergangenheit, Gegenwart und Zukunft. Dieser Roman, der mit „Ulysses" von James Joyce verglichen worden ist, gilt wie Virginia Woolfs Literatur insgesamt als schwierig. Doch Paul fand ihn wie ich fantastisch. Frisch und dynamisch. Er zeigte auf den Stadtplan von London im Buch und sagte: „Man müsste diese Wege nachgehen."

Er strahlte. Ich strahlte und sagte schließlich:

„Ja! Und zu Virginias Woolfs Landhaus südlich von London fahren."

„Südengland!", rief er begeistert „Die kleinen Straßen mit bewachsenen Steinmäuerchen, die von Hecken umgebenen Gärten, ein Traum."

Ich war oft in London gewesen und in Schottland, wo ich mit 16 als Austauschschülerin gelebt hatte, aber noch nie in Südengland.

Ich küsste ihn und sagte: „Ich werde eine Tour zusammenstellen mit Hilfe dieser Biografie. Auf den Spuren einer Frau, die so viel geschrieben und so viel nachgedacht hat über optimale Bedingungen für Frauen, die schreiben. Und von ihr lernen, wie das geht. Und vielleicht dann auch mal was schreiben, das nicht immer in meinen Notizbüchern oder auf meiner Festplatte hängen bleibt."

„Ja, das wäre schön", sagte Paul und zog mich an sich.

Im nächsten Sommer traten wir unsere Reise nach England an, unsere penibel geplante Virginia-Woolf-Reise. Mit einem Stoß Bücher im Kofferraum fuhren wir nach Calais und hörten dabei Virginia Woolfs Roman „Zum Leuchtturm" auf CD. Ich hatte inzwischen einen wilden Rohtext für einen Krimi geschrieben und peinlich berührt in die Schublade verbannt und kämpfte mit der vagen Idee für ein Buch über meine Arbeit mit Studierenden. Ich wollte alles wissen über Virginia – so nannten wir nun die große Autorin –, ich wollte all ihre Orte sehen und spüren. Da war ich sicher. Über mein eigenes Schreiben war ich nicht so sicher: Würde ich immer nur für mich selbst schreiben? Ich wollte so gern richtige Bücher schreiben und sie in richtigen Verlagen publizieren und von Virginia lernen. Die große Frage lautete: Wie und wo und wodurch war sie zur Autorin geworden?

Auf der Fähre von Calais nach Dover tranken Paul und ich bei Sonnenaufgang an Deck heißen Tee mit Milch. Ich war so verliebt in meinen schönen England-Liebhaber, und diese gemeinsame Reise war ein romantisches Fest, das wir voller Inbrunst zelebrierten. Nach dem Tee setzte ich mich auf eine Bank, schlug ein großes, mit blauem Leinen überzogenes Notizbuch auf, das ich mir speziell für diese Reise zugelegt hatte. Ich zeichnete auf die erste Seite eine grobe Landkarte unseres Wegs von Wien nach Dover und schrieb darunter ein Zitat aus „Mrs. Dalloway":

> „So to know her, or anyone,
> one must seek out the people who completed them, even the places."
>
> Virginia Woolf, Mrs. Dalloway (1925)

London

Der logische Beginn dieser Reise war London, Virginias Geburtsstadt, ihre Lebensstadt, ihre Lieblingsstadt, die sie ihr ganzes Leben lang durchstreifte, durchwanderte und beschrieb.

> „London itself perpetually attracts, stimulates, gives me a play & a story & a poem, without any trouble, save that of moving my legs through the streets."

Virginia Woolf, Diary (1928)

Wir standen vor Virginias Geburtshaus in der kurzen Sackgasse Hyde Park Gate gleich beim Kensington Garden. Ein schmales, viktorianisches Einfamilienhaus mit sechs Stockwerken und einem winzigen Vorgarten. Neben dem Eingang war eine blaue ovale Porzellantafel angebracht, auf der stand:

Virginia
Stephen
Virginia Woolf
1882–1941
Novelist and critic
Born and lived here
until 1904

Ich lehnte an dem geschwungenen Gusseisenzaun mit einem offenen Buch in der Hand, das unsere Reise bestimmte, ermöglichte, inspirierte: „From The Lighthouse To Monk's House". Ein grandioses Werk über Virginias Lebensorte, geschrieben von der amerikanischen Literaturwissenschafterin Katherine Hill-Miller. Die amerikanische Wissenschaft hatte mir schon so viele Türen geöffnet und nun auch die zu Virginias Lebensorten. Wir sprachen von der Autorin, unserem *guide*, als Kathrine, so wie wir nach und nach alle unsere neuen Freunde beim Vornamen nannten.

Ich schaute abwechselnd in Katherines Buch und das Haus hinauf: Im ersten Stock war Virginia Stephen als drittes Kind von Julia Duckworth und Leslie Stephen geboren worden; in eine – wie man heute sagen würde – Patchworkfamilie. Virginias Eltern waren beide verwitwet, als sie sich kennenlernten und brachten beide Kinder aus ihren ersten Ehen in die neue Familie ein. Halbgeschwister, Geschwister, Dienstboten, Verwandte und andere Gäste bevölkerten bei unentwegten Teegesellschaften das Haus voller weißer Spitzen, dunkler Möbel und schwerer Samtvorhänge. Der Vater, Leslie Stephen, entfloh täglich mit seinen Kindern der Enge im Haus und der viktorianischen Benimmgesellschaft in den nahen und riesigen Kensington Garden. Er war Philosophieprofessor in Cambridge, Autor und manischer Fußgänger. Angeblich ist er einmal von London nach Cambridge zu Fuß zu einer Teegesellschaft gegangen und am gleichen Abend zurück. Virginia spazierte jedenfalls, von ganz klein an, oft mit und neben ihrem Vater, einem hochgewachsenen Mann mit schnellem Schritt. Sie rannte neben ihm her, über den Rasen zu den Teichen und Bächen, hinüber zum Hyde Park. Und das Gleiche taten wir nun auch. Gehen, gehen, gehen, durch den Park, wo heute wie vor hundert Jahren Kinder Enten füttern und Erwachsene in Liegestühlen Zeitung lesen. Und dann fuhren wir über die Jahrzehnte von Virginias Kindheit und Jugend hinweg hinüber in den Stadtteil Bloomsbury, der durch Virginia und ihren künstlerisch-philosophischen Freundeskreis – die Bloomsbury Group – weltberühmt geworden ist.

Von Kensington nach Bloomsbury: Für Virginia war es ein weiter Sprung gewesen, der vom biederen 19. Jahrhundert in die radikale Moderne des 20. Jahrhunderts, der von einer Familie voller Todesfälle und Kindheitstraumata hin zu einer – heute würden wir sagen – WG junger LebenskünstlerInnen führte. Als Virginia und ihre Schwester Vanessa 1904 mit Anfang zwanzig den Stadtteil und ihren Lebensstil änderten, waren beide ihrer Eltern bereits verstorben. Virginia und Vanessa waren sehr frei und voller Drang, diese Freiheit ganz zu leben. Virginia schrieb – damals schon. Und Vanessa malte und gestaltete mit Elan das neu bezogene Haus am Gordon Square. Sie bemalte die Wände und Möbel mit bunten Farben. Die komplizierten Konventionen des 19. Jahrhunderts waren ebenso wie die dicken dunklen Samtvorhänge verbannt worden. Licht und junge Menschen voller Fragen und Ideen waren willkommen. Thoby und Adrian, die Brüder von Virginia und Vanessa, brachten ihre interessantesten Studienkollegen von Cambridge mit. Was später als Bloomsbury Group bekannt wurde, dieser innovative, lose Kreis aus KünstlerInnen und Intellektuellen, begann, als Virginia und Vanessa den Donnerstagabend zum offenen Haus erklärten. Da kamen die Freunde der Brüder und andere ungewöhnliche Menschen und redeten über die Moderne, über die neueste Kunst aus Frankreich und neue Liebes- und Lebenskonzepte.

> Bloomsbury Group: „it was some abstract question that [...] drew out all our forces. Never have I listened so intently to each step and half-step in an argument. Never have I been at such pains to sharpen and launch my own little dart. And then what joy it was when one's contribution was accepted."
>
> Virginia Woolf, Old Bloomsbury (2014)

Als Vanessa einen der Bloomsburys – Clive Bell – heiratete, zog Virginia mit ihren Brüdern und deren Freunden ein paar Häuserblocks weiter. Eine unverheiratete Frau wohnt mit *fremden* Männern! Das war damals unerhört. Virginias zweite *WG* war am Fitzroy Square, ein kleiner, saftig grüner Park umgeben von noblen stuckverzierten Häuserreihen. Später zog sie wieder nur ein paar Häuserblöcke weiter an den Brunswick Square. Virginia liebte an Bloomsbury besonders die Plätze, an denen Häuserreihen rund um einen Park mit großen Bäumen und Wiesen gebaut waren. Die Zimmer waren sehr hell und hatten einen weiten Blick ins Grüne.

Ich setzte mich auf eine Parkbank und las Paul vor, was Virginia über das Licht geschrieben hatte:

> „All the lights in the Square are lighting, and it is turning silver grey, and there are beautiful young women still playing tennis on the grass"
>
> Virginia Woolf, Letter to Violet Dickinson (1907)

Am Fitzroy Square hatte Virginia eine Etage für sich und gestaltete ihr Zimmer in „fließendem Violett, wie das Meer". Da saß sie zwischen „Pyramiden von Büchern" und schrieb mit Blick auf die Bäume. Ich versuchte, mir diese junge, hochgewachsene Frau in langem Kleid vorzustellen, die mit ihrem Anspruch an Lebensglück und Freiheit völlig aus der Norm der Zeit fiel. Sie schrieb, sie diskutierte, sie gestaltete ihre Räume und Lebensweisen mit viel Muße und Genuss.

Bald wohnten dort und da in den verschiedenen Straßen und Plätzen des Bloomsbury-Viertels, nur wenige Gehminuten voneinander entfernt, die Freunde und Freundinnen von Virginia. Paul und ich flanierten von Platz zu Platz. Katherines Buch schlug einen *Bloomsbury Walk* vor, er führte uns durch Jahrzehnte von wechselnden WGs, Liebesbeziehungen und künstlerischen Freundschaften.

Auf jedem der Häuser begegnete uns eine der freundlichen blitzblauen Gedenktafeln, die Name und Daten der Bloomsbury-Person, die hier einmal gewohnt hatte, anführten.

Paul zeigte auf das Porzellanschild zu John Meynard Keynes, den später weltberühmten Ökonomen, Namensgeber des Keynesianismus. Ich sagte „Das ist doch der, auf den Bruno Kreisky sich immer bezog." Paul sagte „Ja, genau. Aber in meinem Wirtschaftsstudium hat niemand erwähnt, dass John Meynard Keynes Teil einer so coolen Gruppe von Künstlern und Künstlerinnen rund um Virginia Woolf war." Das Haus, in dem *John Maynard*, wie wir ihn unter uns nannten, mit seiner Frau Lydia, einer russischen Tänzerin, gewohnt hatte, war nun ein Universitätsinstitut und damit öffentlich zugänglich. Wir gingen hinein, schossen ein paar Fotos der Seminarräume. Dann spazierten wir weiter durch Bloomsbury, lasen uns Stellen aus unserem *guide* vor und ließen uns schließlich erschöpft am Mecklenburgh Square auf dem Rasen nieder mit einem pakistanischen Essen *to go*.

Meine Füße taten schon weh, doch Paul war wie Virginia, London gab ihm übernatürliche Kräfte und er konnte stundenlang durch die Stadt seines Herzens gehen. Virginia war so viel gegangen, jeden Tag, weite Strecken zum Piccadilly oder an die Themse, kreuz und quer, um Eindrücke zu sammeln und Ideen zu spinnen.

Oder sie huschte schnell hinüber in die London Library. Paul schlug vor, dort noch hinzugehen. So gern war Virginia in dem runden Lesesaal unter einer Glaskuppel gewesen. Die letzten Minuten unserer Gehpause genießend las ich aus unserem *guide book* ein Zitat von Virginia vor. Sie dachte über die Menschen, die wie sie in diesem Lesesaal lasen und schrieben, dass sie ein Leben hatten, das sie liebten, weil sie an die Notwendigkeit des Büchermachens glaubten:

> „I like this dusty bookish atmosphere. Most of the readers seem to have rubbed their noses off & written their eyes out. Yet they have a life they like – believe in the **necessity of making books** I suppose: verify, collate, make up other books, forever."
>
> Virginia Woolf, Diary (1926)

Ja, dachte ich, ich würde so ein Leben auch lieben! In einer schönen Bibliothek in London sitzen und lesen und schreiben. Echte Bücher schreiben. Ja, dachte ich, ich möchte auch *Bücher machen*. Ich hatte früher als Buchhändlerin gearbeitet und in Verlagen Buchprojekte betreut. Ich glaubte wie Virginia und die Menschen rund um sie an die *Notwendigkeit des Büchermachens;* jetzt wollte ich Autorin werden. Woher, fragte ich mich, hatte Virginia bloß dieses natürliche Selbstverständnis von sehr jung an, ich kann das, ich mach das?

„Let's go!", Paul riss mich aus meinen Gedanken. Mühsam stand ich auf. „Komm. Virginias Lieblingsbibliothek ist gleich ums Eck. In dem Gebäude ist jetzt das British Museum. Aber den schönen Lesesaal gibt's noch."

Als wir Virginias runden Lesesaal betraten, ging mein Blick sofort nach oben. Ein Dom für Lesende und Schreibende: Licht strömte durch die Kuppel, die in ein rundes Fenster mündet, durch das man wie durch ein Auge direkt in den Himmel schauen kann. Das frisch renovierte Gewölbe mit hohen gotischen Fenstern war himmelblau, weiß und gold gestrichen. Darunter viele Etagen Bücherregale. Unten, in dem runden Lesesaal, waren konzentrisch angeordnete Lesepulte aus dunklem Holz mit schönen alten Leselampen. Im Zentrum ein kreisrunder Infotisch. Hier hatte sie geschrieben, dachte ich. Hierher war Virginia gekommen, um zu lesen, sie, die Vielleserin in vielen Sprachen, sie, die Rezensentin für Zeitungen, sie, die Sachbuchautorin über Lesen und Literatur, sie, die auch kurze Zeit Arbeiterfrauen Literaturunterricht gegeben hatte.

Hier hatte sie an ihren großen Romanen der literarischen Moderne gearbeitet, die sie in den Pantheon der Weltliteratur bringen sollten.

Virginia hatte von ihrem Vater einiges übernommen, das viele, schnelle Gehen, das Teil seiner philosophischen Praxis war, und die Liebe zur Literatur. Er hatte Virginia von Kindheit an in seine Privatbibliothek eingeweiht, mit ihr die Weltliteratur besprochen, griechische und lateinische Texte übersetzt und diskutiert. Dennoch hatte sich Virginia immer als ungebildet empfunden, weil sie nie in eine Schule gegangen war und ein Studium für Frauen damals unmöglich war. Wie viele Frauen hatten damals neben Virginia hier in diesem Lesesaal gesessen? Heute saßen hier ebenso viele Frauen wie Männer, jüngere und ältere, Studierende, ForscherInnen, TouristInnen so wie ich. Ich flüsterte Paul zu: „Suchen wir uns einen Platz. Ich möchte hier schreiben." „Ja, ich auch". Jeder von uns suchte sich sorgsam einen Tisch aus. Ich schrieb in mein Reisetagebuch:

„British Museum Reading Room: Ein runder Raum mit hoher Kuppel, durch die von oben Tageslicht einfällt. ‚*Think! Think big!*', flüstert die Kuppel: ‚Du kannst abheben. Du kannst dich großmachen.'
Ja, die Decken von Lesesälen müssen hoch und luftig sein! Die Sessel – wie hier – ledern und bequem. Zum Schreiben braucht es Räume, die vermitteln, dass Geschriebenes Wert hat. Wir brauchen auch Inspiration und die Ermutigung der fertigen Bücher, die besser wissen als wir – ängstliche Schreibende –, wie viel Zeit und Energie ein Text für seine Entstehung und Entwicklung braucht. Es sind auch die Bücher, die uns wie dieser Dom des Lesens und Schreibens zurufen: ‚Think! Think big! Think for yourself!'"

Ich unterbrach, blickte um mich, wollte so viel schauen. Mir vorstellen, wie Virginia hier war. Hier wehte ihr inspirierter und inspirierender Geist. Ich sah sie förmlich vor mir, wie sie mit bodenlangem Rock und gemusterter Bluse zum halbrunden, viele Meter hohen Bücherregal schlich, davor stehen blieb, ein Buch suchte, mit ihren langen Fingern herauszog und aufschlug. Dann ging sie mit dem Buch zurück zu ihrem Tisch, blätterte und las darin – ich sah Virginias schmales Gesicht mit dem scharfen Profil, eingerahmt von ihrem gescheitelten, langen Haar. Sie schrieb eilig mit der Feder in eines ihrer selbst gehefteten Notizbücher. Und ich sah den Geist ihres Vaters neben, ja hinter ihr stehen. Der alte Mann mit langem grauen Bart und schwarzem Gehrock blickte streng und doch lächelte er. Mit einem Mal wurde mir klar, woher sie die Selbstverständlichkeit nahm. So schrieb ich weiter in mein Reisenotizbuch:

„Das Selbstverständnis, Autorin zu werden, das Ich-Kann-Das, Ich-darf-Das hatte sie von ihrem Vater! Er, Leslie Stephen, hatte ihr viel zugetraut, sie gefördert und ernstgenommen, wie damals wenige Väter ihre Töchter. Es gibt eine psychologische Studie über die wenigen Frauen, die im frühen 20. Jahrhundert in der Wissenschaft Fuß fassen konnten. Was ihnen gemeinsam war? Sie hatten gebildete Väter, die sie von jungem Alter an in die Männerwelt des Denkens, Lesens und Wissens einluden. Virginias Vater hatte ihr wichtige Grundlagen für das Schreiben vorgelebt: viel gehen und viel lesen."

Ich beobachtete die Menschen rund um mich beim Lesen, Notizenmachen und leisen Herumgehen. Wie ich diesen Raum mochte! Ich dachte an andere altehrwürdige Lesesäle, die mich inspiriert hatten. Die Nationalbibliothek in Wien, die New York Public Library oder die Doe Library auf dem Campus von Berkeley. Und dann sah ich meinen Vater vor mir, wie er mir von klein an täglich Bücher vorgelesen hatte, mich als Jugendliche zur Stadtbücherei geführt hatte. Später hatte er selbst im Bibliotheksbereich gearbeitet. Es gab bei uns zu Hause immer Stapel von Büchern. „Danke Leslie Stephen", schrieb ich in mein Notizbuch, „Und: Danke, Papa. Danke an alle Väter, die ihre Töchter wachsen lassen."

> „The art of writing [...] can be learnt of course to some extent by reading – it is impossible to read too much"
>
> Virginia Woolf, A Letter to a Young Poet (1932)

Virginia war also von ihrem Vater außergewöhnlich gefördert worden, aber sie hatte auch vieles aus seinen viktorianischen Denk- und Lebenskonzepten über Bord geworfen. Sich von vielem befreien müssen. Er war in Virginias Erinnerung – auch – ein launischer Patriarch in einem überbevölkerten und ruhelosen Haus. Virginia und Vanessa hatten ihren Vater besonders in seinen letzten Lebensjahren ziemlich unerträglich gefunden, als sie als junge Erwachsene noch bei ihm im Elternhaus im Hyde Park Gate wohnten. Nach seinem Tod war der Umzug in den Stadtteil Bloomsbury und in eine von ihnen ganz anders gestaltete, viel freiere, buntere Welt eine große Erleichterung. Sie schufen für sich andere Orte, anderes Denken, anderes Schreiben. Es war Virginia zeitlebens eine wichtige Strategie, sich inspirierende Schreiborte – auch außerhalb der eigenen Wohnung – einzurichten. Das war für Frauen im frühen 20. Jahrhundert ungewöhnlich, ja revolutionär. In „A Room of One's Own" postulierte sie, dass Frauen, solange sie keinen Raum für sich haben, keine Ruhe, keine Muße, sondern stets beschäftigt sind mit Familienangelegenheiten, keine großen Sprünge beim Schreiben und Publizieren machen werden. Die Räume zum Schreiben, die sie in dem später weltberühmten Essay forderte, hatte sie selbst ihr Leben lang gesucht und für sich erschaffen. So viele! Hier in Bloomsbury in den verschiedenen Häusern, in denen sie gewohnt hatte, war es jeweils ein Arbeitszimmer mit Blick auf einen kleinen Platz, den Fitzroy Square, den Mecklenburgh Square oder den Gordon Square. Oder, als sie später mit ihrem Mann Leonard die Hogarth Press gründete, mieteten sie für den Verlag und zum Schreiben auch die Räume im Parterre, die in schmale, begrünte Hintergärten hinausschauen. Oder sie kam in diesen inspirierenden runden Lesesaal, in dem ich gerade saß. Oft schrieb sie auch unterwegs, im Park gehend, denkend, ganze Geschichten fielen ihr da zu. Blitzartige, scharfe Ideen für neue Projekte. Gut in Erinnerung ist ihr geblieben, wie ihr bei einem Spaziergang durch Bloosmbury plötzlich die Idee für ihren autobiografischen Roman „To the Lighthouse" zufiel. In ihrem Tagebuch schrieb sie:

> „Then one day walking round Travistock Square I made [...] up ‚To the Lighthouse'; in a great, apparently involuntary rush. One thing burst into another. [...] the rapid crowd of ideas and scenes which blew out of my mind [...]as I walked."
>
> Virginia Woolf, A Sketch of the Past (1939)

Am Abend, als ich meine Füße auf dem Metallgestell des Stockbetts hochlagerte, sagte ich zu Paul: „Ich werde von nun an auch Gehen zu meiner Schreibstrategie machen!"

Paul sagte: „Ja, schon, aber ich befürchte, es macht einen Unterschied, ob du in London oder irgendwo spazieren gehst. Diese Stadt ist einfach nicht zu übertrumpfen."

Ich lachte und sagte: „Doch, mit New York! Aber auch dort werden meine Schreibspaziergänge eher selten stattfinden. Die zweite Strategie lautet also: Gute Orte zum Schreiben und Gehen finden. Einen so fantastischen Lesesaal mit zum Himmel offener Kuppel gibt's in Wien nicht, aber schöne Parks, Alleen, Lesesäle und Cafés, zu denen ich hin spazieren könnte, schon."

Paul sagte: „Also du brauchst nur viel gehen, viel lesen und dann an inspirierenden Orten schreiben. Und schon bist du Autorin."

Wir lachten. Als ob es so einfach wäre.

Wir wohnten in einem billigen Hostel, in dem jugendliche Rucksacktouristen aus aller Welt Unterschlupf fanden. Es war laut und hatte Gemeinschaftsduschen auf dem Gang. Eine bessere Unterkunft in London hätten wir uns nicht leisten können. Wovon hat sie gelebt, fragte ich mich, als ich einschlief. Wie konnte sie so ein *bohemian life* finanzieren? Wie könnte ich mir so eines leisten? Dabei wusste ich damals nicht einmal, wie ich mein Leben trotz mehr oder weniger bürgerlicher Arbeit finanzieren sollte. Wie alle jungen Selbstständigen hangelte ich mich von Auftrag zu Auftrag, arbeitete immens viel, um das *writers' studio* zum Laufen zu bringen und konnte kaum davon leben. Ich war so weit weg vom Leben einer künstlerischen Bohemien. Wenn ich nicht so erschöpft gewesen wäre von den langen Märschen durch London, hätte ich mir die halbe Nacht den Kopf darüber zerbrochen: Wie schreiben und publizieren, ohne finanziell unterzugehen?

Am nächsten Tag beim Aufwachen fiel mir ein, dass es Virginia selbst war, die auf das Dilemma Geld und Schreiben hingewiesen hatte, gerade was Frauen betrifft. In „A Room of One's Own" hatte sie nicht nur ein eigenes Zimmer gefordert für jede Frau, die schreiben möchte, sondern auch eine bestimmte Summe Geld im Jahr, nämlich „500 Guineen".

Die ewige Frage, wie Frauen finanziell unabhängig sein können, spitzt sich zu, wenn es um künstlerische Tätigkeiten geht. Woher kommt das Geld, um sich Zeit zum Schreiben nehmen zu können?

Die Euphorie vom Vortag war dahin. „Gut und schön", sagte ich beim Frühstück zu Paul, „aber mir gibt niemand ‚500 Guineen' im Jahr, wie viel immer das heute sein würde. Was ist eine Guinee eigentlich? Gab es diese Währung wirklich?"

Paul sagte: „Ja, das war eine britische Goldmünze, die sehr viel wert war. Ich glaube, sie hieß so, weil sie aus Gold aus Neu Guinea hergestellt worden ist. Die ‚Guniees' waren bis ins 19. Jahrhundert im Umlauf."

„Was du alles weißt, cool!", antwortete ich. Aber etwas gefiel mir an der Sache nicht: „Vielleicht war Virginia nur eine bürgerliche Lady aus der Welt von vorgestern, die ohnehin nicht arbeiten gehen durfte und ihre freie Zeit gut nutzte? Sie schreibt etwas von einer Erbschaft von ihrer Tante. Und es gab sicher auch Geld von den verstorbenen Eltern."

Ich mampfte Toast mit Butter in mich hinein, mehr gab es in diesem billigen Hostel nicht. Doch der schwarze Tee mit Milch, mein Lebenselixier, besänftigte mich. Dann schränkte ich ein: „Naja, reich waren sie nicht. Virginia und Leonard lebten in den ersten Jahrzehnten eher bescheiden. Ich erinnere mich an Passagen aus den publizierten Tagebüchern von Virginia. Immer wieder überlegt sie darin schreibend, wie sie finanziell über die Runden kommen können."

Paul fragte: „Aber war sie nicht auch zu Lebzeiten schon berühmt und erfolgreich mit ihren Büchern und ihrem Verlag?"

„Ja, irgendwann. Nur, wie kam sie dort hin? Das würde ich gerne wissen!"

Ich wusste, Virginia hatte Glück gehabt mit ihrem Vater, der sie stark förderte, und sie hatte eine kleine Erbschaft, als Basis. Außerdem genoss sie – im Alter – das außergewöhnliche Glück, mit ihren Büchern gut zu verdienen. Dennoch war nicht alles eitel Wonne in ihrem Leben. Die Befreiung aus dem Elternhaus kam nicht aus Jux und Laune, der experimentelle Schreibstil, den sie über die Jahrzehnte entwickelte, entsprach den vielen Grenzgängen ihres Geistes und ihrer Psyche. Auch diese psychischen Tumulte hatte sie in ihre Bücher eingebaut.

An diesem Tag stand der *Mrs. Dalloway Walk* auf dem Programm. Endlich wollten wir die Wege der Protagonisten von Virginias Roman „Mrs. Dalloway" nachgehen. Sie alle gehen an einem Tag in den 1920er-Jahren, jeder für sich durch London und nehmen die Großstadt jeweils ganz anders wahr. Der Stadtplan im Buch hatte uns die Idee für diese Reise gegeben. Und Katherine, unsere amerikanische Reiseleiterin in Buchform, hatte die Orte recherchiert und eine Tour zusammengestellt.

Im Regent's Park hörten wir die Spatzen auf Latein singen. So wie es die Romanfigur Septimus erlebt, der im Ersten Weltkrieg schwer traumatisierte Veteran. Wir saßen auf einer Parkbank umgeben von saftigen

Rasenflächen und lasen uns gegenseitig aus unserem *guide* die Passagen des Romans, die hier spielen, laut vor. Ich kenne kaum Schöneres, als Ausschnitte aus guter Literatur an den Schauplätzen der Handlung laut zu lesen. Es war eine besondere Liebeserklärung, dass Paul mir vorlas oder mir zuhörte, wenn ich dran war, und mit mir in diese vergangene und doch so frische literarische Welt eintauchte. Wie der Kriegsveteran Septimus schauten wir in die Bäume und in den Himmel, wir hörten die Sperlinge „Septimus!" rufen, „Septimus!", „Septimus!" und auf Altgriechisch, daß es kein kein Verbrechen gäbe und keinen Tod. Und dann sah Septimus, und wir mit ihm, wie hinter dem Gusseisenzaun ein toter Soldat, Septimus' bester Freund, stand und winkte.

Wie ihre Romanfigur Septimus, so hat Virginia selbst Stimmen gehört in den Phasen ihres Lebens, in denen sie schwer depressiv war, von Kopfschmerzen geplagt und den Tod ersehnte. Und sie hat den Mut gehabt, darüber zu schreiben. Sie hat diese Stimmen und den Ersten Weltkrieg, ihre obsessive Mutter und den im Alter zunehmend launischen Vater literarisch verarbeitet.

> „As an experience, madness is terrific I can assure you, and not to be sniffed at; and in its lava I still find most of the things I write about. It shoots out of one everything shaped, final, not in mere driblets, as sanity does."
>
> Virginia Woolf, Letter to Ethel Smyth (1930)

Schon als Jugendliche hatte sie schwere psychische Krisen erlebt, als zuerst ihre Mutter plötzlich erkrankte und verstarb, als Virginia erst 13 Jahre alt war. Nur wenige Jahre später starb dann auch noch ihre ältere Halbschwester Julia Duckworth, die die Mutterrolle übernommen hatte. Immer wieder in ihrem Leben holten Virginia diese und andere Traumata ein und sie war oft über Monate nicht fähig zu schreiben. Doch gleichzeitig waren die Traumata ebenso wie die funkelnde Lebensfreude, die in ihren Tagebüchern so unmittelbar spürbar ist, ein starker Motor für das Schreiben.

Es gefiel mir, bestärkte mich, wie sie die Themen, Orte und Menschen aus ihrem Leben als Quelle für ihre Literatur verwendete. Das erinnerte mich an den Ansatz des amerikanischen *Creative Writing*, das Autobiografische als besondere Kraft zu nutzen, anstatt ins Schmuddel-Eck der Literatur zu stellen.

Ich fand es genial, wie Virginia im Roman „Mrs. Dalloway" gleichzeitig eine Sprache für ihre dunkelsten Lebenserfahrungen fand und ihrer großen Liebe zum Leben und der Stadt London Ausdruck verlieh.

> „Such fools we are, she thought, crossing Victoria Street. **For Heaven only knows why one loves it so**, how one sees it so, making it up, building it round one, tumbling it, creating it every moment afresh; but the veriest frumps, the most dejected of miseries sitting on doorsteps (drink their downfall) do the same […]: **they love life**. In people's eyes, in the swing, tramp, and trudge; in the bellow and uproar; the carriages, motor cars, omnibuses, vans, sandwich men shuffling and swinging; brass bands; barrel organs, in the triumph and the jingle and the strange high singing of some aeroplane overhead **was what she loved; life; London; this moment in June**."

Virginia Woolf, Mrs. Dalloway (1925)

Ich fühlte mich Virginia so nah und doch, ihr Leben und ihre Bücher schienen unerreichbar genial. Sie hatte schon als sehr junge Frau begonnen zu schreiben, hatte ganz von sich heraus – ohne formale Ausbildung oder journalistische Lehre – mit Anfang zwanzig Artikel publiziert und mit knapp dreißig ihren ersten Roman gedruckt in ihren Händen gehalten. Sie war, das musste ich mir doch irgendwie eingestehen, ein Genie! Ein sich selbst gebärendes Genie, extrem innovativ und unaufhaltbar. Ihre Nähe zum sogenannten *Wahnsinn* passte perfekt zum Klischee.

Wir gingen in die Harley Street, in der der Kriegsveteran Septimus einen Psychiater aufsucht. Wir stellten uns vor ein frisch gestrichenes weißes Haus mit bunten Blumenkästen, an dessen Tür Schilder von Arztpraxen hingen. Wir lasen uns die Szene beim Arzt vor, in der der Psychiater keinerlei Verständnis für die psychische Situation von Septimus hat und droht, ihn in eine Anstalt zu schicken. Dies führt in der nächsten Szene zum Selbstmord von Septimus. Da sagte Paul: „Erinnerst du dich an die Stelle im Film ‚The Hours', in dem dieser Autor im New York der Gegenwart sich von hoch oben aus einem Fenster fallen lässt?"

Ich nickte, er fuhr fort: „Der Film hat den Selbstmord von Septimus in Virginias Roman auf einen Schriftsteller der Gegenwart übertragen."

„Der Film war ziemlich gut, aber auch fatal, was das Image von Virginia betrifft!", murrte ich. „Seit er in den Kinos gelaufen ist, werde ich schräg angeschaut, wenn ich mein leidenschaftliches Interesse für Virginia Woolf erwähne." Ich äffte die Leute nach: „Sie hat doch Selbstmord begangen, oder?"

„Lass sie reden", sagte Paul und nahm meine Hand.

Doch ihr Tod berührte mich mehr, als ich erklären konnte. Ich sagte: „Vielleicht ist es wirklich nicht nur vermessen, sondern schlichtweg lebensgefährlich, mich an dieser Frau zu orientieren."

„Darf ein Vorbild keinen Suizid begangen haben?"

Ich lachte. So war es wohl.

„Und ein Vorbild sollte besser kein Genie sein, mit Erbschaft."

Verdammt, dachte ich, es muss doch irgendwie möglich sein zu schreiben und zu publizieren, ohne finanziell oder psychisch unterzugehen.

Wir kauften uns Sandwiches in einem Supermarkt, breiteten unsere Picknickdecke in der Wiese eines Park aus und kuschelten uns nach dem *lunch* aneinander. Dann spazierten wir zur Old Bond Street, in der Mrs. Dalloway, verliebt in die Stadt London, am Tag ihrer Geburtstagsfeier „selbst" Blumen kauft. Wir waren also an eben jenem Ort, an dem der berühmte erste Satz des Buches spielt: „Mrs. Dalloway said she would buy the flowers herself." Während Mrs. Dalloway im Roman im Jahr 1923 in einer Blumenhandlung in der Bond Street Blumen auswählt, blickt sie kurz aus dem Fenster und erinnert sich plötzlich an ihre Jugendliebe. Und nun ging ich im Jahr 2005 durch die Bond Street mit Paul und beobachtete eine Lady mit typisch englischem Hut, wie sie einen Strauß

Rosen kaufte. Mrs. Dalloway liebte das Leben und diese Stadt so sehr; sie dachte, sie würde irgendwie auch nach ihrem Tod noch in London weiterleben. Und so wie Mrs. Dalloway empfand das auch Mrs. Woolf: sie würde weiterleben in den Blumen, in den Häusern und Bäumen.

Virginia schien mir nicht tot. Es war mir egal, wie sie gestorben war, sie lebte! Hier, in London. Und in uns.

Die Blumen, die Schönheit, die Natur, so dachte ich, haben Virginia viel Kraft gegeben. Die Blumenhandlung beschrieb sie als Fest für alle Sinne:

> „There were flowers: delphiniums, sweet peas, bunches of lilac; and carnations, masses of carnations. There were roses; there were irisis. Ah yes – so she breathed in the earthy garden sweet smell as she stood talking to Miss Pym […] turning her head from side to side among irisis and roses and nodding tufts of liliac with her eyes half closed, snuffing in, after the street uproar, the delicious scent, the exquisite coolness."
>
> Virginia Woolf, Mrs. Dalloway (1925)

Die Blumen ließen Virginia abheben, aufleben, glücklich sein. So wie Mrs. Dalloway in der Blumenhandlung von Miss Pym:

> „And as she began to go with Miss Pym from jar to jar, choosing, nonsense, nonsense, she said to herself, more and more gently, as if this beauty, this scent, this colour, and Miss Pym liking her, trusting her, were a wave which she let flow over her and surmount that hatred, that monster, surmount it all; and it **lifted her up and up** […]"
>
> Virginia Woolf, Mrs. Dalloway (1925)

„Weißt du", sagte ich zu Paul. „Es geht nicht darum, so gut, so erfolgreich wie Virginia zu sein. Das wäre sowieso unmöglich. Aber von ihrer Freude an Worten, an Menschen, an der Natur, ja an der Welt, von der möchte ich mich immer wieder anstecken lassen. Und wie sie das Dunkle schreibend verwandelte." Ich suchte eine Stelle im Buch von Katherine Hill-Miller über die „Schocks der Wahrnehmung", die Virginia von Kindheit an erlebt hatte. Sie hatte das Schreiben als ein erleichterndes Zusammenfügen der Teile empfunden, als größte Freude und Befreiung. Es nahm ihr den Schmerz.

> „there was a sudden violent shock, something happening so violently that I have remembered it all my life [...]
> I go on to suppose that the shock-receiving capacity is what makes me a writer."
>
> Virginia Woolf, Sketch of the Past (1939)

Ich sagte: „Das können wir alle tun, egal wie groß das Talent ist und wie wenig Geld wir haben: Schreiben, um das Leben zu erleichtern. Äußerer Erfolg ist zweitrangig."

> „It is only by putting it into words that I make it whole; this wholeness means that it has lost its power to hurt me; it gives me, perhaps because by doing so I take away the pain, a great delight to put the servered parts together. Perhaps this is the strongest pleasure known to me."

Nach einer Weile sagte Paul: „Ich weiß nicht, ob sie es allein geschafft hätte. Ohne die Bloomsburys."

„Genau," rief ich, „sie hatte eine *community of writers,* wie Peter Elbow es nennen würde. Dieser bunte künstlerisch-intellektuelle Kreis war wichtig für ihr Schreiben. Sie war eben kein *zurückgezogenes Genie,* das hervortrat mit fertigen Meisterwerken." Ich lachte erleichtert.

„Ihre ersten Romane liest heute niemand mehr. Die Bloomsburys und auch Leonard beflügelten sie, stärkten sie, forderten ihre Texte ein."

Ich hatte gelesen, dass Leonard der Erste war, dem die etwa dreißigjährige Virginia die Manuskriptseiten ihres ersten Romans zeigte. Er sagte ihr, was ihm alles besonders gut daran gefiel und meinte, „one day she might write something astonishingly good". Er vertraute ihrer Entwicklung, ihrem Potential. Da dachte ich: Das ist es doch, was kreative Menschen – oder alle – am meisten brauchen. Wir brauchen niemanden, der uns verherrlicht oder vorgibt, wir seien Genies. Es geht um den Horizont und die Wege dorthin, die oftmals Umwege und Serpentinen sind. Wir brauchen einen offenen Austausch mit anderen Schreibenden, leider ist so einer in unserer Kultur schwer zu kriegen. Und wir brauchen geeignete Zeit-Räume und die innere Freiheit, um uns zu probieren.

Am frühen Abend folgten wir einer Lieblingsbeschäftigung von Virginia, wir fuhren mit einem Doppeldecker-Bus kreuz und quer durch London. Sie hatte vom oberen Stockwerk gerne die Menschen beobachtet, bei Abendlicht in die Fenster der Wohnhäuser hineingeschaut und sich Geschichten dazu ausgedacht. Glücklich taten wir es ihr nach. Umschlungen schaukelten wir durch London. Ich fragte: „Virginia und Leonard, was waren sie für ein Paar?"

Am Abend im Hostel befragten wir unsere Bücher. Ich las Ausschnitte vor, wir rechneten: Virginia und Leonard hatten dreißig Jahre miteinander verbracht. Leonard Woolf, ein Studienkollege von Virginias Brüdern, war 1911 in die Bloomsbury-Wohngemeinschaft am Brunswick Square eingezogen. Er war ein schlaksiger junger Mann, der gerade nach sieben Jahren Ceylon nach London zurückgekehrt war. Auch er schrieb. Leonard wollte seine Jahre in Ceylon als Kolonialverwalter in einen Roman packen, und sie, Virginia, schrieb an ihrem ersten Roman, den sie später unter dem Titel „The Voyage Out" publizierte. Leonard verliebte sich schnell in Virginia, sie war zögerlich. Weil sie zeitweise psychisch instabil war, war sie in Sorge, ob sie eine richtige Beziehung würde führen können. Und doch wollte sie alles und mit ihm:

„Love, children, adventure, intimacy, work".

Virginia Woolf, Letter to Leonard (1912)

Virginia und Leonard verbrachten die ersten Jahre miteinander am Brunswick Square und unterstützen sich gegenseitig beim Schreiben. Fünfhundert Worte setzten sie sich als Ziel für jeden Morgen, jeder in seinem Zimmer, und dann flanierten sie durch London und nahmen unterwegs ein *lunch* ein. Es war diese lebenslange Beziehung, diese Liebes- und Arbeitsbeziehung, diese Reise- und Geistesbeziehung, die Paul und mich faszinierte und die es ermöglichte, dass wir beide diese Reise auf Virginias Spuren so ganz inhalierten. Lebens- und Liebeskonzepte, die schillerten, und dennoch nicht idyllisch, unrealistisch abgehoben waren. Wir, Paul und ich, waren nicht wie Leonard und Virginia, aber in vielem wären wir gerne so gewesen. Paul arbeitete damals für FAIRTRADE und Leonards politisches Engagement für eine gerechte Gesellschaft war ihm sehr nahe. Und ich bewunderte an Virginia vor allem dieses unglaubliche innere Selbstverständnis: Ich schreibe, komme, was wolle. Ich versuche, ich lerne, ich probiere, ich experimentiere, ich scheitere, ich stolpere und nehme dann doch immer wieder den Stift zur Hand und schreibe weiter.

Eastbourne

So sehr Virginia London liebte, sie war kein reiner Stadtmensch. Ihre schönsten und wichtigsten Kindheitserinnerungen bezogen sich auf Cornwall, wo ihre Familie ein Sommerhaus mit Blick auf das Meer und auf einen Leuchtturm hatte. Der Himmel, der weite Blick, das Meer, das Gehen in der Natur waren Virginias große Leidenschaft. So mietete sie bereits mit 29 Jahren ein winziges Landhaus. Nicht in Cornwall, das eine Tagesreise im Zug von London entfernt liegt, sondern im nahen Sussex. Ein sanfter hügeliger Landstrich, der Virginias zweites Zuhause bis an ihr Lebensende wurde. Mit Leonard pachtete sie im Laufe der Zeit in dieser Gegend immer wieder kleine Sommerhäuschen; 1919 kauften sie schließlich Monk's House. Monk's House ist heute *der* Pilgerort für Virginia-Woolf-Fans, das einzige der vielen Häuser, in denen sie gelebt hat, das als Gedenkstätte zugänglich ist. Da musste ich hin!

Wir fuhren mit dem Auto Richtung Südküste. Paul steuerte uns mit Genuss durch den Linksverkehr und sagte immer wieder: „Endlich auf der richtigen Seite fahren!"

Im schönsten englischen Regen erreichten wir den anvisierten Campingplatz in der Nähe von Eastbourne. Wir bauten rasch das Zelt auf und fuhren gleich weiter in die Hafenstadt. Im Dauerregen spazierten wir durch Eastbourne und durch einen Park zu den steilen Meeresklippen Beachy Head. Abends im Zelt schrieb ich dazu in mein Reisenotizbuch:

„Lush = üppig: Wanderung durch den Park im Regen, nasses dichtes Gras, hohe Blumenwiesen, gelb & violett blühend und der Blick aufs Meer: misty, verborgen.

Düfte & Erinnerungen: Schottland, Spaziergänge am Meer, gefüllte Ruhe, ruhige Fülle.

Regen und Wind im Gesicht, doch es macht gar nichts, es ist ein mildes Streifen der Haut – ein Ankommen des Körpers.

Sanft, lieblich, zufrieden ist Südengland."

Nach einer verregneten Nacht im Zelt beim Frühstück auf feuchten Decken murrte Paul: „Ach, könnten wir uns doch ein *Bed & Breakfast* leisten!"

Wir hatten damals fast alles, so viel Liebe, Leidenschaft, Optimismus und Ideen, nur fast kein Geld. Ich sagte: „Ach komm, so schlimm ist es hier nicht. Virginia hatte auch fast kein Geld." Ich hatte in Katherines Buch gelesen, dass Virginias Herkunftsfamilie auch nicht wirklich reich gewesen war. Ihr Vater hatte Schulden; er hatte sich mit den Professorenkollegen in Cambridge zerstritten und seine Stelle dort verloren. Außerdem war sein philosophisches Hauptwerk ein Flop geworden, deshalb war er auch zunehmend griesgrämig. Mit dem verkauften Elternhaus konnten sich seine Kinder gerade das Notwendigste für eine postbürgerliche Existenz leisten.

Zu Paul sagte ich: „Sie war keine verwöhnte Tochter aus reichem Elternhaus."

„Ich weiß. Aber in einem feuchten Zelt hat sie bestimmt nicht geschlafen."

„Wahrscheinlich nicht", sagte ich lachend: „Das war auch damals nicht schicklich für eine junge bürgerliche Dame! Aber sie musste sehr sparsam leben, um auszukommen. Sie arbeitete immens viel, um langsam doch vom Schreiben leben zu können. Schließlich gründete sie mit Leonard den Verlag, die Hogarth Press."

Paul sagte: „Sie war also sozusagen eine Selbstständige."

Das war mir bisher nicht bewusst gewesen: Sie war als Schreibende, Lehrende und Verlegerin eine Selbstständige. Und das in einer Zeit, in der für Töchter des Bürgertums kaum anderes vorgesehen war, als Hausmutter zu sein. Erwerbstätigkeit – im heutigen Sinn – war im frühen 20. Jahrhundert für bürgerliche Frauen eine Ausnahme. Mädchen und Frauen waren in den meisten Berufen und Ausbildungen nicht zugelassen, die schwere Handarbeit dem Proletariat und Bauernstand zugeordnet.

Ich dachte: „Ich könnte – anders als Virginia – weiterhin angestellt sein, in einem relativ interessanten Beruf. Aber ich hab es vorgezogen, mich selbstständig zu machen, das *writers'studio* zu gründen und im Zelt zu schlafen."

Paul konnte sich mit diesem verregneten Campingplatz nicht so recht anfreunden. Er wollte rasch losfahren. Auch, weil an diesem Tag nicht weniger als ein Besuch in Virginias berühmtem Sommerhaus, im Monk's House auf dem Programm stand. Am frühen Nachmittag, gerade als die Sonne rauskam, stiegen wir ins Auto und glitten durch die regenfrische blassgrüne Hügellandschaft der Downs, die Virginia so geliebt hatte.

Ich sagte: „Ich kann es kaum erwarten, die berühmte Schreibhütte zu betreten!"

Paul sagte: „Schau dir diese blühenden Hecken an den Feldrändern an. Ich könnte tagelang durch diese wundervolle Landschaft fahren."

„Virginia hatte übrigens auch ein Auto! Eine Sensation in der damaligen Zeit. Sie hat es sich 1927 aus den Einkünften aus ‚To the Lighthouse' gekauft. Da war sie 45 Jahre alt und eine berühmte Schriftstellerin. Auch sie liebte es, durch die südenglische Landschaft zu kurven."

Paul seufzte: „Klar! Was gibt's Schöneres?"

„Yes, the motor is turning out the joy of our lives, an additional life, free & mobile & airy to live alongside our usual stationary industry. We spin off to Falmer, ride over the Downs, drop into Rottingdean, then sweep over to Seaford, call, in pouring rain at Charleston, pass the time of day with Clive – Nessa is at Bodiam – return for tea, all as light & easy as a hawk in the air. Soon we shall look back at our premotor days as we do now at our days in the caves."

Virginia Woolf, Diary, 10 August (1927)

„Irgendwann war sie also fast ‚reich', konnte sich manchmal kleine Luxusgegenstände leisten, doch lange Zeit lebte sie von ihrer kleinen Erbschaft und ersten mickrigen Einkünften. Ich frage mich, wie Virginia die ‚500 Guineen' gemeint hat, die jede Frau pro Jahr für sich bräuchte, um zum Schreiben zu kommen. Das war ihre Vision für die Frauen der Zukunft. Wie viel wären diese 500 Guineen wohl heute?"

Pauls sagte zu meiner Überraschung: „25.000 Pfund im Jahr."

„Wie?"

„Katherine schreibt, dass diese gewünschten ‚500 Guineen im Jahr' heute das Äquivalent von einem durchschnittlichen Mittelklasseeinkommen wären. Dies wurde im Buch – im Jahr 1996 – mit circa 25.000 Pfund pro Jahr beziffert." Ich war wie immer beeindruckt von seinem Faible für Zahlen. Wir rechneten herum. Das wären heute etwa 3500 Euro im Monat.

„*Wow!* Das wäre nicht schlecht, für den Anfang", scherzte ich und schon waren wir im winzigen bäuerlichen Dorf Rodmell eingelangt.

Rodmell

Das Monk's House, das schon lange bevor Virginia hier einzog, so geheißen hatte, war ein schlichtes, bäuerliches Haus, an der Straßenseite bewachsen mit gelben Rosen. Eine Holztür führte uns in den Garten, der von außen uneinsichtig war. Und dann? Ein üppiger Cottage Garden, bunt und wild, Palmen, gelbe Lilien, Glockenblumen, Dahlien in Rot und Orange, blühender Lavendel, Mohn und Thymian. Wie benommen wandelte ich durch die verschiedenen „Zimmer" des Gartens. Besonders gut gefiel mir die mit rotem Backstein gepflasterte Sitzecke. Geschützt von niedrigen Mäuerchen, bewachsen mit wildem Wein, standen darin klassische englische Holzbänke und -tische. Doch ich marschierte schnurstracks auf die berühmte Schreibhütte zu. Die hellgrüne Holzhütte mit strahlend weißen Tür- und Fensterrahmen und Spitzdach thronte mitten im Obstgarten unter einer ausladenden Eiche.

Neugierig ging ich in Virginias Schreibhütte hinein. Der Innenraum hatte die Größe eines eher kleinen Zimmers. Die vordere Hälfte davon war museal eingerichtet mit Virginias Schreibtisch, auf dem etwas klischeehaft eine Brille neben einer Füllfeder lag. Ein Lehnsessel, Stapel von Notizen und Büchern.

Das war also der Werkzeugschuppen, den sie sich zu einem Schreibzimmer hatte umgestalten lassen. Sie ließ sich Fenster, Türen und eine kleine Terrasse bauen. Wichtig war ihr der Blick auf die Hügelkette South Downs gewesen. Mehr als 70 Jahre später waren die Bäume und Hecken im Garten so stark gewachsen, dass der Schreibraum dunkel wirkte, der weite Blick nur mehr zu erahnen war. Ich musste darüber schmunzeln, wie Virginias Hefte, Füller und Brille auf dem Schreibtisch *authentisch* arrangiert worden waren. Dabei hatte Virginia bekanntlich nicht am Schreibtisch, sondern zumeist auf einem Lehnstuhl mit einem Schreibbrett in ihrem Schoß geschrieben.

Viel mehr als der Innenraum von Virginias *writing lodge* berührten mich die Fotos, die in der vorderen Hälfte der Schreibhütte auf Schautafeln präsentiert wurden: Virginia im Garten, in und vor der Schreibhütte, alleine oder mit Gästen. Die Bloomsburys und andere Freunde und Freundinnen, Verwandte und Schriftstellerkollegen und -kolleginnen, in Lehnstühlen oder auf der der Wiese sitzend. Ich konnte mich nicht sattsehen an diesen Fotos. Welch stolze Frau Virginia war, sehr groß und sehr dünn, sie trug gerne große Hüte und lange, schlichte Kleider.

Dann ging ich in das zweite Schreibzimmer von Virginia. Es war ein Anbau zum Wohnhaus, den sie erst viele Jahre nachdem sie Monk's House gekauft hatten, hatten errichten lassen. Ein helles Schreib-Schlafzimmer mit direktem Eingang vom Garten und keiner Verbindungstür innen zu den Wohnräumen. Ein schmales Bett, ein grasgrünes Bücherregal, ein offener Kamin mit Blumenmuster, ein großes Fenster zum Garten, Teppiche und einige Ölbilder. Dieses sehr freundliche Zimmer war Virginias ganzer Stolz. Denn sie hatte den Anbau an das Haus 1929 mit ihrem selbst verdienten Geld bezahlt. Mit 47 Jahren, nachdem sie bereits seit 25 Jahren publiziert hatte und „Orlando" ein Bestseller geworden war, schrieb sie am 28. März 1929 in ihr Tagebuch:

> „No more poverty I said; & poverty has ceased. I am summoning Philocox next week to plan a room. I have money to build it, money to furnish it."
>
> Virginia Woolf, Diary (1929)

In der gleichen Woche formulierte sie im Rohentwurf zu ihrem Vortrag „A Room of One's Own" erstmals die Worte:

> „everything depends (if you are a woman) upon ‚having' money ‚of one's own' & a room of one's own."
>
> Virginia Woolf, Manuscript for A Room of One´s Own (1929)

Der Satz, der zu ihrem wohl berühmtesten werden sollte, lautete dann in geschliffener Form:

> „A woman must have money
> and a room of her own
> if she is to write fiction."
>
> Virginia Woolf, A Room of One´s Own (1929)

Das Grundstück und das Monk's House selbst hatte sich Virginia mit dem Geld gekauft, das ihr eine Tante vererbt hatte. Die Tante war eine alleinstehende Frau, eine Quäker-Nonne gewesen, die Virginia und ihr Schreiben fördern wollte. Virginia dachte viel darüber nach, dass ihre finanzielle Unabhängigkeit durch die kleinen Erbschaften eine wesentliche Grundlage ihres Schaffens gewesen waren. Die meisten anderen Frauen hatten genau das nicht: finanzielle Unabhängigkeit und einen oder gar mehrere Räume für sich.

Ich verließ das angebaute Schreib- und Schlafzimmer Virginias, schlenderte kurz durch den Garten und ging dann in die eigentlichen Wohnräume des Monk's House, zu denen man ein paar Stufen hinuntersteigen musste. Es roch muffig und museal, die Räume waren klein und niedrig. Doch die meisten Möbel waren von Virginias Schwester, der Malerin Vanessa Bell, bunt bemalt, die Stoffe der Lehnsessel hatte sie mit großen fröhlichen Mustern gestaltet. Sie gaben dem bäuerlichen Haus das Flair der 1920er-Jahre.

Ich ging rasch wieder hinaus und hinein in den farbenfrohen Cottage Garden mit Pflanzen aus der freien Natur. Die Margeriten, Feuerlilien und Glockenblumen wucherten hüfthoch, die schmalen Wege aus Steinen waren kaum mehr sichtbar zwischen den bunt gemischten Blumen, die der Sommerwind etwas zerzaust hatte. Schmetterlinge und Bienen fühlten sich hier wohl. Es summte und brummte. Der Garten war so fröhlich, ich dachte an Mädchen in weiten blumigen

Kleidern, die lachend durch eine Sommerwiese laufen. Kleider aus Stoffen mit großen Blumen, wie sie Vanessa entworfen hatte.

Das Herz von Virginias Landsitz schien mir nicht das Haus und nicht einmal die berühmte Schreibhütte zu sein. Sein pulsierendes Herz war der wilde, farbenfrohe Blumengarten in der Mitte.

Unterhalb von Virginias Schreibhütte weitete sich der Garten in einen großen englischen Rasen mit Seerosenteich, von dem aus die hügelige Landschaft mit Schafherden sichtbar war. Dieser Garten war Virginias Reich, hier entstanden viele ihrer Werke, hier hatte sie viele *Zimmer für sich allein* und auch für intensive Gespräche mit Leonard und zahlreichen Gästen. Ich ließ mich an einer leicht verwitterten Holzbank in einer der Sitzecken nieder. Der warme Sommerwind streichelte mich und ließ die Lavendelhalme tanzen und duften. Ich nahm mein Notizbuch aus der Tasche, legte es auf den Holztisch, beobachtete die Schmetterlinge am Efeu des Gartenmäuerchens und erschrak kurz, als eine schwarz-weiße Katze auf den Tisch sprang. Sie legte sich auf mein Notizbuch und schnurrte. Andere Besucher und Besucherinnen des Gartens und Hauses von Virginia gingen vorbei, sahen uns zwei, die Katze und mich, eine perfekte Einheit. „Is it your cat?", fragte einer. Eine Frau sagte lachend: „Oh, the cat gives you moral support, doesn't she?"

Die freundlichen Kommentare und die milden Sommertemperaturen entspannten mich, ließen mich lächeln. Wie leicht das Leben sein kann in einem Garten mit Seerosenteich, kniehohem Gras und Blick auf die hügelige, blassgrüne Landschaft.

„Schreib", schien die Katze zu schnurren und ich begann auf dem Fleck Papier meines Notizbuchs, den sie frei ließ, sie zu zeichnen. Dann rückte ich sie ein wenig zur Seite und schrieb einen Dialog mit Virginia. Sie war ja da. Sie stand neben mir, nein, hinter mir, sie schwebte in der Sommerluft, ich spürte ihren Blick über ihr Gartenreich, ich sprach mit ihr im Schreiben und streichelte währenddessen die Katze.

„J: I like your garden.
V: I like it that you have come.
J: Don't you mind all these strangers stalking you?
V: I am safe. It's no longer my house. It's yours.
J: Mine! How?
V: The cat. The flowers, the smells, the rain it is all yours to experience,

to breathe, to write. I had my time to write. Now it's yours. Use it. Love it, as the cat does.
J: I don't feel alone when I write, when the cat is here.
V: No, you are not alone, the cat is here, I am here.
J: Are you really?"

Nach dem Schreiben schaute ich auf und sah eine bronzene Büste von Virginia auf einer niedrigen Mauer hinter mir. Zwei Mäuerchen weiter stand eine Büste von Leonard, der diesen Garten angelegt und Jahrzehnte lang betreut hatte. Ich schaute in das Gesicht, in die starren, aber doch sanften Augen der Virginia-Büste. Doch das Gefühl, dass die beiden, Virginia und Leonard, anwesend waren, entstand nicht durch die Büsten. Wodurch dann? Der warme Wind, das fast nicht wahrnehmbare Rascheln der Gräser? War es die Verspieltheit des Gartens? Dieser Garten machte jedenfalls das bunte Leben von Virginia und Leonard spürbar. Das Gefühl von Virginias Anwesenheit entstand vielleicht auch durch die anderen Besucher und Besucherinnen, die an diesem Tag hierhergekommen waren. Es waren wenige und sie schienen sich sehr bewusst zu sein, wessen Garten sie aufsuchten. Sie waren Gäste, keine Touristen. Es gab hier nichts zu kaufen, außer zwei Postkarten vom Interieur des Hauses. Nicht einmal ein Café, keine Buchhandlung, keinen *gift shop*. Dies war kein spektakulärer Schaugarten, wie es so viele in Südengland gibt. Es war der Garten einer berühmten schreibenden Frau, die mit Worten malte und mit ihren Büchern Generationen inspiriert hatte. Die Gäste Virginias, Männer wie Frauen, kamen heute aus aller Welt und spazierten hin und her zwischen Schreibhütte und Wohnhaus, wie es Virginia jahrzehntelang getan hatte.

Virginia war eine Frau des strengen Tagesrhythmus. Leonard meinte, Virginia sei mit der Regelmäßigkeit eines Börsenmaklers zur Arbeit, also vom Wohnhaus quer durch den Garten in ihre Schreibhütte marschiert. Vormittags schrieb sie in der Schreibhütte, oftmals an mehreren Projekten. Nach dem *lunch* machte sie lange Spaziergänge über die Hügelkette South Downs, oft einige Stunden lang, dachte über ihre Schreibprojekte nach, sammelte Ideen. Sie ging bis zur Küste oder zu ihrer Schwester Vanessa nach Charleston. Und abends nach dem Tee las sie zumeist vor dem Kamin sitzend und führte mit Leonard lange Gespräche über Literatur, Politik und das Leben.

Schreiben – gehen – lesen, der Rhythmus schien mir logisch, die Möglichkeit sich dem ganz zu widmen, fantastisch. Und ganz und gar unrealistisch für mein Leben.

Und doch, ich saugte alles, was ich über Virginias Schreibprozesse, die konkreten Arbeitsschritte und die ritualisierten Strategien erfahren konnte, auf. Ihre Bücher entstanden etwa so: Sie schrieb die erste Rohfassung mit der Feder auf das Papier ihrer selbstgebundenen Notizbücher im Lehnstuhl mit einem Schreibbrett auf den Oberschenkeln. Am liebsten verwendete sie violette Tinte. Sie legte diese *drafts* zur Seite, einige Monate lang, um sie dann durchzulesen, zu markieren, zu überarbeiten und schließlich mit der Schreibmaschine abzutippen. Diese ersten getippten Skripte waren die Basis vieler weiterer Überarbeitungen, Ergänzungen, Streichungen. Und dann tippte sie den gesamten überarbeiteten Text, den ganzen Roman, noch mal ab! Manchmal passierte dieses Wiederabtippen gar zweimal, und manche ihrer Bücher setzte sie dann auch noch selbst mit Bleilettern für die Druckmaschine der Hogarth Press. Zwischen den verschiedenen Versionen gab es unterstützendes Feedback, das Virginia sehr ernst nahm. Stets war ihr Erstleser Leonard, und zumeist auch Vanessa. Auch andere Freunde und Freundinnen aus der Bloomsbury Group lasen ihre Texte in unterschiedlichen Stadien. Sie waren Intellektuelle und Künstler und Künstlerinnen, die Virginias experimentelle Literatur schätzten und damit besser umgehen konnten als die durchschnittliche Leserschaft. Nur wenige der Bücher von Virginia Woolf waren zu ihren Lebzeiten große Verkaufserfolge. Das Nichtverstehen, die Kritik in den Zeitungen und Salons schmerzten Virginia, dennoch ließ sie sich durch sie nicht – zumindest nicht dauerhaft – stoppen.

Charleston Farmhouse

Am nächsten Tag fuhren wir bald in der Früh nochmals vom Campingplatz zurück zum Monk's House, das, wie wir wussten, geschlossen war. Wir wollten dieses Mal nur davor parken und von hier aus den Weg entlangwandern, den Virginia so oft genommen hatte, zur Künstlerkolonie ihrer Schwester. Charleston Farmhouse lag etwa zehn Kilometer entfernt. Virginia war oft hinüber zum Tee spaziert, zu Vanessa und deren Kindern Quentin, Julian und Angelica und den Bloomsburys, den Malern und Malerinnen, den Philosophen und dem Ökonomen. Es waren Ausflüge aus der Abgeschiedenheit des Monk's House in eine bunte, laute Gesellschaft.

An diesem milden, sonnigen Tag warfen Schäfchenwolken am blauen Himmel ein interessantes Schattenspiel auf die mit Schafen übersäten Hügel. Wir gingen den River Ouse entlang. Ein Fluss, der wenige Kilometer weiter südlich ins Meer mündet und starke Ebbe und Flut kennt. Ein Fluss, der durch Virginias Selbstmord traurige Berühmtheit erlangte. Nun war Ebbe. Zwischen breiten dunklen Matschrändern floss ein schmaler langsamer Fluss. Auf den Feldern neben dem Flussbett graste eine Kuhherde. Braune und schwarze Kühe schauten mich durchdringlich an. Im Flussrinnsal schwammen Schwäne majestätisch auf und ab. Sie riefen mir augenblicklich das Gedicht „Hälfte des Lebens" von Hölderlin ins Gedächtnis, das ich als Jugendliche immer wieder abgeschrieben hatte. Darin standen Schwäne für die Sonnenseiten des Lebens. Ich versuchte, mich an die ersten Zeilen zu erinnern und sagte sie mir vor:

> „Mit gelben Birnen hänget
> Und voll mit wilden Rosen
> Das Land in den See,
> Ihr holden Schwäne,
> Und trunken von Küssen
> Tunkt ihr das Haupt
> Ins heilignüchterne Wasser."

Virginia warmmer wieder diesen Fluss entlang gegangen, dies war der Beginn und das Ende ihrer vielen Spaziergänge voller Ideen und Liebe zur Natur. Sie schrieb in ihr Tagebuch:

> „on my walk I almost felt my mind glow like hot iron – so **complete & holy** was the **habitual beauty** of England"
>
> Virgina Woolf, Diary (1932)

So „komplett und heilig" fand sie, fand ich diese „gewöhnliche Schönheit" der englischen Landschaft, die ich gar nicht gewöhnlich fand, sondern so herzerfrischend sanft und freundlich. Ganz anders als, sagen wir, die dunklen Seen des Waldviertels oder die dramatischen Alpen.

Wir gingen den Fluss weiter entlang und ich spürte, wie vollständig Virginia diese Schönheit erfüllt hatte. Sie schrieb:

> „[…]that beauty had become almost entirely satisfactory […] It feeds me, rests me, satisfies me, as nothing else does"
>
> Virgina Woolf, Diary (1932)

Sie ist oft glücklich gewesen, das spürte ich. Denn sie ist oft hier in dieser für sie so erfüllenden Landschaft gegangen und war so unfassbar kreativ.

Nachdem wir die Ouse bei einer schmalen Brücke überquert hatten, gingen wir bergauf, bis wir oben auf dem Rücken der Hügelkette South Downs waren. Rund um uns lagen goldgelbe Getreidefelder mit violett blühenden Disteln. Beige Wollpunkte der Schafe zeichneten sich nur vage von abgefressenen und von der Sonne gebräunten Wiesen ab. Gar nicht weit weg war die Küste. Wir rochen Meereswind. Virginia hatte geschrieben:

> „This has a holiness. This will go on after I'm dead."
>
> Virgina Woolf, Diary (1932)

Ja, Virginia, ja, die Heiligkeit dieser Landschaft ist immer noch da!

Wir suchten uns ein weiches Plätzchen mit weitem Blick, breiteten ein Tuch aus und aßen unsere mitgebrachten Sandwiches.

In dieser Landschaft gehen, jeden Tag, und schreiben, das wär was! Ich schlief kurz ein auf der Picknickdecke. Ein Traum vom Leben umhüllte mich, ich wusste, er würde mich weit tragen. Als ich aufwachte, hatte Paul am mitgebrachten Gaskocher Tee zubereitet. Da saßen wir, schauten, schlürften Tee, schlaftrunken, verliebt ineinander und in diesen besonderen Platz der Welt. Vielleicht war ich nie zuvor so glücklich gewesen wie in diesem Moment.

Beim Weitergehen konnten wir den Abstieg von der Hügelkette hinunter nach Charleston nicht finden. Schließlich kletterten wir irgendwo den Hang hinunter, durchquerten Felder und Bäche und kamen über einen regengesättigten Acker zum Hintereingang des Charleston Farmhouse, das schon seit über 100 Jahren kein Bauernhof mehr war.

Charleston Farmhouse erschien mir wie ein Haus, das lacht. Die ehemalige Künstlerkolonie der Bloomsburys war seit Jahrzehnten als Museum und Veranstaltungsort zugänglich, offen, einladend, und wie!

Gleich neben dem mit Efeu bewachsenen zweistöckigen Landhaus lag ein großer Seerosenteich, in dessen Mitte eine moderne weibliche Steinstatue stand. Es gab ein urbanes Café und einen *gift shop* mit Kunstbüchern. Lesungen und Schreibworkshops wurden hier angeboten. Hinter dem Haus lag ein kleiner, aber bunter Cottage Garden.

Doch wir konnten uns gar nicht in Ruhe umschauen. „Come in, come in! Tickets over there!" In wenigen Minuten, sagte uns eine witzige, stattliche Frau, würde die nächste Führung durch das Haus beginnen. Wir zahlten und traten ein in ein verspieltes Interieur voller Farben und Muster, bunt und doch ästhetisch. Unser *guide,* die lustige Frau wies uns auf die Lehnstühle hin, die mit von Vanessa Bell entworfenen Stoffen überzogen waren. Knallige geometrische Muster und großspurige Blumendesigns – ganz 1920er-Jahre, ähnlich der Wiener Werkstätte und doch freier, verspielter und bunter. Vanessa hatte auch die meisten Tische und Stühle mit Zierleisten bemalt. Da war ein Türpfosten mit Blumen, dort ein Fenstersims mit Figuren, da die Seiten der Badewanne mit großen, bunten Mustern bemalt. Vanessas zweiter Ehemann, der um sechs Jahre jüngere Maler Duncan Grant, hatte sich auch hier und dort im Gemäuer verewigt.

Unser *tour guide* geleitete uns durch das Haus wie durch ein mobiles Theaterstück. Sie erzählte voller Begeisterung und untermalt von schrägen Geschichten, in welchem der vielen Zimmer Vanessa, Clive, Duncan, Maynard und die anderen späteren Berühmtheiten dieser Künstlerkolonie wann gewohnt hatte, wer mit wem liiert war und wer welche Werke produziert hatte. Überall hingen Gemälde, im Original und im Druck, die hier gemalt worden waren. Wir hörten von den Büchern, die hier geschrieben wurden – das berühmteste von ihnen „The Economic Consequences of Peace" von John Maynard Keynes.

Unser *guide* erzählte uns Lausbubengeschichten über Vanessas Söhne, die von ihrem Zimmer im ersten Stock auf das Dach geklettert und abgehauen waren. Quentin Bell, Vanessas Sohn, Virginias Neffe, hatte die erste große Biografie über Virginia Woolf geschrieben. Er war hier aufgewachsen, in diesem freien Spirit, in diesem bunten Haus, mit dieser magischen Tante Virginia. Sie kam zum guten Teil wegen Vanessas Kindern oft auf Besuch nach Charleston. Sie liebte ihre Neffen und ihre Nichte sehr und begleitete sie ihr Leben lang intensiv.

Letter to her nephew Quentin: „I am now drifting to the region of questions. What did you have for breakfast? Where did you dine last night and so on? And are you in love? And are you happy? And do you sometimes write a poem? And have you had your hair cut?"

Virginia Woolf, Letter to Quentin Bell (1930)

Virginia war der – heute – berühmteste Gast im Charleston Farmhouse, aber sie war stets froh, wieder in ihr eigenes, viel ruhigeres Landhausleben zurückzukehren.

„Back from a good week end at Rodmell – a week end of no talking, sinking at once into deep safe book reading; & then sleep: clear transparent; with the may tree like a breaking wave outside; & all the garden green tunnels, mounds of green: & then to wake into the hot still day, & never a person to be seen, never an interruption: the place to ourselves: the long hours."

Virginia Woolf, Diary (1932)

Virgina ging den langen Weg von Charleston nach Rodmell zu Fuß zurück über die Hügelkette „Downs"; wir hingegen fuhren ein Stück des Rückwegs mit dem Bus. Bei der Brücke über den River Ouse wollte ich eine Pause einlegen. Es war nun Flut, der Fluss fast nicht wieder erkennbar, so breit, so blau zog er mit schneller Kraft Richtung Meer. Ich schlug mein Notizbuch auf und schrieb:

„Dies ist der Rückweg von der Southease Brücke entlang des River Ouse nach Rodmell, den du zuletzt nicht mehr gegangen bist, Virginia. Auch ich gehe ihn nicht. Paul wird mich mit dem Auto abholen. Du wolltest nicht abgeholt werden. Du bist in den Fluss gegangen. Ich hoffe es ging schnell. Ich respektiere deine Entscheidung. Doch es tut mir leid, dass diese Entscheidung im Denken der Nachwelt das Bild von dir überschattet. Aber das kann dir egal sein. Doch die Frage drängt sich auf: Wie waren die Lebensumstände und Arbeitsbedingungen großer Schriftstellerinnen, die – wie du – schließlich den Freitod wählten? Darf ich dich überhaupt mein Vorbild, meine große Lehrerin nennen?"

Ich schlug das Heft zu und schaute hinunter auf das reißende Wasser des River Ouse. Da fiel mir die zweite Strophe von Hölderlins Gedicht „Die Hälfte des Lebens" ein: Die andere „Hälfte" von Virginias Lebens war eben von Schatten, Kälte und Todeswünschen geprägt gewesen.

> „Weh mir, wo nehm ich, wenn
> Es Winter ist, die Blumen, und wo
> Den Sonnenschein,
> Und Schatten der Erde?
> Die Mauern stehn
> Sprachlos und kalt, im Winde
> Klirren die Fahnen."

St. Ives

Nach drei vollgepackten Tagen in Sussex fuhren wir los in den Südwesten von England. Virginias Vater hatte Cornwall den „äußersten Zehennagel von England" genannt. Wir verbrachten fast einen ganzen Tag im Auto. Das Hörbuch „Zum Leuchtturm" bereitete uns auf Virginias heißgeliebten Kindheitssommerort vor, an den sie ihr ganzes Leben auf Besuch zurückgekehrt war. Als wir endlich bei Dunkelheit in St. Ives ankamen, mussten wir zuerst einmal ein Zimmer suchen. Denn so viel war klar, wir wollten nicht mehr kampieren, wir würden uns nun einfach ein Bed & Breakfast nehmen, ob wir es uns leisten konnten oder nicht. Wir wollten uns das leisten können. Wir wollten so viel. Und waren sehr offen und erwartungsfroh über die Optionen des Lebens. In diesen ersten Jahren meiner Selbstständigkeit hatte ich gelernt, mich mit Visionen anstelle von Geld über Wasser zu halten.

Ich hatte mir schon so viel herbeigeschrieben und geschafft, was sollte mich stoppen?

Wir fuhren durch die kleinen nächtlich beleuchteten Gassen von St. Ives, Hügel auf, Hügel ab, auf der Suche nach *room available*-Zeichen und günstigen Preisen. *Ensuite* – mit Toilette und Bad im Zimmer – musste nicht sein. Dann fanden wir in einer großen freistehenden Pension ganz oben am Hügel ein Zimmer mit riesigem Ehebett mit Ausblick über die Bay. Wir fühlten uns wie König und Königin. „I ... I will be king, and you ... you will be queen."

Während wir am nächsten Tag im Frühstücksraum ein üppiges English Breakfast zu uns nahmen, lief im Fernsehen die skurrile *BBC Morning Show*: Der Fernsehmoderator hatte nämlich vor sich eine Teetasse und einen Toaster stehen, wie Millionen seiner Zuschauer. Danach marschierten wir mit vollem Bauch durch St. Ives, dieses pittoreske ehemalige Fischerstädtchen, das sich schon im späten 19. Jahrhundert zur Sommerfrische und zum Künstlerrefugium gewandelt hatte. St. Ives ist seit langem eine bekannte Touristendestination. Menschen aus aller Welt flanieren in den schmalen Gassen, besuchen die Galerien, Cafés und Fish & Chips-Shops. Hügel auf und ab durchquerten wir die Kleinstadt, die sich an die Bucht schmiegte und schauten hinunter auf hübsche Sandstrände. Talland House war unser Ziel. In jenem Haus hatte Virginia all ihre Kindheitssommer verbracht. Die Farben, Bilder, Gerüche und Erfahrungen hier waren tief in ihre Erinnerung eingeprägt. In einem autobiografischen Text hatte sie geschrieben:

„If life has a base that it stands upon, if it is a bowl that one fills and fills and fills – then my bowl without a doubt stands upon this memory. It is of lying half asleep, half awake, in bed in the nursery of St. Ives. It is of hearing the waves breaking, **one, two, one, two,** and sending a splash of water over the beach; and then breaking, **one, two, one, two,** behind a yellow blind. It is of hearing the blind draw its little acorn across the floor as the wind blew the blind out.

It is of lying and hearing this splash and seeing this light, and feeling, it is almost impossible that I should be here; of feeling the purest ecstasy I can conceive."

Virginia Woolf, A Sketch of the Past (1939)

St. Ives und die Küste, der Leuchtturm in der Ferne und besonders das Talland House mit seinem riesigen terrassenartig angelegten Garten waren für Virginia magische Orte der Kindheit. Wir stapften schnaufend eine steile Straße hinauf zum Talland House, in dem sie mit ihrer Familie viele lange Sommer verbracht hatte. Es lag oberhalb der winzigen Bahnstation, Endstation nach einer Tagesreise von London. Als Virginia ein Kind war, kamen auch viele Gäste zu Besuch ins Talland House, Kollegen des Vaters, auch Künstler, mehr oder weniger berühmt, und Verwandte. Die Kinder wurden zum Bahnsteig geschickt, wenige Minuten vom Haus entfernt, um die Gäste abzuholen. Zuerst sahen wir nicht viel von Virginias geliebtem Sommerhaus, so hoch waren die Hecken rundherum gewachsen. Nur ein überwachsenes Schild auf einem versteckten Holzgatter verwies auf seine berühmte Bewohnerin. Beim offiziellen Eingang zum Haus, in dem nun wochenweise luxuriöse Ferienwohnungen vermietet wurden, war kein Hinweis. Ich läutete und fragte, ob wir kurz durch den Garten gehen dürften. Wir wurden hineingewinkt. Dann waren wir alleine und schauten uns das Haus von außen an: Eine strahlend weiße, zweistöckige bürgerliche Villa. Erker mit hohen geschliffenen Glastüren in den Garten hinaus, im ersten Stock Balkönchen aus geschwungenen weiß lackiertem Gusseisen und kleine Gaupenfenster am Dach. Da oben waren, so hatte ich gelesen, die Kinderzimmer gewesen. Der Garten war zu Virginias Zeiten viel größer gewesen, die Umgebung war inzwischen dicht verbaut worden. Doch es gab immer noch eine mittelgroße, saftig grüne, kurzgeschnittene Rasenfläche umgeben von Hecken. Ich setzte mich auf die Stufen des Gartenwegs, Bänke gab es keine. Ich holte Katherines Buch hervor, und las daraus eine Stelle vor, in der Virginia den Garten ihrer Kindheit beschreibt:

Talland House: „stood in a garden that ran downhill; and had formed itself into separate gardens, surrounded by thick escallonia hedges, whose leaves, pressed, gave out a very sweet smell. [...] each had a name; there was the coffee garden, the Fountain [...] the cricket lawn; the Love Corner, under the greenhouse, where the purple jackmanii grew [...] Then there was the kitchen garden; the strawberry beds; the pond [...] and the big tree."

Virginia Woolf, A Sketch of the Past (1939)

Ich schaute auf und versuchte, mir den Liebesgarten und das Kricketfeld, das Erdbeerbeet und den Teich vorzustellen, die alle nicht mehr da waren. Ich sah den gutbürgerlichen Familiensommer anno 1890 vor mir: die Teegesellschaft auf der Terrasse und Mädchen in langen Kleidern, die Kricket spielen. So wie auf dem Foto auf dem die etwa 12-jährige Virginia neben ihrer Schwester Vanessa hier im Garten steht, beide mit zu einem Zopf geflochtenen langen Haaren und dunklen Kleidern mit weißem Spitzenkragen.

Dieser Garten, dieses Haus war das Setting von „To the Lighthouse", Virginias am stärksten autobiografisch geprägtem Roman. Sie porträtierte darin eine großbürgerliche Familie mit vielen Gästen in einem Sommerhaus mit Blick auf den Leuchtturm. Es gibt eine übergroße Vaterfigur, Mr. Ramsay, der seinem jüngsten Sohn James, der so gerne mit dem Boot zum Leuchtturm fahren möchte, dies eisern Tag für Tag abschlägt. Unweigerlich ging mein Blick hinunter auf die Bucht und hinüber zum Leuchtturm. Er lag gut sichtbar in der Ferne, schaute auf uns wie ein Auge. Virginia schreibt:

„The Lighthouse was then a silvery, misty-looking tower with a yellow eye, that opened suddenly, and softly in the evening."

Virginia Woolf, To the Lighthouse (1927)

Ich sah die Kinder des Romans „To the Lighthouse" hier im Garten herumlaufen, während der Vater, Mr. Ramsay, griesgrämig den Kiesweg

Virginia Stephen (li.) und ihre Schwester Vanessa in St. Ives (1897)

auf- und abmarschiert. Auf und ab. Auf und ab. Ich ging den schmalen, weißen Kiesweg entlang. Es knirschte unter meinen Füßen und auf einmal war ich weit weg. Nicht mehr in Virginias Roman, nicht mehr in ihren Erinnerungen, sondern in meiner eigenen Kindheit. Im magischen Haus meiner Großeltern väterlicherseits, in einem kleinen Dorf in der Nähe von Salzburg. Mit einem großen verwinkelten Garten mit knirschendem Kiesweg und anderen frappierenden Ähnlichkeiten zum Talland House. Am nächsten Morgen schrieb ich in unserem königlichen Doppelbett eilig und drängend in mein Reise-Notizbuch:

„Dieses Knirschen der Kiesel hat eine Welle von Erinnerungen in mir ausgelöst, an den vielleicht schönsten Ort meiner Kindheit, das Haus meiner Omi. Wie ähnlich die beiden Häuser doch sind! Auch das Haus meiner Großmutter war eine großbürgerliche Land-Villa in einem abschüssigen Garten mit Blick in die Weite. Bei Omi ging der Blick aber nicht auf das Meer, sondern auf saftige Salzburger Felder, Wiesen, Wälder und – auch dort! – lag gleich daneben ein Provinz-Bahnhof. Auch in meiner Großeltern Haus kamen in der Kindheit meines Vaters angeblich häufig Gäste, die vielleicht von den Kindern vom Bahnhof abgeholt wurden. Künstler und andere wandernde Seelen bekamen ein Zimmer mit Ausblick. Omis Garten war auch so ein magisches Reich für Kinder gewesen. Mit abgeschiedenen Ecken, großen Wiesen auf verschiedenen Ebenen umgeben von Gemüsebeeten, Ribisel- und Rosenbüschen. Dazwischen Wege mit knisterndem Kies. Unglaublich! Mein Opa, ein Landarzt, war wie Mr. Ramsay aus ‚To the Lighthouse' und wie Virginias Vater auch so ein ernster, strenger Herr. Konservativ und autoritär und doch gewissermaßen liberal und intellektuell. In der NS-Zeit hörte mein Opa heimlich BBC und bewunderte Winston Churchill. Aber im Gegensatz zum Philosophieprofessor Leslie Stephen kümmerte er sich nicht besonders um seine Töchter. Virginia durfte nicht studieren, die Schwestern meines Vaters *brauchten* nicht zu studieren, sie *durften* Lehrerinnen werden."

Mir war ganz schwindlig, so schnell waren meine Gedanken gerast beim Schreiben. Wie sich die Häuser, die Gärten, die Zeiten, die Fragen verbanden. Virginia war so wütend darauf, dass Frauen zu ihrer Zeit nicht hatten studieren dürfen. Wie langsam sich die Möglichkeiten für Töchter erst verbessert haben! Wie mühselig es war, patriarchale Familienstrukturen aufzulösen! Ich setzte den Stift wieder an, weiter ging's, feurig:

„Ich höre noch das Knistern unter den Schuhen, ich sehe die ordentliche Linie zwischen Kiesweg und Rasen. Diese alte, großbürgerliche Welt war so ganz anders als die bäuerlich-proletarische Herkunftsfamilie meiner Mutter, in der Nähe der tschechischen Grenze. Ich sehe meinen Salzburger Opa vor mir, wie er, der ehrenwerte Herr Doktor in der verglasten Veranda mit Blick auf die Felder des benachbarten Bauernhofs sein Frühstück einnahm. Er aß bedachtsam ein weiches Ei und las die Zeitung. Und wollte von seinen Enkelkindern nicht gestört werden.

Es war Omi, die das große alte Haus mit – in meiner kindlichen Wahrnehmung – unendlich vielen Räumen mit knarrenden Kästen, ehrwürdigen Holztruhen und dem großen Garten zu einem magischen Reich machte. Repräsentativ, gastfreundlich und großzügig. Und wo blieb sie selbst? Ähnlich wie Mrs. Ramsay oder Virginias Mutter opferte sie sich ganz für ihre Familie auf.

Interessante Frage: Was hätte wohl Julia Stephens, Virginias Mutter, gesagt, hätte sie erlebt, wie ihre Töchter lebten und arbeiteten, malten, schrieben und publizierten, sich Zeit und Raum für sich selbst und ihre Kreativität nahmen?

Andererseits muss gesagt werden, dass es sowohl in Virginias Elternhaus als auch in meinem Großelternhaus viel Spielraum gab für Bildung und Weltoffenheit. Immerhin hat mein Großvater während des Zweiten Weltkriegs auf die Engländer gehofft. Ja, hallo! Wer weiß, vielleicht hat seine Hoffnung auf die Alliierten auch meine Offenheit für England und meine Liebe zu Amerika ermöglicht?"

Als ich diese Frage formulierte, steckte Paul den Kopf zur Tür herein. Er war schon draußen gewesen, während ich geschrieben hatte.

„Breakfast, my Lady?"

„Yes please!"

Ich konnte was im Magen brauchen, um meinen Kopf zu beruhigen. Und einen Spaziergang an der frischen Luft.

„Heute geht's zum Leuchtturm!", jubelte ich bei *ham and eggs*.

Godevry Lighthouse

Wir stellten unser Auto am Parkplatz des National Trust ab, der direkt in den Dünen lag und marschierten endlich den breiten Sandstrand entlang. Zum Leuchtturm. Der weiße runde Turm, Godevry Lighthouse, ragte vor uns auf. Ein kurzer Weg zur Klippe hinaus und wir würden dort sein. Das Gehen im kühlen Meereswind erinnerte mich an meine Strandspaziergänge in Schottland, bei Flut und bei Ebbe. Virginia hatte geschrieben, sie könne sich gar nicht vorstellen, wie Menschen in der Mitte des Kontinents wohnen können, so fern vom Meer.

> „How anyone with an immortal soul can live inland, I can't imagine; only clods and animals should be able to endure it."
>
> Virginia Woolf, Letter to Violet Dickinson (1909)

Das ruhige starke Geräusch ihrer langen Kindheitssommer hier in Cornwall, das eins zwei, eins zwei, das war der Rhythmus der Welt, den sie so liebte.

Wir begegneten anderen Spaziergängern, viele in Windjacken, manche mit Hunden oder Kindern. Sie gingen allein oder in Gruppen. Zum Leuchtturm. In Virginias Roman verstecken sich die Kinder hier zwischen den Dünen, sie sammeln Muscheln und verlieben sich. Wir gingen und gingen, den Wind im Haar, das Meersalz in der Nase, den Sand unter den Schuhen und immer sah es so aus, als müssten wir jede Minute dort sein, beim Leuchtturm. Aber der Weg war viel weiter als wir dachten. Ich sagte zu Paul: „Vielleicht ist der Leuchtturm nur eine Sinnestäuschung? Oder eine Erfindung Virginias?" Da sahen wir, dass der Leuchtturm gar nicht auf dem Festland, sondern auf einer kleinen felsigen Insel thronte. Unerreichbar. Ein Sehnsuchtsort, für immer. Ein Kindheitstraum, der Virginias Fantasie angespornt hat und für all das stand, was im Leben nicht so leicht erreichbar ist. Das unbekannte Land, das frau zu durchkreuzen beginnt, wenn sie die Grenzen der gesellschaftlichen Normen und Erwartungen überschritten hat. Außerhalb davon ist wenig beschriftet. So wie der Weg, Autorin zu werden, der ist – vor allem im deutschen Sprachraum – einer ohne Wegweiser. Geh allein durchs Gestrüpp, schlag dich durch die Dornen, leide, verirre dich, selber schuld, wenn du den vorgegebenen Weg ablehnst! Ich hatte auch in meinem Schreiben das Gefühl, allein dazustehen. Was sollte ich tun mit dem wilden Rohtext für einen Roman, der eisern schwer in einer Schublade lag? Er war mir peinlich. Und für eine Überarbeitung hatte ich weder Mut noch ausreichende literarische Handwerkskenntnisse.

Die Brandung war stark, der Wind kalt. Ich sagte zu Paul: „So viele Schiffe sind hier früher gekentert, Fischerboote verunglückt. Deshalb war der Leuchtturm so wichtig." Wir schauten hinaus auf den gefährlichen Ozean. Hinter dem Nebel in weiter Ferne lag Amerika. Mein Sehnsuchtsort. Meine Inspirationsquelle. Mein Streitpunkt. Die englische Sprache hatte mich immer schon angezogen. Beruhigt. Bestärkt. Getragen. Das eins, zwei, eins, zwei, dieser Rhythmus der Wellen, der sich Virginia ins Bewusstsein eingeprägt hat, das starke ruhige Geräusch der Welt, das war für mich der Klang und der Rhythmus dieser Sprache. Mit sechs Jahren hatte ich zur Single am Plattenspieler mitgesungen: „Hey Jude, take a sad song and make it better, better, better. Better!" Und als ich dann endlich richtig Englisch lernte, ließ ich mir meine Lieblingswörter genussvoll auf der Zunge zergehen: „Butterfly, butterfly, butterfly, umbrella, umbrella, umbrella." Großbritannien hatte ich gesucht, Amerika war als Überraschungsliebe dazugekommen.

Endlich kamen wir beim Leuchtturm an, so nah dies eben möglich war. Die winzige Insel, auf der der Leuchtturm stand, lag wenige Meter von der Küste entfernt.

In Virginias Roman „To the Lighthouse" will der kleine James seine ganze Kindheit hindurch zum Leuchtturm segeln. Mit enormer Ausdauer trägt er dem Vater seinen Wunsch vor, immer wieder. Und wird immer wieder abgewiesen. Doch am Ende des Romans, als die Mutter und zwei der Geschwister bereits verstorben sind, fahren die nun erwachsenen Kinder der Ramsays mit dem Vater in einem Boot hinüber zum Leuchtturm.

Virginia wollte schreiben. Sie war unglaublich beharrlich, sie ließ einfach nicht locker. So wie James. Virginias großer Wunsch, der Leuchtturm, zu dem sie hinfahren wollte, war es, eine Form, eine Sprache, einen Weg zu finden, die Erkenntnisse, die sie in intensiven Lebensmomenten gesammelt hatte, auszudrücken, sie als Texte sichtbar zu machen. Es kümmerte sie nicht, dass der Weg lang und beschwerlich war. Ihr erster Roman war eine schwere Geburt gewesen, eine unrunde Sache. Doch auf der Schreiberfahrung von „Voyage Out" bauten ihre großen Romane „Orlando", „Mrs. Dalloway" und „To the Lighthouse" auf. Virginia wollte schreiben, und zwar genau das, was sie intellektuell reizte und ihr am Herzen lag. Es war ihr – offenbar – nicht das Allerwichtigste, in der breiten Öffentlichkeit verstanden zu werden.

Die radikal modernistische Form ihrer Romane war nicht gerade einfache Unterhaltungsliteratur. Ich dachte, es war ihr wahrscheinlich auch relativ egal, was die Nachbarn und Verwandten darüber dachten, dass sie und Vanessa ein Leben lebten, das Welten von dem ihrer Mutter entfernt war, und von der damaligen Frauenrolle.

„Let's go back and have some tea", hörte ich eine Frau zu ihrer Familie sagen. Paul und ich nickten uns zu. *Let's go back and have some tea.* Tee mit Milch war *das* Erkennungszeichen zwischen uns gewesen, als wir uns kennengelernt hatten. Wir schauten nochmal hinüber zu der kleinen Insel, auf der der Leuchtturm stand, und machten uns auf den Rückweg.

„Hartnäckige Ausdauer und den Mut zum Experiment, das können wir lernen von Virginia", sagte ich.

„Ich denke, sie hatte auch Ängste", sagte Paul.

„Und wie! In ihrem Tagebuch schreibt sie oft von ihren Ängsten. Ich erinnere mich an die Formulierung „shivering and wishing to take cover". Ich hab dieses geniale Buch sogar mitgebracht, da schau ich gleich nach!"

„Welches meinst du?"

„'A Writer's Diary' – eine großartige Auswahl von Ausschnitten aus Virginias Tagebüchern. Ihre Ängste sind darin wunderbar vermischt mit ihren leuchtenden Ideen."

Abends, zurück im *B&B* holte ich mein Buch „A Writer's Diary" hervor. Es war ein schon sehr abgegriffenes Taschenbuch, mit Eselsohren, geknicktem Einband, Post-its und Zeitungsschnipseln als Lesezeichen. Sätze waren mit verschiedenfarbigen Stiften unterstrichen, Absätze markiert, Ausrufezeichen an den Rand gekritzelt. Ich las in meiner Bibel, in Virginias Tagebuch:

„Tuesday March 9th, 1920
In spite of some tremors I think I shall go on with this diary for the present. I sometimes think that I have worked through the layer of style which suited it – suited the comfortable bright hour after tea; and the thing I've reached now is less pliable. Never mind; I fancy old Virginia, putting

on her spectacles to read of March 1920 will decidedly wish me to continue"

Virginia Woolf, Diary (1920)

Von 1915 bis zu ihrem Tod 1941 hat Virginia regelmäßig Tagebuch geschrieben, Band um Band. Sie ließ sich dafür spezielle Notizbücher binden. Leonard stellte einige Jahre nach Virginias Tod aus Passagen dieser vielen Tagebücher die Publikation „A Writer's Diary" zusammen. Im Vorwort schreibt er, dass er aus 27 Jahren kontinuierlichen, handschriftlichen Tagebucheinträgen jene ausgewählt habe, in denen sie ihre Schreibprozesse und Buchideen beschreibe. Eine Gesamtpublikation ihrer Tagebücher sei, so schrieb Leonard 1953, noch nicht sinnvoll solange so viele Menschen aus ihrem privaten Umfeld noch am Leben seien. Doch er wusste, welchen Schatz er mit „A Writer's Diary" der Welt der Schreibenden übergab und wollte damit nicht länger warten. Er schrieb im Vorwort: „The book throws light upon Virginia Woolf's intentions, objects, and methods as a writer. It gives an unusual psychological picture of artistic production from within." Dieses Buch war für mich seit Jahren eine Goldgrube gewesen. Immer wieder hatte ich es an irgendeiner Seite aufgeschlagen, um darin zu schmökern.

Als ich nun im Bett in St. Ives darin blätterte und erfreut markierte Stellen wieder las, sagte ich zu Paul: „Jetzt versteh ich! Dieses Buch ist der Ur-Grund, warum wir nun hier in Cornwall sind!"

„Wie meinst du das?"

„Seit ich begonnen habe, es zu lesen, lässt mich Virginia nicht mehr los. Ich hatte ihre Romane sehr gemocht, aber diese Ausschnitte aus ihren Tagebüchern berührten mich so tief und haben mich so stark inspiriert wie selten ein Buch."

„Und wie bist du zu diesem Band gekommen? Du hast gesagt, Leonard hat es vor Jahrzehnten publiziert."

Ich dachte kurz nach, dann schmunzelte ich: „Ganz klar, in Amerika." Paul sagte: „Wie das?"

„Zitate aus dieser Bibel werden immer und immer wieder in amerikanischen Büchern über Schreiben angeführt. So fand ich dieses Buch. Virginia ist in Amerika einfach ein Fixstern! Gerade für schreibende Frauen. Etwa in meinem geliebten Essay ‚A Room of One's Own is not Enough' von Joan Bolker."

So war ich also über Amerika zurück nach England gekommen. Ich war auch in Amerika zum Schreiben gekommen. Und über das Tagebuchschreiben zum Schreiben anderer Texte, so wie Virginia.

Virginia hatte einfach alles im Tagebuch mit sich ausgemacht. Sie schrieb über das Tagebuchschreiben selbst, was es ihr brachte, ihre Zweifel daran und wie es sich veränderte. Sie schrieb an sich selbst – an *old Virginia*, die alte Frau, die sie einmal sein würde, die eines Tages sich die Brille aufsetzen würde, um in ihren alten Tagebüchern zu lesen. Und sie ließ ihr älteres Selbst sogleich zurücksprechen. Die alte Virginia würde ihr sicher sagen, schrieb sie: Mach weiter, trotz der Zweifel und Ängste. Virginia hielt sich auf der Zielgerade durch das Tagebuchschreiben. Gleichzeitig übte, überlegte und verfeinerte sie dabei ihre Schreibkunst. Am Freitag, den 17. Oktober 1924 schrieb sie:

„It strikes me that in this book I practise writing; do my scales, yes and work at certain effects. I daresay I practiced *Jacob* here, and *Mrs. D.* and shall invent my next book here; for here I write merely in the spirit – great fun it is too; and old V. of 1940 will see everything in it too. She will be a woman who can see, old V., everything – more than I can, I think."

Virginia Woolf, A Writer's Diary (1924)

Sie hatte also mit der Zukunft kommuniziert, eine Selbst-Coaching-Methode, die ich auch manchmal anwandte. Seit einigen Jahren schrieb ich fast täglich *Morgenseiten* und war fasziniert, wie sehr sie mein Leben bereicherten, erleichterten und in Schwung brachten. Es erlaubte, verschiedene Perspektiven einzunehmen, das Blickfeld zu erweitern, Ideen zu spinnen, ohne Zensur. Und vor allem auch Ängste, schlechte Stimmungen oder Unsicherheiten schreibend aufzulösen. Das schnelle freie Schreiben, dieses wilde Galoppieren, wie Virginia es nannte, brachte Unglaubliches hervor: *Diamanten im Staubhaufen*.

„I […] am much struck by the rapid haphazard gallop at which it swings along, sometimes indeed jerking almost intolerably over cobbles. Still if it were not written rather faster than the fastest type writing, if I stopped and took thought, it would never be written at all; and the advantage of the method is that it sweeps up accidentally several stray matters which I should exclude if I hesitated, but which are the **diamonds of the dustheap**."

Virginia Woolf, A Writer's Diary (1919)

Ich blätterte in meiner Bibel, begeistert wie eh und je. Sie hatte in ihrem Tagebuch ihr Werden und Wachsen zur Autorin beobachtet, gecoacht und dokumentiert. Das Wunderbare dieser publizierten Tagebucheinträge für die LeserInnen von heute ist: Schreiben wird als menschliche Lebenspraxis sichtbar, der abgehobene Mythos des Genies zerfällt. Ihr Tagebuch war für Virginia eine *freundliche alte Vertraute*, der sie auch ihre schlimmsten Gedanken vorsetzen konnte. Sie hielt sich durchaus manchmal für eine Versagerin:

„Friday, April 8th. 10 minutes to 11 a.m.
And I ought to be writing *Jacob's Room;* and I can't, and instead I shall write down the reason why I can't – **this diary being kindly blank-faced old confidante**. Well you see, I am a failure as a writer. I am out of fashion: old: shan't do any better"

Virginia Woolf, A Writers Diary (1921)

Sie hatte an sich gezweifelt, *to say the least,* sie hatte Panik, sie hatte Schreibblockaden, oft monatelang, sie war hyperempfindlich, was ihre Texte betraf. Die Rückmeldungen ihrer Liebsten und die Rezensionen und Kommentare der Kritiker nach der Publikation gingen ihr sehr nahe.

Endlich hatte ich die gesuchte Stelle gefunden und las sie Paul laut vor:

> „Is the time coming when I can endure to read my own writing in print without blushing – shivering and wishing to take cover?"

Virginia Woolf, A Writer's Diary (1919)

Sie zitterte, sie bebte, sie lebte. So ganz. Das war es, was mich so faszinierte, sie war spürbar, angreifbar, voller Schatten- und Sonnenseiten und allen Nuancen dazwischen. Das machte mir Mut, mehr als alles andere. Ich war doch nicht verloren, wir waren nicht verloren. „A strong woman is a woman strongly afraid", schreibt Joan Bolker in ihrem Essay „A Room of One's Own is not Enough". Eine starke Frau ist eine, die sich über ihre Ängste hinaus und hindurch bewegen kann, immer wieder. Und wie? Zum Beispiel durch das Schreiben selbst. Virginia hätte wohl ohne ihr Tagebuch nicht so lange gelebt, ihre vielen Krisen nicht so gut überstanden, nicht so unglaublich kreativ und produktiv sein können, nicht so viele Romane, Geschichten, Artikel, Sachbücher und Essays schreiben und publizieren können. Im Tagebuch hatten ihre Ängste und Fragen Platz, da wurden Ideen geboren und entwickelt. Da schrieb sie sowohl über das Nicht-schreiben-Können als auch über den Schreibrausch. Über Erfolge – so viele – und Misserfolge und persönliche Krisen. Zu viele. Sie schrieb Tagebuch und sie ging. Sie marschierte. Sie war innerlich und äußerlich in Bewegung.

Ein sicheres Gefühl machte sich in mir breit: Ich habe – wie jeder andere auch – Zeit, mich zu entwickeln, zu lernen, zu probieren, zu wachsen. Die Sehnsucht wird mich leiten, so wie ein Leuchtturm, ein unerreichbarer.

Von St. Ives Nach Zennor

An unserem letzten Tag in diesem westlichen Zipfel von Südengland stand die Küstenwanderung von St. Ives nach Zennor auf dem Programm, die Virginia ihr ganzes Leben lang immer wieder unternommen hatte. Es war eine kurze Teilstrecke des Southwest Coast Path, eines Weitwanderwegs von etwa 1000 Kilometern entlang der südwestlichen Küste Englands.

Der schmale Pfad verlief anfangs durch abschüssige Wiesen mit winzigen Blümchen, die dem starken Meereswind standhielten. Plötzlich standen wir hoch oben auf einer Klippe und hatten ein Panorama von mehr als 180 Grad intensiv blauen Meeres vor uns. Mir stockte fast der Atem. Die vorigen Tage hatten wir in der Bucht von St. Ives verbracht; auch der Ärmelkanal und die Küste bei Eastbourne waren nicht vergleichbar mit dem offenen Ah! Ah! Atlantik.

Ganz in der Ferne sah ich ein großes weißes Schiff, die Sonne spielte mit dem Wasser, es funkelte und leuchtete und lag sehr still und mächtig da.

> „the great plateful of blue water was before her"
>
> Virginia Woolf, To the Lighthouse (1927)

Ah… Ah… Amerika. Bis dort hin reichte diese blaue Weite vor uns. Zwischen mir und Amerika war nichts als Wasser und Himmel.

Diese Weite! Diese schroffen Klippen! Das wuchernde Heidekraut in Lilatönen! Ich verstand aus der Tiefe meiner Seele, warum Virginia dies den schönsten Wanderweg der Welt genannt hatte. Sie hatte sich ihr ganzes Leben lang zurück nach Cornwall gesehnt. Vor allem liebte sie das stundenlange Wandern entlang der Küste.

Wir gingen weiter, wir staunten, wir wurden ganz still. Ich wollte gehen, gehen, gehen. Direkt am Meer, hoch über den Klippen. Ich spürte, ich würde hierher wiederkommen. Immer wieder. So wie ich damals mit 13, als ich das erste Mal in London war, wusste, diese Stadt und diese Sprache würden immer mein Anker, mein Ziel, mein Sehnsuchtsort bleiben. Und jetzt hatte ich nicht nur diesen leuchtenden Küstenwanderweg gefunden, ich hatte eine neue Leidenschaft entdeckt: Wandern am Meer!

Das Mittagspicknick am Hang zwischen windgepeitschten Gebüschen war schöner als alle vorigen. Auf dem schmalen Weg wanderten immer wieder vereinzelt oder in kleinen Grüppchen Menschen an uns vorbei, jung und alt. Glücklich zwischen dem weiten Blau des Atlantiks und dem kilometerlangen Lila der mit Heidekraut bewachsenen Hänge. Blau-lila Wonne.

Ich war so beseelt, die Vorstellung, von hier wieder wegzumüssen, schmerzte. Wie sollte ich so eine strahlende Weite zu Hause in der Kleinheit Mitteleuropas finden? Oder hieß glückselig schreiben gar wegziehen von zu Hause?

Meine Euphorie war auch der körperlichen Anstrengung und der vielen frischen Luft zu verdanken. Wir schnauften und schwitzten. Der schmale Küstenwanderweg ging zeitweise steil bergab und sogleich wieder steil bergauf. Immer wieder führte er hinunter in kleine Täler zu winzigen Bächen, die bald ins Meer mündeten. In einer lieblichen Furt mit einer pflanzenumwucherten Brücke erfrischten drei junge Frauen ihre Gesichter im kalten Bachwasser. Am Ufer lagen ihre Tramper-Rucksäcke, auf die Zelte, Schlafsäcke und Liegematten geschnallt waren. Die drei waren offenbar länger und weiter hier unterwegs. Tag um Tag, Nacht um Nacht, auf dem Küstenwanderweg. Herrlich! Vielleicht macht das Glück des Gehens am Meer den großen Rucksack mit Zelt und Proviant leichter?

Nach vier Stunden kamen wir nach Zennor, in das erste Dorf auf der Strecke, die erste Einkehrmöglichkeit. Kleine, geduckte Häuser aus Granit. Ein altes dunkles Pub. Wir aßen mit großem Appetit *Fish Pie* und tranken dunkles Bier und fuhren mit dem Bus zurück nach St. Ives. Frisch geduscht fiel ich erschöpft von der anstrengenden Wanderung in das wohlverdiente *B & B*-Bett und schlief sofort ein.

Am Tag unserer Abreise von Cornwall stand ich sehr früh auf, um Morgenseiten zu schreiben. Ich kochte mir einen Tee – in England gibt es ja in jedem Zimmer *kettle, teabags and milk powder* – und begann zu schreiben:

„Ich verstehe überhaupt nicht, wie irgendjemand Virginia Woolf als schwächlich, kränklich darstellen kann." Die blasse vergeistigte Virginia-Woolf-Schauspielerin mit der aufgeklebten langen Nase im Film „The Hours" fiel mir wieder ein. Ich schrieb: „Nein. Nein. Virginia war eine große Frau mit langen Beinen und schnellem Schritt, und muss eine außergewöhnliche Kondition gehabt haben. Sie ist stets auch den Rückweg von Zennor nach St. Ives zu Fuß gegangen, den ich nicht geschafft habe. Sie ging den Weg hin und zurück, als Kind sowie als ältere Frau, denn – verständlicherweise – kam sie ihr ganzes Leben immer wieder zurück an diesen magischen Platz ihrer Kindheit. Virginia, ich möchte gehen wie du, schreiben wie du … mit so viel Kraft und Sinn für das Schöne! Du hast dich für das Schöne entschieden, immer wieder. Und es dir selbst organisiert, so wie Mrs. Dalloway: „Mrs. Dalloway decided she would buy the flowers herself."

Cambridge

Der letzte neue Ort unserer Virginia-Woolf-Reise, bevor wir noch mal kurz nach London zurückkehren wollten, war Cambridge. Hier wohnten wir bei Freunden von mir. Die Tochter meiner schottischen Gastfamilie lebte nun mit ihrem Mann und zwei Kindern in Cambridge. Auch meine früheren *host parents* waren zufällig von Edinburgh auf Besuch hier und so war es ein freudiges Wiedersehen.

„Virginia Woolf Tour?" fragte mich Ian, der nunmehrige Großvater der Familie, als wir im Garten den Kindern beim Schaukeln zusahen. „Who organized this?"

„Nobody. Well, we did it ourselves using various books."

„That's fabulous! But why Virginia Woolf? I'm surprised you are so interested in her."

Wie sehr wollte ich mich outen? Mein Interesse war nicht das einer begeisterten Leserin von Virginia-Woolf-Romanen, die die Orte ihrer Lieblingsautorin aufsucht. Diese Motivation hätte ich leicht verkaufen können. Ich war hierhergekommen, hatte gemeinsam mit Paul in zwölf Tagen vier Orte in Südengland aufgesucht, an denen Virginia gelebt hatte, war hunderte Meilen durch die englische Landschaft gefahren, hatte ein Dutzend Bücher mitgeschleppt und beständig konsultiert. Ich hatte ein ganzes Reisenotizbuch mit meinen Gedanken gefüllt, weil ich einen Weg für mich, für mein Schreiben suchte. Es ging um meine Seele, mein Leben, meine Chancen. Wie werde ich eine Autorin? Schließlich sagte ich doch zu Ian: „I wanted to find out how to become, live and work like a writer."

Writer war ein Wort, das ich mir zutraute. Eine Schreiberin, eine Schreibende war ich ja schon.

„Ah! Is she a good example?"

„Yes, indeed."

„But … didn't she …?"

„Commit suicide?", ich nahm ihm das Wort aus dem Mund. Er nickte.

„You've probably seen the film ‚The Hours'?" Er nickte wieder, ich fuhr fort: „But the suicide and her depressions are just little pieces of the grand puzzle of her life."

„Interesting! I've never seen it that way."

Ach, wie ich diese englische Art der Konversation liebte. *Re-assuring, polite, positive.*

Bestärkend, freundlich und positiv war Cambridge für Virginia allerdings nicht gewesen. Die traditionsreiche Universitätsstadt spielte eine zentrale Rolle in ihrem Leben, auch wenn sie selbst hier nicht hatte studieren dürfen. Sie pflegte eine Art Hassliebe zu Cambridge, ihre

Familie war über Generationen mit dieser Eliteuniversität verbunden gewesen: Ihr Vater und ihr Großvater waren hier Professoren gewesen, ihre Brüder hatten hier studiert, Virginias beste Freunde und ihr Ehemann waren Studienkollegen ihrer Brüder. Viele der Bloomsburys waren später auch Lehrende an den berühmten Colleges von Cambridge.

Auch Virginia war – von ihrem Vater und von PrivatlehrerInnen – im Geiste dieser Eliteuniversität unterrichtet worden. Sie selbst musste aber draußen bleiben. Cambridge stand für sie vor allem für verschlossene Türen und Systeme. An diesem Ausschluss der Frauen aus den Akademien hat Virginia ihr Leben lang gekaut. Wer nicht zugelassen wurde zur Wissenschaft, wurde aus den gesellschaftlich am höchsten bewerteten Orten des Denkens, Lesens und Schreibens ausgeschlossen.

> „Look here I am uneducated because my brothers used all the family funds which is the fact"
>
> Virginia Woolf, Letter to Ethel Smith (1933)

Wir flanierten durch die mittelalterlichen Colleges von Cambridge und über riesige Flächen perfekten englischen Rasens. Trotz der Sommerzeit waren viele Studierende zu sehen; junge Leute aus aller Welt, vermutlich besuchten sie Sprachkurse und andere Ferienprogramme. Junge Männer und Frauen. Virginia, wollte ich rufen, es hat sich viel getan! Sie haben alle ein eigenes Zimmer und sei es nur ein winziges in einem Studentenheim, sie haben Zeit zum Lesen, Lernen, Denken. Und Schreiben. Wenn zumeist auch nicht so frei, selbstbestimmt und mutig, wie du dir das für uns – die Frauen der Zukunft – gewünscht hättest. Die Universitäten und die Wissenschaft sind zumeist leider nicht gerade die Orte der größten schreiberischen Kreativität. Zumindest nicht in Europa.

Ich sagte zu Paul: „Ich muss die ganze Zeit an Berkeley denken."

„Warum?"

„Die Architektur ist ähnlich. Als sie im späten 19. Jahrhundert diese damals schon innovative Universität mitten in die nordkalifornische Landschaft setzten, waren natürlich die alten englischen Colleges die architektonischen Vorbilder."

„Klar. Schönere Vorbilder gibt es gar nicht", antwortete er schmunzelnd.

„Nur dass in Berkeley Frauen von Anfang an, schon im 19. Jahrhundert studieren durften! Und Schreiben schon im frühen 20. Jahrhundert gelehrt wurde. Schreiben wird ja im deutschsprachigen Raum nur an ganz wenigen Unis gelehrt und nur für eine elitär kleine Auswahl an angeblich besonders Begabten!"

Paul lachte: „Ach, meine Liebe, bei dir wird immer Amerika den ersten Platz einnehmen."

Wir gingen durch einen Innenhof mit gotischen Fenstern, gepflastert mit jahrhundertelang rundgetretenen Steinen. Paul sagte: „Wahrscheinlich ist John Maynard genau hier gegangen. Ach, hätte ich doch bloß hier oder auf irgendeiner englischen Uni studieren können!"

Ich sagte: „Ich verstehe deine Wehmut darüber, dass dies nicht möglich war. Denn es war mein größtes Glück, in Berkeley studieren zu dürfen. Und weißt du, ich sehne mich immer noch danach – wieder an einer englischsprachigen Uni zu studieren. Ein Studium *Master of Fine Arts in Creative Writing* zum Beispiel wäre mein Traum."

So ähnlich muss es Virginia ergangen sein, wenn sie in Cambridge war. Die wehmütige oder auch wütende Sehnsucht derer, die hier oder an einem ähnlichen Ort NICHT studieren dürfen. Der große Traum vom Denken, Lesen, Schreiben an einem inspirierenden Ort. Dieser Zeit-Raum, diese Möglichkeit, ist der „Room of One's Own" und nicht irgendein Zimmer, in dem frau alleine hockt und am Bleistift kaut und zweifelt an der eigenen (Schreib-) Kompetenz.

Etwas außerhalb des Universitätsviertels fanden wir eine hübsche Teestube für eine Gehpause. Als wir Tee und Sandwiches zu uns genommen hatten, schlug ich in Katherine Hill-Millers Buch das Kapitel über Cambridge auf. Ich las Paul ein Zitat von Virginia vor:

> „But when I think of Cambridge, I vomit – that's all – a **green vomit,** which gets into the ink and blisters the paper."
>
> Virginia Woolf, Letter to Lytton Stratchey (1912)

Ich musste zuerst lachen, doch dann las ich weiter und es verging mir. Ich sagte zu Paul: „Als Virginia 15 Jahre alt war, 1897, gab es in Cambridge eine Abstimmung, ob auch Studentinnen der assoziierten Frauencolleges einen offiziellen Cambridge-Abschluss machen dürften. Virginia hatte berechtigte Hoffnung, doch hier studieren zu dürfen und bereitete sich emsig auf ihre Zulassung vor. Voller Vorfreude schrieb sie in ihrem Tagebuch:

> „I shall be eligible for the first B.A. degree – if the ladies succeed."
>
> Virginia Woolf, A Passionate Apprentice (1897)

„Und, haben die *ladies* sich durchgesetzt?", fragte Paul.
„Hier steht: Scharenweise kamen Cambridge-Absolventen per Zug extra aus London zur Abstimmung. Ströme von Männern zogen durch die Stadt, verunglimpfende Bilder von Frauen in Hosen auf Rädern hingen von den Fenstern. Sie stimmten mehrheitlich und feurig dagegen. Gegen eine Zulassung von Frauen in Cambridge."
Paul schüttelte empört den Kopf.
„Aber es kommt noch schlimmer: Als das Ergebnis verkündet wurde, gab es randalierende Siegesumzüge der Studenten durch die Stadt und dann gab es …", ich nahm das Buch, suchte die Stelle und las vor: „a huge victory bonfire that burned through the night."
„Ich verstehe, dass ihr, wie sie schrieb *green vomit* hochkam, wenn sie an Cambridge dachte."
Diese Wut, diese Enttäuschung hat sie in viele ihrer Bücher eingebaut. Ihre schärfsten feministischen Pamphlete sind aus dieser Empörung entstanden. In „A Room of One's Own" spaziert eine Frau, die Protagonistin, das *alter ego* von Virginia, durch einen Ort namens Oxbridge und schaut von außen neidisch in die Fenster des Colleges. Als sie gedankenverloren über einen College-Rasen schlendert, wird sie von einem *Fellow* vertrieben, als sie in die Bibliothek gehen will, wird ihr freundlich aber bestimmt mitgeteilt, dass *ladies* hier keinen Zutritt hätten.

> „I was actually at the door which leads into the library itself. I must have opened it, for instantly there issued, like a guardian angel barring the way with a flutter of black gown instead of white

wings, a deprecating, silvery, kindly gentleman, who regretted in a low voice as he waved me back that ladies are only admitted to the library if accompanied by a Fellow of the College or furnished with a letter of introduction."

Virginia Woolf, A Room of One's Own (1929)

Wir zahlten unseren Tee und spazierten weiter durch das altehrwürdige Universitätsviertel. Jetzt sah ich nur mehr verschlossene Türen. Ich dachte an die Studentinnen in Wien, die meine Schreibkurse belegten. Wie hart sie sich taten, selbstbewusst in der Wissenschaftswelt mitzuspielen. Wie sehr sie an ihrer Fähigkeit, gute Abschlussarbeiten schreiben zu können, zweifelten. Die Geschichte des Ausschlusses, der ja nicht einfach „passiert" ist, sondern wie in Cambridge sichtbar, öffentlich gefeiert, absichtlich prolongiert, scheinbar rational argumentiert wurde, sitzt uns noch in den Knochen. Immer ist da die unbewusste Angst, es könnte doch noch jemand feststellen: Du gehörst gar nicht hierher.

Paul riss mich aus meinem wütenden Schritt.

„Und was geschah dann?"

„Wie?"

„Was hat Virginia gemacht nach dem scheußlichen Siegesfeuer?"

„Sie gab nicht auf. Sie studierte alleine weiter. Zu Hause in London, während ihr Bruder Thoby in Cambridge studierte. Ich habe gelesen, dass sie sich gegenseitig viele Briefe schrieben, sich so über Gelesenes und Gelerntes austauschten. Natürlich beneidete sie ihn um seine Möglichkeit im Gespräch mit anderen zu lernen. Warte."

Wir setzten uns auf eine Parkbank in der Nähe eines Kanals. Wie damals fuhren junge Leute in den berühmten langen Ruderbooten vorbei. Ich las aus Katherines Buch eine Stelle aus einem Brief von Virginia an Thoby:

„I have to delve from books, painfully and all alone, what you get *every evening sitting over your fire* and smoking your pipe with Stratchey etc. No wonder my knowledge is but scant. There's nothing like talk as an educator I'm sure."

Virginia Woolf, Letter to Thoby (1903)

Paul meinte: „Ich sehe diese englischen *sitting rooms with fireplace* vor mir. So eine geniale Stimmung von Austausch und angeregtem Lernen."

„So ist das auch mit dem Schreiben lernen: Es geht so viel besser in einer *community*, als allein zu Hause. Ein ganzes Studium *Creative Writing* an einer coolen amerikanischen Universität ... ach, das wär' was!"

Die jungen Männer und Frauen, die ihre Ruder in den Fluss stachen und an uns vorbeiglitten, schienen Touristen zu sein. Sie genossen es, so zu tun, als würden sie hier studieren und leben und rudern und ein Leben in der Elite verbringen.

„Virginias Tante lebte übrigens auch in Cambridge."

„Tante?"

„Ja, die berühmte Erbtante. Sie hatte ihr Geld an Virginia vermacht, um ihr Schreiben zu fördern. In ‚A Room of One's Own' kommt diese Tante auch vor. Doch Virginia fordert für *jede* Frau, die schreiben will, 500 Guineen im Jahr. Das darf nicht vom Glücksfall einer Erbschaft abhängen."

„Klar. Doch auch nicht alle Männer haben diese finanzielle Absicherung, um studieren zu können. Ich habe auch gearbeitet."

„I know. Das althergebrachte Universitätssystem war für viele schwer oder gar nicht zugänglich, es hat viele Männer und Frauen ausgeschlossen. Virginia schreibt in ihrem Tagebuch:

„What a discovery that would be -
a system that did not shut out."

Virginia Woolf, Diary (1932)

Wir gingen weiter. Dies war schon der vorletzte Tag unserer Virginia-Woolf-Reise. Ich hatte Sehnsucht, nochmal London zu erleben. Auf dem Weg zum Auto sagte ich zu Paul: „Letztlich hat sich Virginia die Rosinen aus dem Cambridge-Kuchen gepickt. Die drei Geschwister Virginia, Vanessa und Thoby haben in ihrer ersten Bloomsbury-WG am Gordon Square einen Salon eingerichtet für Thobys Freunde aus Cambridge und andere interessante junge Menschen. Es wurde frei und wild diskutiert über Literatur, Kunst, Philosophie, Politik und die Liebe. Sie schrieben, sie malten, sie erfanden die Welt neu."

Paul seufzte: „Ach, die Bloomsburies! Komm, machen wir uns auf nach London, auf zu unseren Freunden."

London National Portait Gallery

Zurück in London folgten wir noch Katherines Vorschlag, in die National Portrait Gallery zu gehen, eines der vielen großen gratis Kunstmuseen Londons. Katherine hatte uns mit ihrem Buch „From Lighthouse to Monk's House" die meisten Informationen und Tipps für diese glückliche Reise gegeben. Wir sprachen viel über unsere Freundin Katherine und ihr Buch und über unsere Freunde Leonard, Maynard, Duncan, Leslie und unsere Freundinnen Virginia, Vanessa und Vita. Noch nie habe ich auf einer so kurzen Reise so viele Freunde und Freundinnen gewonnen. Wir wussten viel über sie, ihr Leben, ihre Werke, ihre Orte. Als wir in der National Portrait Gallery endlich den der Bloomsbury Group gewidmeten Raum gefunden hatten, fühlten wir uns wie in einem Fotoalbum unseres englischen Freundeskreises. Wir wussten sogar, welche Beziehung der jeweilige Maler oder die Malerin zur porträtierten Person gehabt hatte. Duncan Grant, Vanessa Bells zweiter Ehemann, hatte viele Bloomsburys gemalt, und Vanessa hatte unter anderem ihre Schwester Virginia mit dicken bunten Pinselstrichen porträtiert. Was für eine *community*!

Virginia hatte eine Biografie über ihren geliebten Freund Roger Fry, den damals berühmten Kunsthistoriker, verfasst, dessen früher Tod sie sehr schmerzte. In ihren Tagebüchern und in ihren erst *posthum* veröffentlichten Memoiren hatte sie viel über diese wichtigen Menschen in ihrem Leben geschrieben. Einige von ihnen verarbeitete sie sogar literarisch. Ihre Geliebte und Freundin Vita wurde so zum Prinzen Orlando, der jahrhundertelang lebte und schließlich das Geschlecht wechselte.

So beschrieben und malten sich die Männer und Frauen der Bloomsbury Group gegenseitig, sie schrieben sich viele Briefe, sie unterstützten einander in ihren kreativen Prozessen und Lebensläufen. Das wollte ich auch mitnehmen, auf meinem Weg, für meine zukünftigen Schreibprojekte: Glaube nur nicht – wie es dir die mitteleuropäisch-österreichische

Genie-Ideologie eingeredet hat – dass du das Schreiben alleine schaffen musst. *Find a community of writers.*

Reich beschenkt reisten wir von England ab. Wehmütig und doch voller Bilder und Geschichten, voller Mut und Zuversicht. Im Herbst nach dieser sommerlichen Reise konzipierte ich ein Sachbuch-Seminar und schrieb im Zuge dessen das erste Kapitel meines Buches „Frei geschrieben". In einem Gruppen-Schreibmarathon des *writers'studio* stellte ich den Rohtext fertig. Im nächsten Sommer heirateten Paul und ich in einem englischen Rosengarten in der Nähe von Wien. Ich nahm seinen Nachnamen an, auch, weil er Virginias angeheirateten Nachnamen, Woolf, in sich trägt. Im Herbst machte ich mich auf die Verlagssuche und unterschrieb kurz vor Weihnachten den Vertrag. Virginia war immer bei mir, und auch Leonard und Vanessa und Virginias Garten in Rodmell und der Blick auf den Atlantik von der Küstenwanderung in Cornwall, sie trugen mich wie ein Zauberteppich für werdende Autorinnen.

Wir waren sehr optimistisch, vielleicht zu optimistisch.

» «

„We both of us want a marriage that is a tremendous living thing, always alive, always hot, not dead and easy in parts as most marriages are. We ask a great deal of life, don't we? Perhaps we shall get it, then, how splendid!"

Virginia Woolf, Letter to Leonard Woolf (1912)

„And when I came to write I encountered her [the angel in the house] with the very first words. The shadow of her wings fell on my page; I heard the rustling of her skirts in the room. Directly, that is to say, I took my pen in my hand [...], she slipped behind me and whispered: ‚My dear, you are a young woman. [...]. Be sympathetic; be tender; flatter; deceive [...]‘"

Virginia Woolf, Professions for Women (1931)

2

Mutter werden?

Geschichte im Körper & der Körper im Text –
Eine Familienreise nach Sussex

Sie. Sie war auf Virginias Spuren durch England gereist, sie hatte ihr erstes Buch fast fertig geschrieben und sie wünschte sich ein Kind. Sie dachte, sie sei frei. Sie dachte, alles sei machbar, schreibbar, gestaltbar. Doch ihr Name war Orlando, aber sie wusste es noch nicht.

Sie, die alles immer mit dem Kopf anpackte, fand sich mitten im Wald unweit von Wien in einem Weiblichkeitsseminar. Sie schaute auf die anderen Frauen. Eine nach der anderen ging in eine Spirale aus Steinen, die sie am Waldrand auf den frühlingsfeuchten Boden gelegt hatten. Die Mitte symbolisierte die Gegenwart, der Weg hinaus die Zukunft. Die Sonne schien sanft durch die noch nackten Äste. Sie dachte an ihren Wunsch, ihr Buch für Studierende fertig zu schreiben und noch viel mehr zu schreiben und zu publizieren. Und schwanger zu werden. Wie würde das Leben sein als schreibende Frau mit Kind?

Jetzt war sie dran. Sie ging in die Steinspirale hinein. Die anderen Frauen standen am Rand und sangen. Doch nach wenigen Schritten hörte sie nichts mehr. Sie, die Schnelle, die Ehrgeizige wankte. Etwas Schweres zog sie zurück. Sie griff sich auf die Schulter. Hing da etwas? Klammerte sich da etwas fest? „Geh weiter", hörte sie wie aus weiter Ferne eine Frau sagen. Angestrengt machte sie noch einen Schritt. Wie sollte sie je in das Zentrum der Spirale gelangen? Irgendwie hing sie in der Vergangenheit fest. Sie drückte ihren Körper nach vorne. Als sie schließlich doch in der Mitte anlangte, hob sie erschöpft ihre Arme zum Himmel, danach berührte sie den Boden, wie es die Frauen vor ihr getan hatten. Sie drehte sich um, ging langsam die Spirale in umgekehrter

Richtung hinaus. War das die Zukunft? Sie erinnerte sich nicht mehr an ihre Wünsche, sie spürte nur Tränen und Übelkeit. Draußen angelangt, übergab sie sich.

Zwei Frauen standen bei ihr, doch niemand konnte etwas tun gegen die Migräne, die nun einsetzte. *Splitting headache.* Irgendwas sprengte sie entzwei. Ihr Körper revoltierte. Sie verließ die Gruppe, ging in ihr Zimmer und legte sich in die Badewanne. Sie ahnte, worum es ging. Sie hatte es so lange nicht wissen wollen. Was hätte sie auch tun sollen mit den zersplitterten Scherben einer ekelhaften Familiengeschichte? Schon lange hortete sie Wortfetzen über sexualisierte Gewalt an Kindern in ihrer Großfamilie mütterlicher Seite. Gerüchte über den Großvater als Täter und einen Onkel und wer weiß, wer noch beteiligt war? Doch sie hatte gelernt, nicht nachzufragen und nicht einmal sich selbst zu fragen: Was genau ist in dem Haus nahe der tschechischen Grenze passiert, in dem ihre Mutter und deren Schwestern aufgewachsen sind? Und in dem auch sie selbst die Hälfte ihrer Kindheit verbracht hatte. Ihre Kusinen waren oft zu Besuch gewesen im Haus des Großvaters und wer weiß, was da alles vorgefallen war? Ihre Lieblingskusine, Alexa, war die erste gewesen, die auf diese dunkle Geschichte hingewiesen hatte. Da hatten alle die Ohren zugemacht. Auch sie selbst, die sich jetzt zu fragen begann, was sie alles überhört hatte. Jetzt endlich stellte sie sich die Frage: Wie wirkt sich diese Geschichte aus, heute noch? Ihr Kopf dröhnte, ihr Magen war bitter. Wegschauen und schweigen, das hatte sie gut eingelernt. Selbst ihre Freundinnen hatten gesagt: „Sei doch froh, dass *dir* nichts passiert ist und lass deine arme Familie in Ruh." Der Rat war gut gemeint gewesen. Doch nun, da sie mit splitternden Kopfschmerzen und bleierner Übelkeit im heißen Bad lag, wusste sie, dass sie es nicht mehr wegschieben konnte. Ihr Körper war das Schlachtfeld, auf dem das mit Minen abgesperrte Familientabu wirkte. Seit Jahren dieses Kopfweh, seit Jahren schlief sie schlecht. Es war als säße ein Krake in ihr, ein uraltes Tier, das sie von innen aufzufressen schien.

Sie stieg aus dem kühl gewordenen Badewasser und stand nackt vor dem Spiegel. Sie sah sich, eine junge, zarte Frau mit bleichem Gesicht. Sie starrte in ihre graublauen Augen und sah darin eine Krake, die ihr mit ihren langen schleimigen Armen die Luft abschnürte und zischte: „Schweig! Tu so, als sei ich nicht da! Und – Gott bewahre – stell bloß keine Fragen!"

Ja, sie war alt, die Krake, und auch sie selbst war alt, das wusste sie mit einem Mal. Endlich verstand sie. Was immer in ihrer Familie passiert war, war auch ihre Geschichte, die in ihrem eigenen Körper saß und sie quälte. Sie starrte in ihre Pupillen, tief in die Löcher der Zeit und fühlte sich sehr alt. Sie war wie Orlando aus Virginias Roman! Sie war seit Hunderten von Jahren unterwegs, als Mann und als Frau. In England und in Persien, und nun in dieser dicht bewaldeten Hügellandschaft Zentraleuropas. Sie sagte zu ihrem Spiegelbild: „Ich bin Orlando. Und ich werde von nun an kämpfen gegen diese Krake in mir!"

Orlando im 21. Jahrhundert

Virginias Orlando, die Figur ihres gleichnamigen Romans, hatte in all den von ihr durchlebten Jahrhunderten damit gerungen, zu schreiben, zu dichten, zu publizieren. Doch Orlando war jetzt nicht mehr nur die Figur aus Virginias Roman. Nicht mehr der junge androgyne Fürst in einem englischen Schlossgarten im 16. Jahrhundert, Liebling von Queen Elisabeth I, der verzweifelt versuchte, ein Dichter zu sein. Auch nicht mehr der – in einem späteren Kapitel des Romans beschriebene – englische Botschafter im Konstantinopel des 17. Jahrhunderts, der sich in einem tagelangen Schlaf zur Frau wandelte. Sie war nun auch nicht mehr die im frühen 20. Jahrhundert zu einer Autorin gewordene Orlando, die gegen das patriarchale Erbschaftsrecht kämpfen musste. Nun – in diesem Moment im Wald – wurde die literarische Figur Orlando eine junge Selbstständige, die im post-imperialen und postfaschistischen Wien des 21. Jahrhunderts lebte. Sie hatte die gesamte Österreich-Ungarische Monarchie im Blut, die Geschichte der Kriege und Diktaturen in ihrem Bauch und die Hoffnung auf freies Schreiben im Herzen.

Doch vorerst kotzte die österreichische Orlando, zitterte, weinte. Und konnte nicht aufhören, tagelang nicht, selbst nicht, als sie zurück in Wien war. So landete sie bei Lucia, einer Trauma-Therapeutin. Sie stand vor einem niedrigen Biedermeierhäuschen in der Nähe des Schlosses Schönbrunn. Mit Schlössern kannte sich Orlando gut aus, ihr literarischer Vorfahre hatte viele davon besessen. Lucias Häuschen war schönbrunngelb und Lucias Augen lächelten, als sie die Tür öffnete. Dann saß Orlando verwirrt, müde und augenblicklich erleichtert in einem tiefen Sofa mit einer Tasse Tee. Sie erzählte Lucia vom Wald, von der Migräne, von den Tränen, die sie seit Tagen überfluteten.

Lucia sagte: „In diesem Ritual ist offenbar etwas Altes, eventuell Traumatisches aufgebrochen."

Orlando antwortete: „Ja, vielleicht. Aber was haben die Vorfälle sexuellen Missbrauchs – ich glaube, der korrekte Begriff ist *sexualisierte Gewalt* – an etlichen Mädchen in der Geschichte meiner Familie konkret mit mir zu tun?" Sie betrachtete Lucias dichte graumelierte Locken, die beim Reden tanzten.

„Zuerst mal das: Jetzt geht es nicht um Ihre weibliche Verwandtschaft, sondern um Sie. Was Sie selbst davon abbekommen haben. Sie können das Trauma anderer nicht lösen. Aber Ihr eigenes."

„Ich? Trauma? Mir ist doch nichts passiert."

Lucia sagte: „Naja, das kann man so nicht sagen. Wenn Sie sich auf eine Trauma-Therapie einlassen, könnten Erinnerungsfetzen wieder auftauchen. Erinnerungen an Ereignisse oder Erfahrungen, die abgespalten worden sind."

„Abgespalten?"

„Ja, so nennen wir das. Extreme Erfahrungen, die nicht auszuhalten sind, werden oft abgespalten. Traumatische Erfahrungen bleiben aber als Körpererinnerungen abgespeichert."

„Was ist eigentlich genau ein *Trauma*?"

„Eine traumatische Situation entsteht, wenn einem selbst oder einer nahestehenden Person etwas Unvorhersehbares, Schreckliches, Überwältigendes widerfährt, dem man sich ohnmächtig ausgeliefert fühlt. Traumatisierende Erfahrungen sind zu extrem, als dass eine gedankliche und gefühlsmäßige Aufarbeitung möglich wäre. Zum Trauma wird ein schlimmes Erlebnis allerdings erst, wenn einem dabei niemand zur Hilfe kommt. Oder das Trauma passiert in so frühem Alter, dass das Gehirn noch gar nicht reif dafür ist, also bevor Sprache entwickelt wird. So werden diese Erfahrungen ‚vergessen', aber der Körper trägt die Erinnerung in sich."

Orlando fragte sich, ob sie vielleicht auch ein Opfer ihres Großvaters oder ihres Onkels gewesen war? Es schauderte ihr vor dem Gedanken, dem nachzugehen. Nach einer Weile sagte sie: „Ich habe große Angst, meine Mutter auf das Thema anzusprechen."

„Das wäre auch keine gute Idee. Nicht solange Sie so wenig darüber wissen, was genau geschehen ist. So direkt befragt zu werden, könnte die Mutter retraumatisieren." Orlando war froh, dass sie nicht aufgefordert wurde, gegen ihr Bauchgefühl zu handeln. Sie wollte jetzt einfach mal verstehen, was mit ihr selbst los war. Dann fragte sie: „Was genau heißt retraumatisieren?"

„Bei einer Retraumatisierung wird das ursprüngliche Trauma wieder erlebt. Viele kommen da ohne Hilfe oft lange oder gar nicht heraus. Für so ein Wiedererleben einer traumatischen Erfahrung reichen einfache Trigger."

„Welche *Trigger*?"

„Erinnerungsauslöser wie Gerüche, Geschichten, Gesten, Filme. Schwer traumatisierte Menschen sind, ohne dass es ihnen bewusst ist, in ständiger Alarmbereitschaft."

Orlando wurde klar, dass sie bei einer Expertin gelandet war, noch dazu einer, wie Lucia erzählt hatte, mit wissenschaftlichem Forschungshintergrund. Die viele sachliche und komplexe Information tat unendlich gut als erstes Mittel gegen die dunklen Gefühlsmonster der letzten Tage. Orlando dachte an die plötzliche Migräneattacke im Wald, das tagelange Weinen. Irgendetwas war da von tief verborgenen Stellen im Körper hervorgebrochen. Und diese Alarmbereitschaft schien ihr auch bekannt. Sie fragte: „Wie wirkt sich diese ständige Alarmbereitschaft des Körpers aus?"

„Es können zum Beispiel Autoimmunerkrankungen, Allergien, allgemeine Erschöpfungszustände oder Schmerzerinnerungen auftreten, wenn der Körper vom Gegenregulieren der alten Hochstresserfahrungen ausgelaugt ist. Auch chronische Leiden, wie die von Ihnen angeführte Migräne und Schlafstörungen können mit einer Traumatisierung in Zusammenhang stehen. Symptome von Trauma können auch häufige Unfälle oder die Unfähigkeit, über Gefühle zu sprechen, sein."

Orlando nickte, fragte, nickte, hörte zu. Es ergab alles Sinn, endlich ergab alles Sinn. Sie kannte viele dieser Symptome bei sich und anderen in ihrer Familie allzu gut.

„Sie haben von *sekundärem Trauma* gesprochen. Was heißt das?"

„Traumata werden über Generationen weitergegeben, wenn sie nicht aufgelöst werden. Das beginnt häufig schon im Mutterbauch, wenn das Ungeborene traumatische Erfahrungen der Mutter miterlebt oder auch bei der Geburt sich Missbrauchserinnerungen dazugesellen."

„Wie das?"

„Durch den enormen Wehenschmerz können Erinnerungen an alte Traumata hervorbrechen. Viele Frauen erleben bereits in der Schwangerschaft – ohne es zu wissen – Retraumatisierungen. Die körperliche

Extremerfahrung von Schwangerschaft und Geburt kann einiges hochbringen. Und wenn die Mutter im Schock gefangen ist, ist das für den Embryo bedrohlich. Auf diese Weise wird zum Beispiel Trauma weitergegeben."

Orlando schüttelte den Kopf vor Staunen.

Lucia fuhr fort: „Auch später, wenn das Kind geboren ist, können sich Traumatisierungen übertragen. So bewirkt manchmal das Alter des Kindes bei seinen Eltern oder Verwandten – in Erinnerung an dieses eigene Kindheitsstadium – Retraumatisierungen. Und Eltern, die sich gerade in einem retraumatisierten Zustand befinden, sind für ein Kind eine große Belastung."

Orlando fiel ein, was ihre Freundinnen oft gesagt hatten: „Sei doch froh, dass dir nichts passiert ist." So einfach war es eben nicht. Es gab tatsächlich so etwas wie sekundäres Trauma. Gerade da sagte Lucia: „Über die Übertragung von Traumata von Eltern auf ihre Kinder wird zur Zeit viel geforscht. Epigenetische Bindungsforschung, Traumaforschung, Neurobiologische Embryologie".

Orlando hatte bisher von der Übertragung traumatischer Erfahrungen auf die nächste Generation nur bei Holocaust-Überlebenden und deren Kindern gelesen. Sie würde nun darüber nachdenken, inwiefern es auch sie selbst betraf. Da hörte sie Lucia sagen: „Alles in allem sind familiäre Missbrauchssysteme eine ziemlich harte Kost."

Orlando nickte. Auch wenn sie das alles noch nicht so genau verstanden hatte – es gab viel zu lernen –, war klar, woher das Gefühl im Wald, von etwas in der Vergangenheit zurückgezogen zu werden, gekommen war.

Zum Abschluss sagte Lucia: „Überlegen Sie sich in Ruhe, ob sie mit einer Traumatherapie starten wollen."

Orlando hatte sich längst entschieden, doch bevor sie den Mund öffnete, um „Ja!" zu rufen, schob Lucia nach: „Wenn Sie je Kinder haben wollen, wäre es sehr verantwortungsvoll, alte Traumata zu integrieren, um sie nicht weiterzugeben." Ja, sie wollte ein Kind und ja sie wollte so eine Therapie starten. So vereinbarten sie den ersten Termin.

„Virginia Stephen was not born on the 25th January 1882, but was born many thousands of years ago; and had from the very first to encounter instincts already acquired by thousands of ancestresses in the past."

Virginia Woolf, A Sketch of the Past (1939)

Orlando verließ das schönbrunngelbe Häuschen mit einer Welle von Informationen und Zuversicht. Die traurige Schwere der letzten Tage seit dem Ritual war weg, von nun an würde sie sich dem Thema stellen. Sie stieg in den Bus und fuhr quer durch Wien, hügelauf, hügelab durch die ehemaligen Vororte der K. u. K.-Hauptstadt. Es war kein Doppeldecker, aber sie dachte plötzlich an Virginia, die so gerne oben im Bus sitzend durch London gefahren war. Virginia! Jetzt fiel es der Wiener Orlando ein: Auch Virginia hatte sexuellen Missbrauch erlebt. Orlando hatte immer wieder darüber gelesen, aber es galant auf die Seite gestellt. Sie hatte ja bloß schreiben lernen wollen von der großen Autorin, sich was abschauen von Virginias kreativer Unnachgiebigkeit und ihren konkreten Strategien, ein Buch tatsächlich fertigzustellen. Und Orlando war nun tatsächlich selbst dabei ihr erstes Buch – „Frei geschrieben" würde es heißen – fertig zu schreiben. Und musste jetzt schon wieder Neues lernen: sich zu befreien von dunklen ungesagten Geschichten. Wie hatte Virginia das gemacht? Was genau war ihr passiert? Wie konnte sie derartig kreativ und produktiv sein trotz ihrer schweren psychischen Krisen und den chronischen Kopfschmerzen? Und wieso hatte Virginia keine Kinder? Wie ist die Beziehung zwischen Schreiben und Muttersein?

Orlando stieg einige Stationen vor ihrem Haus aus dem Bus aus und ging durch den Türkenschanzpark, der sie an englische Gartenanlagen erinnerte. Endlich konnte sie wieder klar denken, endlich nahm sie die Welt um sich wieder wahr: Das Knallgelb der Forsythien schlug sich mit den rosa Blüten der Zierkirschen. In der frischen Frühlingssonne schien alles überdeutlich, fast komisch. Überdeutlich und fast komisch war auch Virginias Romanfigur „Orlando", die jahrhundertelang lebt. In den ersten Kapiteln des Buches wünscht sich der literarische Orlando, ein etwas pikierter englischer Fürst, nichts sehnlicher als zu schreiben. Er versucht es jahrhundertelang und scheitert unentwegt. Im letzten Drittel des Romans wird schließlich die nunmehr weibliche Orlando im frühen 20. Jahrhundert eine publizierte Autorin. Orlando ist also eine literarische Figur, die jahrhundertelang lebt. Virginia hatte oftmals darüber geschrieben, dass ein Menschenleben nicht auf seine individuelle Lebensdauer beschränkt verstehbar sei. Sie sprach von einem „common life", einem gemeinschaftlichen Leben über Generationen hinweg, vor allem bezüglich des Schreibens von Frauen.

> „I am talking about a **common life** which is the real life and not of the little separate lives which we live as individuals."
>
> Virginia Woolf, A Room of One's Own (1929)

In unseren Körpern ist Geschichte gespeichert. Die Wiener Orlando des 21. Jahrhunderts musste schmunzeln, als sie durch den Türkenschanzpark schlenderte: Gerade sie, die Geschichtswissenschaft studiert hatte, erfuhr nun neu, was Geschichte bedeutet. Unsere Körper sind, so hatte es Lucia, die Traumatherapeutin gesagt, über Generationen miteinander verbunden. Orlando stieg den kleinen Aussichtsturm im Park hinauf und schaute hinunter auf den Ententeich. Sie war voller Zuversicht. So wie Virginia, ihre Bücher waren nicht depressiv, sie versank nicht in ihrem Leid. Sie schrieb und schrieb und transformierte sich und ihre Figuren auf die wildeste Weise.

Virginias Roman „Orlando" war ja eigentlich eine Phantasy-Biografie über ihre Freundin und zeitweilige Geliebte Vita Sackville-West. Vita war eine exzentrische Adelige, Autorin und Gartengestalterin, die den riesigen Schlosspark Sissinghurst angelegt hatte.

Die Wiener Orlando dachte nun an Sissinghurst, sie hatte den Schlosspark damals auf ihrer langen Virginia-Woolf-Reise mit ihrem nunmehrigen Ehemann, nennen wir ihn Sir Paul, besucht. Gemeinsam waren sie in Vitas mittelalterlich anmutenden Turm hinaufgestiegen, in dem ganz oben ihr Schreibzimmer lag. Da möchte ich wieder einmal hin, dachte die Wiener Orlando. Und ich werde über Virginias Trauma nachlesen und wie sie damit umgegangen ist. Ich werde lernen, in die dunkle Geschichte meiner Familie zu schauen, die offenbar auch in meinem Körper abgespeichert ist.

Was ist Trauma? Was passiert da, wie fühlt es sich an? Als Orlando zu Hause in der Biografie von Hermione Lee über Virginias Jugend las, verstand sie es. Virginias Mutter starb, als Virginia erst 13 Jahre alt war! Die Mutter, Julia Stephen, war Managerin eines großen viktorianischen Haushalts gewesen, mit Kindern aus zwei Ehen, Dienstboten und Gästen. Sie war eine Übermutter und eine Wohltäterin in der Nachbarschaft. Und dann starb sie unerwartet.

> At her mother's deathbed: „I remember very clearly how even as I noticed that one nurse was sobbing, and a desire to laugh came over me, and I said to myself as I have often done in moments of crisis since, ‚I feel nothing whatever'. Then I stopped and kissed my mother's face. […]When I kissed her, it was like kissing cold iron. Whenever I touch cold iron the feeling comes back to me."
>
> Virginia Woolf, A Sketch of the Past (1939)

Ihr ganzes Leben lang beschrieb Virginia immer wieder die „Szene", wie sie am Totenbett ihrer Mutter gestanden hatte. Sie erinnerte sich vor allem an ihren flüchtenden Blick aus dem Fenster und dass sie hinter vorgehaltener Hand lachen musste, als ein Dienstmädchen weinte. Virginia hatte das Gefühl gehabt, nicht genug zu empfinden. Sie weinte nicht, sie konnte nicht weinen. Umso lautstärker und dominanter nahm in den folgenden Monaten und Jahren Virginias Vater die Rolle des Klagenden, Trauernden, Verlassenen ein, um den sich alle zu kümmern hatten. Vor allem Stella, die damals 21-jährige Tochter aus der ersten Ehe seiner soeben verstobenen Frau. Stella war nun des Vaters Zuhörerin und Trösterin, sie leitete den riesigen Haushalt und betreute die vier Kinder aus der zweiten Ehe ihrer Mutter: Vanessa (15 Jahre), Virginia (13 Jahre), Thoby (12 Jahre) und Adrian (11 Jahre).

Virginia schrieb später, sie hätten damals nie über den Tod der Mutter – „the greatest disaster that could happen" – gesprochen, sie mussten das Drama des Vaters ausgleichen. Kein Wunder also, dass Virginia nach dem Tod der Mutter ihren ersten großen „Zusammenbruch" erlitt. Bluthochdruck, Wutanfälle, Angstattacken: „rasing pulse, anger, terror…" Der Hausarzt war unfähig, ihr zu helfen.

> „With mother's death the merry, various family life which she held in being shut forever. In its place a dark cloud settled over us; we seemed to sit all together cooped up, sad, solemn, unreal, under a haze of heavy emotion. It seemed impossible to break through. […] A finger seemed laid on one's lips."
>
> Virginia Woolf, A Sketch of the Past (1939)

Doch es kam noch schlimmer. Nur zwei Jahre später starb völlig überraschend auch Stella, Virginias Halb-Schwester und nunmehrige Ersatzmutter. Das war, schreibt Virginia, „catastrophic". Jetzt war jedes Gefühl von Sicherheit verschwunden.

Orlando hörte auf zu lesen. Stattdessen blätterte sie in ihren verschiedenen Büchern über Virginia Woolf auf der Suche nach Fotos. Am meisten liebte sie die Fotos, die im üppigen Cottage Garden von Monk's House aufgenommen worden waren. Virginia in langen luftigen Kleidern und mit großem Sonnenhut vor der Schreibhütte sitzend. Neben ihr ihre Nichte Angelika oder Schriftstellerkollegen, oft Leonard. Es war so gut zu sehen, wie Virginia als erwachsene Frau das Leben eingenommen hatte! Sich Schönheit und Freundschaft geschaffen hatte. Wie sie zu einer so schillernden Frau wurde, die jahrzehntelang, ja über Generationen hinweg andere schreibende Menschen, v.a. Frauen, inspirierte. Virginia war nicht gebrochen worden durch die Traumata, die sie erlitten hatte. Gerade auch, weil sie ein sehr klares Bewusstsein über den Terror ihrer Jugend hatte und immer wieder darüber schrieb.

Die Wiener Orlando erinnerte sich an Lucias Worte. Ein Trauma entsteht also, wenn jemand einem unvorhersehbaren, extremen Ereignis schutzlos ausgeliefert ist und auch danach keine Hilfe bekommt. Genauso war es bei Virginia gewesen. Sie hatte die ganze Situation im Elternhaus in ihren Jugendjahren als Terror empfunden, als erstickend. Zuzusehen, wie der Vater Stella, die ältere Stiefschwester, emotional missbrauchte, indem er ihr verbot zu heiraten und das Haus zu verlassen. Und dann starb Stella überraschend an einer Bauchfellentzündung, die die Ärzte zu spät erkannt und operiert hatten. Virginias Vertrauen in Ärzte war für immer gebrochen. Immer wieder in ihrem Leben erlebte sie die Hilflosigkeit und Präpotenz der Medizin ihrer Zeit. Das wurde ebenso eines ihrer Lebensthemen wie der patriarchale viktorianische Vater, der seine Töchter nicht loslässt, nicht in die Welt gehen lässt, sondern für sich benutzt. Nach Stellas Tod musste Virginias geliebte Schwester Vanessa, damals 16 Jahre alt, das Haushaltskonto führen und dafür harsche Kritik und cholerische Wut des Vaters aushalten. Er warf ihr vor, sie würde ihn in den finanziellen Ruin treiben. Dabei wurde, so schrieb Virginia später, all das Geld in die Erziehung der Brüder investiert, für deren Internate und später selbstverständliche Studien in Cambridge. Während die Töchter dazu da waren, intelligente Konversation in Teegesellschaften zu führen, den „angel in the house" zu geben und alle anderen zu umsorgen. Und Aufputz zu sein.

> Angel in the House: „You [...] may not know what I mean by the Angel in the House. (I will describe her as shortly as I can.) She was intensely sympathetic. She was immensely charming. She was utterly unselfish. She excelled in the difficult arts of family life. She sacrificed herself daily. If there was chicken, she took the leg; if there was a draught she sat in it--in short she was so constituted that she never had a mind or a wish of her own, but preferred to sympathize always with the minds and wishes of others. (Above all --- I need not say it --- she was pure. Her purity was supposed to be her chief beauty – her blushes, her great grace. In those days -- the last of Queen Victoria -- every house had its Angel.) And when I came to write I encountered her with the very first words. The shadow of her wings fell on my page; I heard the rustling of her skirts in the room."
>
> Virginia Woolf, Professions for Women (1931)

In diese dunkle, erstickende Atmosphäre nach dem Tod der Mutter fiel dann der sexuelle Missbrauch an Virginia, an den die Wiener Orlando sich plötzlich im Bus wieder erinnert hatte.

George Duckworth, Virginias älterer Stiefbruder aus der ersten Ehe ihrer Mutter, damals in seinen Zwanzigern, war ein borniter, langweiliger, aber wohlhabender Bürokrat. Er beschloss, seine zwei schönen Halbschwestern Virginia und Vanessa in die Gesellschaft Londons einzuführen, sie auszuführen zu Tänzen und Empfängen. Er verstand sich als ihr *guardian* und schenkte ihnen Schmuck und Kleider. Vanessa verweigerte, Virginia ließ sich widerwillig zu diesen Abendgesellschaften karren, sie hasste die steife Bekleidung und die oberflächlichen Gespräche, sie fühlte sich fremd, peinlich und scheu. Und sie wusste auch, wenn George sie nach Hause, zurück nach Kensington geleitete, würde er ihr beim Entkleiden helfen und sich zu ihr ins Bett legen. Und so weiter.

Uff, Orlando legte die dicke Biografie zur Seite. Nun bekam der Auszug aus Kensington, aus dem Elternhaus nach Bloomsbury, ein ganz neues Gesicht. Es war Flucht aus einem Missbrauchssystem gewesen! Statt Hilfe zu bekommen, waren die Kinder einer hysterisch um sich schlagenden patriarchalen Familienordnung ausgeliefert gewesen.

„How the family system tortures and exacerbates"

Virginia Woolf, Monk's House Papers (1939)

schrieb Virginia. *Wie die Familie quält und erschwert.* Statt zu helfen und zu lösen.

Orlando wurde immer klarer, dass Virginias Jugendgeschichte eine geradezu typische Traumageschichte war. Hatte jemand darüber geschrieben? Sie wusste es nicht. Aber es ergab Sinn. Alles ergab Sinn. Virginias Symptome und das exzessive Schreiben ergaben als Folge einer Traumatisierung Sinn und halfen gleichzeitig der Wiener Orlando, an einem Fallbeispiel besser zu sehen, wie Trauma stattfindet und wirkt. Der Schock am Totenbett der Mutter, bei dem Virginia sich selbst quasi von außen zuschaute, war eine *Dissoziation,* wie Lucia sie beschrieben hatte, also ein geistig-emotionales Aussteigen aus dem eigenen Körper, wenn die Situation unerträglich wird.

Es war auch an Virginias Beispiel gut sichtbar, wie sich Traumaerfahrungen im Körper absetzen. Die Symptome der unverarbeiteten Traumata begleiteten Virginia ihr ganzes Leben lang. In Form von chronischen Kopfschmerzen, depressiven Phasen und mangelndem Appetit. Zusätzlich musste Virginia in ihrem Leben etwa fünf totale Zusammenbrüche erleben, die jeweils einige Wochen oder Monate dauerten. Den ersten *breakdown* erlitt sie nach dem Tod ihrer Mutter, den zweiten nach dem Tod des Vaters. Und dann einige weitere Zusammenbrüche in ihrem Erwachsenenleben, wahrscheinlich alle Retraumatisierungen, wenn schlimme Ereignisse stattfanden. Lucia hatte gesagt, dass es sehr schwer sei aus solchen Zuständen ohne Hilfe wieder herauszukommen. Während ihrer *breakdowns* hatte Virginia Stimmen gehört, hatte Unsinn geredet, hatte unerklärliche Fieber- und Ohnmachtsanfälle, höllische Kopfschmerzen und rasenden Puls gehabt. Sie war völlig aufgedreht gewesen oder in sich verfallen. Sie fühlte sich, wie sie schreibt „very lonely ... very useless ... und very apprehensive". Sehr einsam, sehr nutzlos, sehr ängstlich.

Wie ist Virginia mit den vielfachen Traumatisierungen ihrer Jugend umgegangen? Was unternahm sie gegen die daraus resultierenden körperlichen Leiden? Was tat sie, um zu überleben? Um auch gut zu leben? Sie schrieb und schrieb und schrieb. Endlose Tagebücher, tausende Briefe, viele, viele Rezensionen und Artikel. Später ein Dutzend Romane und Kurzgeschichtensammlungen, mehrere Sachbücher und etwa 100 Essays, unter ihnen ihr berühmtester Text „A Room of One's Own". Gegen Ende ihres Lebens schrieb Virginia autobiografische Skizzen, in denen sie auch die traumatischen Erfahrungen ihrer Jugendzeit dargestellte, den Tod der Mutter und der Halbschwester, die sexuellen Übergriffe des Halbbruders, den Psychoterror des Vaters. Sie schrieb sich immer wieder frei.

> „Until I was in the forties […]the presence of my mother obsessed me. I could hear her voice, see her, imagine what she would do or say as I went about my day's doings. She was one of the invisible presences who after all play so important a part in every life."
>
> Virginia Woolf, A Sketch of the Past (1939)

Die Kraft und Klarheit des Tagebuchschreibens und des Kreierens von Geschichten waren bei Virginia gut sichtbar. Auch erkannte die Wiener Orlando nun eine weitere Strategie Virginias im Umgang mit ihren Traumata. Sie war ja nicht nur eine geradezu manische Schreibende, sie war auch körperlich enorm viel in Bewegung gewesen. Sie unternahm täglich Wanderungen durch London oder durch englische Naturlandschaften. Das machte sie glücklich, immer wieder, trotz alledem. Aber sie hatte keine Therapeutin.

Die Wiener Orlando hingegen ging nun regelmäßig zu Lucia. Sie saß in einem Lehnsessel und hielt die Augen geschlossen. Auf ihrem Schoß lag ein Polster, darauf ihre Hände, die Lucia hielt und auf die sie sanft mit ihren Fingern klopfte. Tapp, tapp. Links, rechts. Tapp, tapp. Links, rechts. Orlando erzählte von einer Krise vor einigen Jahren.

Tapp rechts, tapp links. „Wie alt waren Sie damals?" fragte Lucia.

„29", sagte Orlando.

„Aus welchem Lebensalter stammt das Gefühl in dieser Szene?" Tapp tapp. Orlando reiste durch die dunklen, farbigen Muster vor ihren geschlossenen Augen zurück in der Zeit. Dann sagte sie: „Vielleicht 13."

„Was sehen Sie jetzt vor sich?"

Orlando erzählte und Lucia tappte. Orlando weinte und Lucia tappte. Lucia fragte und Orlando wanderte assoziativ durch ihre Vergangenheit, immer weiter zurück. Bilder, Stimmungen, Details tauchten auf. Einmal hatte Orlando das Gefühl, keine Füße und Arme mehr am Körper zu haben.

„Öffnen Sie die Augen", sagte Lucia und tappte weiter. „Kehren Sie im Geiste zurück an den sicheren Ort, den wir zuvor festgelegt haben."

Orlando war traurig und Orlando war froh. Sie war angespannt und sie war gespannt. Sie bewegte sich im Familientabu, alleine schon dadurch, dass sie die Augen schloss und den Fragen von Lucia folgte. Offiziell wusste sie gar nichts, sie konnte mit niemandem in ihrer Herkunftsfamilie darüber sprechen. Sie fragte sich, was alles noch zum Vorschein kommen würde, was andere in der Großfamilie wussten und was, von dem, das sie zu wissen glaubte, überhaupt stimmte.

„Trauen Sie Ihren Gefühlen!", sagte Lucia: „ Trauen Sie Ihren Erinnerungen, Stimmungen, Ihrer Intuition. Sie sind auf dem richtigen Pfad."

Orlando fragte: „Was hat es mit dem Tappen auf sich?"

„Bilaterale Stimulation ist Teil der EMDR-Methode."

„EMDR?"

„Das steht für *Eye Movement Desensitization and Reprocessing.* EMDR hilft zersplittert abgespeicherte Erinnerungsfetzen aus traumatisierenden Situationen kontrolliert wieder zu erleben, eben nun mit dem Bewusstsein, dass dieses schreckliche Erlebnis in eine vergangene Zeit gehört. So kann es als Erinnerung integriert werden, die einen dann nicht mehr unerwartet überfluten kann."

„Ich verstehe. Solange die Erinnerung nicht in Sprache ausgedrückt werden kann, ist man traumatischen Erfahrungen ausgeliefert."

„Ja genau. Deshalb ist in diesem Zusammenhang auch das Schreiben, Tagebuch oder ähnliches so heilsam."

Darüber wusste Orlando Bescheid. „Klar!", rief sie. Das private Schreiben war ihr täglicher Begleiter. Doch würde sie je über all das, was ihr nun klar wurde, über sich selbst und die Welt, in der sie aufgewachsen war, etwas publizieren dürfen? Ihr wurde heiß. Sie war mitten im Sperrgebiet.

Und schrieb am nächsten Tag in ihr Tagebuch:

„Wie soll ich je eine wahrhaftige Autorin werden, wenn ich mit einem so massiven Schweigegebot groß geworden bin? Und wie soll ich je eine liebevolle Mutter werden, wenn ich innerlich so an eine grausame Vergangenheit gefesselt bin?"

Als Orlando diese Fragen wälzte, war sie im Prozess, beides zu werden, eine publizierte Autorin und eine Mutter mit Wunschkind. Als sie das Manuskript für „Frei geschrieben" für die baldige Abgabe beim Verlag überarbeitete, wurde sie schwanger. Die Hormone brachten viel Auf und Ab für das Schreiben. Manchmal fühlte sie sich zu müde für alles und dachte – völlig gleichgültig –, das Buch würde nun doch nicht und vielleicht nie mehr erscheinen. Doch zumeist schwebte sie in Zuständen intensiver Kreativität und Konzentration. Sie arbeitete jeden Tag stundenlang am Buchmanuskript und im Schlaf fielen ihr Wörter, Sätze, Passagen für die Überarbeitung zu. Sie war in einer Art Trance, glücklich mit dem Kind im Bauch und mit einem Buch, das auch kurz vor der Geburt stand.

Orlando fragte sich, ob ihre Schwangerschaft ein Grund sein könnte, die Traumatherapie zu unterbrechen, da diese körperlich sehr anstrengend war.

„Jein", sagte Lucia: „Es ist gut, Hilfe zu haben, um Symptome loszuwerden, die in der Schwangerschaft auftreten können, als gerade in dieser wichtigen Zeit darunter zu leiden. Aber wir werden keine neuen-alten Erinnerungen hochholen. Die Glückshormone, die während der Schwangerschaft ausgeschüttet werden, sind sehr hilfreich bei der Traumatherapie. Die Hormone beflügeln auch die Kreativität."

„Ja, genau! Es fällt mir jetzt so leicht, mein Buchmanuskript zu überarbeiten und fertigzustellen."

Lucia nickte: „Wunderbar. Und außerdem", sie lächelte, „hilft die Traumatherapie dabei, dass die Geburt und dann auch die Mutter-Kind-Beziehung unbelastet sein können. Wie schon gesagt, haben schwere Geburten oft mit alten traumatischen Erfahrungen zu tun, die in der extremen Körpererfahrung des Gebärens hochkommen. Wenn die Mutter während der Geburt retraumatisiert wird, ist sie *dissoziiert*, also abwesend, kann sich nicht mehr um ihren Körper und das Gebären kümmern. Das kann mitunter die Presswehen stoppen, zum Leidwesen von Mutter und Kind. Sie sind aber auf dem besten Wege, dass es dazu nicht kommen wird". Lucia war voller Zuversicht.

Und Orlando war entschlossen: Sie würde sich und ihr Kind von dieser alten Geschichte befreien. Sie verbrachte ganze Tage schreibend. Frühmorgens breitete sie ihre Gedanken mit der Füllfeder in lila Tinte in ihrem Tagebuch aus, dann schob sie am Computer Sätze ihres Buchmanuskripts hin und her, druckte aus, kritzelte, tippte, überlegte. Doch mit jeder Schwangerschaftswoche fiel Orlando das Journalschreiben schwerer. Konnte sie dieses Wunder autonomen Wachsens in ihrem Bauch in Worte fassen? Auch schwollen ihre Hände zunehmend an und taten weh, wenn sie einen Stift länger hielt. So malte sie mit bunten Ölkreiden grobe Flächen in ihr Tagebuch und schrieb nur wenige Sätze darunter.

Sie sprach täglich laut mit ihrem Kind. Es war von Anfang an ganz da. Nie sah Orlando ihr Kind als etwas Infantiles, Unfertiges, das nichts wahrnahm. Es war weise und ja, alt. Sie legte ihre Hände auf ihren Bauch und ein wohliges Gefühl, eine nie erlebte Zusammengehörigkeit erfüllte sie.

„We will do fine", sagte sie zum Baby auf ihrem morgendlichen Spaziergang durch die Parkwiesen.

Besuch bei Virginia, Vita und Vanessa

Mitten im Endspurt für das Buch „Frei geschrieben" und mitten in der Schwangerschaft, an einem sonnigen, langen Wochenende im Mai, reiste sie wieder nach England, wieder in Virginia Woolfs Garten im kleinen Dorf Rodmell in Sussex. Doch diesmal war alles anders. Es war eine Familienreise, ein Geschenk an Violetta, Orlandos Mutter zum 60. Geburtstag. Violetta liebte Gärten. Ihr eigener Garten war ein Kunstwerk, an dem sie täglich arbeitete, mit Rosenbögen und Schildkrötenlandschaft. Orlando hatte von den Hunderten öffentlich zugänglichen Schaugärten in Südengland für diese Familienreise die Gärten von Virginia Woolf, ihrer Schwester Vanessa Bell und ihrer Freundin Vita Sackville-West ausgewählt. Drei künstlerische Frauen, Virginia, Vanessa und Vita. Drei umwerfend schöne Gärten: Monk's House, Charleston Farmhouse und Sissinghurst. Sie lagen nahe beieinander, so wie diese drei Frauen ihr ganzes Leben lang in engem Kontakt gestanden waren.

Sie würden diese Geburtstagsfamilienreise zu fünft anzutreten, Orlando, ihre Mutter, ihr Vater und ihre jüngere Schwester. Und klarerweise Sir Paul, Orlandos Ehemann und geliebter Englandexperte. Orlando freute sich darauf, diese drei Gärten wiederzusehen und ihrer Familie zu zeigen.

Aber dann, als sie in Sussex waren, war sie schockiert, wie stumm sie war. Sie wollte nichts erzählen über Virginia und wie wichtig sie für sie war. Eigentlich konnte sie gar nicht reden. Auch nicht über die Schwangerschaft und schon gar nicht über ihren neuen Blick auf Familien, Körper und Geschichte. Das Tabu schien alles aufzufressen. Die Krake, hier war sie wieder, die Stummheit, das Verbot zu sprechen, fror Leben und Lieben ein. So redeten sie über Politik, über Wissenschaft und Kultur. Das war immer schon ein sicherer Hafen. Damals – in Virginias Roman – als Botschafter im Osmanischen Reich und auch im späten 20. Jahrhundert als Tochter des mitteleuropäischen Waldlands, das Motto lautete: Wir reden nicht über uns. Nicht über unsere Gefühle.

Aber neben Orlando stand ein großer, weißer Elefant, der alles überschattete und sie musste so tun, als sei er nicht da.

Orlando und ihre Familie hatten einen Kleinbus gemietet und fuhren durch die sanftgrüne, südenglische Hügellandschaft Richtung Monk's House. Sir Paul lenkte sie durch den Linksverkehr. Orlando saß mitten in der fröhlich tratschenden Reisegruppe und fühlte sich übel. Dennoch versuchte sie mitzuplaudern und sich zu freuen auf den bevorstehenden Besuch in Virginias Garten. Aber sie empfand alles als anstrengend. Das Reden und das Schweigen.

Als sie im Monk's House ankamen, machte sich Orlando gleich alleine auf den Weg durch den Garten. Ah, der blühende Cottage Garden in der Mitte! Ah, dieser Blick in die weite Landschaft! Der Seerosenteich! Die Schreibhütte! Diesmal entdeckte sie den Eingangsbereich neu: eine schattige, gepflasterte Ecke mit einem quadratischen, gemauerten Wasserbecken, umgeben von riesigen Blumenvasen aus Stein. Kühl war es hier in diesem kleinen Hof bei der Gartentür. Das klassisch wirkende Ensemble war umgeben von hohen Büschen und Bäumen. Orlando blieb lange stehen, dieses schattige Gartenzimmer rührte sie, bedrückte sie, ließ sie verharren wie vor dem Grab einer geliebten Person. Plötzlich hörte sie Violetta neben sich sagen: „Dieser Teil des Gartens gefällt mir nicht so." Violetta ging weiter, Orlando hingegen blieb und dachte, wie wichtig es war, den dunklen, schattigen Seiten von Virginia, dieser so starken Frau, ins Auge zu schauen, ohne sie abzuwerten. Die Depressionen und der Suizid Virginias drückten das Image, das Orlando von Virginia hatte, nicht mehr. Vielmehr fand sie es beeindruckend, welch immense kreative Produktivität Virginia ihrer traumatischen Kindheit entgegengesetzt hatte.

Orlando verließ den kühlen Steingarten und spazierte vorbei am lilaorangen Blumenmeer des Cottage Garden den Hang hinunter zu dem englischen Rasen, auf dem Virginia und Leonard Boule gespielt hatten. Das Blickfeld war hier weit, der Atlantik spürbar. 1941 hatte genau an diesem weitläufigen Landstrich Südenglands die NS-Luftwaffe vom Ärmelkanal kommend die noch freie britische Insel angegriffen. Fast ganz Europa war bereits der Expansionswut der NS-Herrschaft zum Opfer gefallen, nun wurde England massiv attackiert.

„Yesterday (18th August 1940) five German raiders passed **so close over Monks House** that they brushed a tree at the gate. But being alive today, and having a waste hour on my hands […] I will go on with this loose story."

Virginia Woolf, A Sketch of the Past (1940)

Virginias Suizid war auch eine Reaktion auf die Luftangriffe der Nazis gewesen, eine Retraumatisierung, würde Lucia sagen. Orlando dachte empört: Auch das hatte der Spielfilm „The Hours" unterschlagen. Immer wieder wurde darin die Szene von Virginias Suizid abgespielt, wie sie mit Steinen in den Manteltaschen in den reißenden Fluss Ouse geht. Sie wird fälschlicherweise als relativ junge Schriftstellerin dargestellt, die mitten im Schreiben aufspringt und zum Fluss rennt. Von Bomben und Krieg war im Film nichts zu sehen. Und auch keine 59-jährige reife Frau, die zur Zeit ihres Suizids eine weltberühmte Schriftstellerin war.

> Bombs on London: „And then, the passion of my life, that is the City of London – to see London all blasted, that too raked my heart."
>
> Virginia Woolf, Letter to Ethel Smyth 1940)

Orlando blickte über die Wiese und sah Virginia und Leonard vor sich, wie sie hier Boule spielten und plötzlich ein dumpfes Dröhnen vom englischen Kanal her hörten. Es kam näher. Bis schließlich die deutsche Luftwaffe direkt über das Monk's House flog, über den Garten. Virginia hatte in diesen Tagen dennoch versucht weiterzuarbeiten. Doch mit Bombenfliegern über der Schreibhütte war der Tod sehr nahe.

Virginia und Leonard, der Jude war, hatten mit ihren Freunden und Freundinnen aus Bloomsbury besprochen, dass sie alle lieber ihr Leben beenden würden, wenn die Nazis einmarschieren würden. Der Tod war so nah gewesen und Virginia hatte plötzlich nicht mehr auf ihn warten können.

> Virginia's suicide note: „You have been in every way all that anyone could be. I don't think two people could have been happier […] I owe all the happiness of my life to you. You have been entirely patient with me and incredibly good. I want to say that – everybody knows it. If anybody could have saved me it would have been you. Every-

thing has gone from me but the certainty of your goodness."

Virginia Woolf, Letter to Leonard Woolf, 18 March (1941)

Orlando stand beim Seerosenteich, der klein und rund war. Sie bewunderte die so lichtsensiblen hellrosa Seerosenblüten. Kaum wird es dunkel, machen sie zu. Schon interessant, dachte sie, wie die NS-Geschichte ausgeblendet wird, weil viele glauben, nicht daran zu denken sei leichter, unbeschwerlicher. Orlando hatte Geschichte hingegen immer als Erleichterung empfunden. Sie öffnete weite Dimensionen, vielfältige Erklärungen, den Sieg des sachlichen Wissens über die dumpfe Angst.

„For the present when backed by the past is a thousand times deeper than the present when it presses so close that you can feel nothing else"

Virginia Woolf, A Sketch of the Past (1939)

Historisches Wissen hilft gegen die dumpfe Angst. So war es auch mit der Geschichte der sexualisierten Gewalt an Mädchen und Frauen in Österreich. Lucia hatte ihr erzählt, dass dies in der Nachkriegszeit ein Massenphänomen gewesen sei. Die traumatisierten und in ihrer Menschenwürde gefallenen Wehrmachtssoldaten seien vielfach auch zu Hause zu Tätern geworden. „Triebdruck als eine Folge von schwerem Trauma", hatte Lucia es genannt. Sexualisierte Gewalt in Familien war in der Nachkriegszeit weit verbreitet und streng tabuisiert. Doch jedes einzelne betroffene Kind, v.a. waren es Mädchen, fühlte sich so ganz allein und verlassen, so einzigartig ausgeschlossen von der Welt. So beschämt und so stumm. Bis heute. Zu wissen, wie verdammt viele es traf und wie wenig es mit einem selbst und dem eigenen – dennoch – geliebten Vater oder Großvater oder Onkel zu tun hat, wäre doch so eine Erleichterung. Auch das psychologische Wissen darüber, wie solche Erfahrungen weitergegeben werden, bringt Klarheit und Erleichterung. Lucia hatte ihr auch das sogenannte *Täterintrojekt* erklärt: „Die Opfer werden später häufig selbst zu Tätern, denn sie tragen tief in sich Wissen um Täterschaft. Aber zumeist bemerken sie selbst nicht, dass sie sich selbst wie ein Täter verhalten." Aha, dachte Orlando, auf diese

Weise wurde direktes und indirektes aggressives Verhalten gegenüber Kindern über Generationen weitergegeben.

Aber wer will schon diesen Teil der Kriegsgeschichte hören? Es schien auch eine Generationenfrage zu sein. Seit die Wiener Orlando sich damit beschäftigte und mit der diffusen Geschichte sexualisierter Gewalt ihrer Herkunftsfamilie über Generationen hin, stieß sie auf Schritt und Tritt auf ähnliche Geschichten. Freunde und Freundinnen, Bekannte und Teilnehmerinnen ihrer Kurse erzählten von vertuschten Gewalttaten ihrer Großväter an ihren Töchtern und waren interessiert, den historischen Kontext zu erfahren.

Orlando watete durch das hohe Gras in Richtung Virginias Schreibhütte. Doch was können wir tun, heute? Wir, die Generation der nur indirekt betroffenen Töchter und Enkelinnen, die Generation der *sekundär traumatisierten* Frauen?

Lucia hatte gesagt, dass traumatisierte Menschen oft kreativ sind. Kreativ zu sein, ist eine große Chance. Denn kreatives Schaffen sei eine der besten Strategien, um mit einem Trauma zu leben, es auszuhalten und zu transformieren. Und sei es nur, um im jeweiligen Moment über Panik, Einsamkeit oder eine schlechte Stimmung hinwegzukommen. Kreative Arbeit „macht so gut gegenwärtig", hatte Lucia gesagt. Zu malen, zu zeichnen, zu tanzen, zu musizieren oder zu schreiben tut im jeweiligen Moment einfach gut und stärkt dann langfristig das kreative Selbstvertrauen.

Orlando betrachtete die Fotos von Virginia, die im vorderen Teil der Schreibhütte ausgestellt waren. Wieder konnte sie sich nicht sattsehen an diesen Bildern, diesen Menschen aus dem frühen 20. Jahrhundert. Vor allem an Virginia und Vanessa. Wie gut die These von Kreativität als große Lebenschance auf sie passte. Die eine schrieb Romane, die andere malte. Und beide reisten oft und gerne. Vanessa lebte einige Jahre in Südfrankreich, Virginia reiste quasi durch ganz Südeuropa von Spanien bis in die Türkei.

Orlando streifte durch die kniehohe Wiese. Es war gut, wieder hier zu sein, in Südengland, in diesem Garten. Reisen tat auch ihr immer gut. Da erinnerte sie sich an eine Aussage Lucias, die sie amüsierte: „Viele früh traumatisierte Menschen reisen gerne." Lucia sprach nicht wie andere abfällig über Fluchtverhalten, das gefiel Orlando. Reisen können tatsächlich helfen, zumindest temporär. Wegzukommen von den Triggern. Beides, das Kreativsein wie das Reisen, stellen innere Ruhe und Freiheit her. Wie sie persönlich *traumatisiert* worden war, konnte Orlando sich immer noch nicht vorstellen, aber all diese Mechanismen kannte sie gut. Und die Symptome. Sie schlief schlecht, seit Jahren. So wie letzte Nacht.

Nach dieser halb durchwachten Nacht fühlte sich Orlando erschöpft. Auch das viele Reden im Kleinbus der Familie und beim Essen über dies und das und all die untergründige Anspannung hinter den Worten strengten sie sehr an. Sie ging langsam durch Virginias Garten und spürte plötzlich einen Anflug von Kopfschmerzen. Sie strich über ihren Bauch und sagte zu ihrem Kind: „Sorry, das ist alles etwas unruhig, nicht wahr?" Dann legte sie sich auf eine Holzbank im Schatten der Apfelbäume. Wehmütig dachte sie an ihren letzten Besuch hier vor einigen Jahren gemeinsam mit Sir Paul. Damals war alles so magisch, sie selbst so ruhig und offen, Virginia so präsent. Der leichte Wind verstärkte ihre Kopfschmerzen. „Virginia, wo bist du jetzt?" Sie dachte an Virginias Kopfschmerzen, chronisch und wochenlang durchgehend. Auch sie war immer wieder vor der Familie geflüchtet, auch vom vollen Haus der Künstlerkolonie ihrer Schwester, wenige Kilometer entfernt. Die Ruhe war Virginia wichtig, die Abgeschiedenheit dieses ihres Landhauses. Gerne saß sie mit Leonard abends vor dem Kamin, wo sie lasen und redeten.

Und doch, Virginia hatte sich so sehr Kinder gewünscht. Kinder fehlten ihr. Kinder interessierten sie, sie mochte die spezielle kindliche Wahrnehmung der Welt. In einer der eindrucksvollsten Szenen des Films „The Hours" kommt Vanessa mit ihren zwei Söhnen, Quentin und Julian, und ihrer kleinen Tochter Angelica auf Besuch zu Virginia in den Garten. Und plötzlich sieht man, wie Virginia mit dem etwa elfjährigen Mädchen in der Wiese liegt und mit ihr ausführlich einen toten Vogel betrachtet. Als wäre sie selbst ein Kind.

Die Annahme, dass Virginia keine Kinder wollte, ist falsch. Es war keine feministische Strategie, kinderlos zu bleiben. Es war ihr sozusagen verboten, d.h. schwer abgeraten worden, von Ärzten. Sie sei psychisch zu schwach dafür, hatte man ihr gesagt. Virginia litt sehr unter diesem Verbot.

> „I was going to have written to Jacques about his children, and about my having none – I mean, these efforts of mine to communicate with people are partly childlessness, and the horror that sometimes overcomes me."
>
> Virginia Woolf, Letter to Gwen Raverat (1925)

Orlando lag auf der Bank in Virginias Garten und versuchte sich vorzustellen, wie ihr winziges Kind im Bauch zusammengerollt Purzelbäume schlug. Sie fand das explizite „medizinische" Verbot, Kinder zu kriegen, dem Virginia unterlag, empörend. Ebenso unerhört fand sie die implizite Vorstellung, dass Frauen, die Kinder haben, nicht mehr künstlerisch aktiv und erfolgreich sein könnten. War es so? Hätte Virginia als Mutter weniger, anders, nicht so erfolgreich geschrieben und publiziert?

> "[…]oddly enough I scarcely want children of my own now. This insatiable desire to write something before I die, this ravaging sense of the shortness & feverishness of life, make me cling, like a man on a rock, to my one anchor. I don't like the physicalness of having children of one's own. This occurred to me at Rodmell; but I never wrote it down. I can dramatize myself as a parent, it is true. And perhaps I have killed the feeling instinctively; as perhaps nature does."
>
> Virginia Woolf, Diary (1927)

Orlando öffnete die Augen und sah in der Ferne ihre Eltern in Virginias Garten herumgehen. Sie blieben vor der Schreibhütte stehen und redeten, gestikulierten. Orlandos Schwester trat zu ihnen hinzu, sie hörte sie alle lachen. Orlando hielt die Anwesenheit ihrer Eltern hier in diesem Garten nicht aus, auch wenn sie wusste, dass das ungerecht war. Auch Sir Paul ging alleine für sich im Garten herum.

Orlando fragte sich: Wie wäre es Virginia ergangen mit – sagen wir – einer Tochter? Und wie wäre es ihrer Tochter ergangen? Mit einer Mutter, die derartig kreativ und aktiv war, so stolz und doch eine Frau mit einem Loch im Herzen. Ein dunkles Vakuum, das sie immer wieder von innen heraus aufzufressen drohte. Depressionen, Wahnvorstellungen, Kopfschmerzen. All das hatte sie manchmal monatelang unfähig zu schreiben, zu leben, zu lieben gemacht.

Wie ist das, wenn eine traumatisierte Frau wie Virginia ein Kind kriegt, ein Kind hat? Wie viel von ihrem Leid geht über auf die Tochter? Wie und wodurch genau? Orlando hatte mit Lucia lange Gespräche über dieses Thema geführt. Immer wieder fragte sich Orlando: „Inwiefern hat sich die verschwiegene und tabuisierte Geschichte meiner Familie auf mich ausgewirkt? Was in mir, welche meiner inneren Hürden und chronischen Leiden hat mit einer Geschichte zu tun, über die ich kaum etwas weiß, über die ich noch weniger wissen darf und über die ich meiner Herkunftsfamilie gegenüber vorgebe, nicht die leiseste Ahnung zu haben?"

Was Leben mit einem Tabu heißt, war jetzt offensichtlich. Es gab jede Menge unterdrückte Gefühle. Alle in ihrer Herkunftsfamilie taten so, als wäre nichts. Sie wollten einfach nur einen netten Familienurlaub genießen. Sie wussten ja nicht mal, dass sich Orlando gerade mit dem Familientabu herumschlug. Aber es war da, es wirkte. Ihr ging es jedenfalls schlecht damit, dass sie einerseits nicht offen reden wollte oder konnte und andererseits das Schweigen nicht aushielt. Aber ihre Eltern und Geschwister schienen das alles gut auszuhalten. Orlando fühlte sich wie ein Blitzableiter, als würde alles, was die anderen wegeschoben, durch ihren Körper strömen. Und nun hatte sie auch noch ihre Eltern und ihre Schwester mit in Virginias Garten gebracht, der doch einer ihrer heiligen Rückzugsräume war. Zusätzlich zu diesem *mismatch* war sie auch noch schwanger und dadurch hypersensibel. Das war der Grund, warum Orlando diese Familienreise nur schwer aushielt.

„Virginia!", rief Orlando innerlich. Keine Antwort.

Dann fiel ihr ein, was sie zu tun hatte. Sie stand auf, ging hinüber zur Laube, in der sie damals gesessen war, sie nahm das blaue, leinengebundene Notizbuch ihrer großen Virginia-Woolf-Reise aus der Tasche, in dem sie damals in diesem Garten einen Dialog mit Virginia geschrieben hatte, und legte es auf den Holztisch. Es war alles so anders gewesen damals. Dennoch schlug sie eine leere Seite auf und begann, einen Dialog mit Virginia zu schreiben. Es war, als würde Virginia auf der Bank neben ihr sitzen, nein auf der Banklehne. Mit großem Sonnenhut und einem Schal, der im Sommerwind wehte.

„Orlando: Virginia, du hast gesagt, eine Frau, die schreiben will, braucht ‚A Room of One's Own', ein eigenes Zimmer. Manchmal denke ich, ich brauche ein ganzes Land für mich. A country of one's own. Um die Familienspannungen draußen zu halten, den versteckten Terror. Virginia, wie war das für dich, wenn dein Rückzugsraum, dieser Garten, belagert war von Leuten, Familie, Freunden?
V: Terrible. I had headaches. They didn't just invade my house, my rooms, my garden, my sacred writing space. They invaded my head.
J: Ich finde es sehr anstrengend, das dauernden Reden, Kommentieren, Besser-Wissen auszuhalten. Was soll ich nur tun?
V: Go into hiding. Create quietude. Only in quietude can one think. And write. And feel whatever you feel.
J: Ich liebe deinen Garten. Ich bräuchte auch einen Garten und endlose Spaziergänge mit mir allein, in friedlicher Landschaft. Ich fühle mich wie gefangen, als würde ich ersticken. Atemlos, gedankenlos, verfolgt sogar. Ich muss schauspielen, die nette Tochter, die nette Schwester, aber ich versage die ganze Zeit. Ich will einfach nur flüchten, mich verstecken, allein sein.
V: You can write it out.
J: Ja? Aber ich weiß nicht wie.
V: You will find a way. An idea will find you. A place, too. It took me a long time to move beyond the family – you will find your way."

Virginia stieg herunter von der Lehne der Sitzbank, auf der sie gethront hatte. Sie schritt durch die hohe Blumenwiese davon. Orlando schlug das Notizbuch zu und ging zu ihrer Familie hinüber, die gerade den farbenfrohen, wilden Cottage Garden in der Mitte von Virginias Gartenreich bewunderte. Orlando stand daneben und sagte nichts. Sie würde einfach weniger reden, dann würde es ein bisschen ruhiger sein. Im Auto sagte ihre Schwester: „Na, du bist ja ganz verzaubert …"

Orlando versuchte zu lächeln. Sie versuchte sich zu beruhigen.

Doch dann entspann sich beim Abendessen in einem indischen Lokal eine kleine Auseinandersetzung. Ein paar gefauchte Sätze, der Streit wurde rasch abgebrochen. Violetta konnte wohl nicht verstehen, warum ihre Tochter so launisch war. Waren es die Hormone?

Orlando aß still in sich hinein, obwohl ihr der Appetit vergangen war. Zu Virginia hatte sie gesagt, dass sie die Rolle der netten Tochter und Schwester einfach nicht hinkriege. Sie war zu wütend, zu ruhelos, so sagte sie unwirsch in die Runde hinein: „Können wir jetzt fahren? Ich bin müde." Wenn sie nur allein sein könnte, dann würde niemand ihren Ärger abkriegen.

Auf dem Weg zurück ins *B&B* saß Orlando zusammengepfercht mit ihren Eltern, ihrer Schwester, ihrem Mann und ihrem Baby im Bauch im Kleinbus. Sie hörte zu, wie die anderen weiterredeten über das indische Essen und Inder in England und Kolonialismus und Leonard Woolf, der ja in Ceylon gewesen war, und über Tee und Teehandel und irgendwann fragten sie Paul etwas über FAIRTRADE-Tee. Er spielte freundlich mit. Doch als sie endlich in ihrem Zimmer waren, war auch er erschöpft.

„Wie deine Mutter dich angesehen hat!"

„Siehst du", sagte Orlando, „wenn es ein Problem gibt, und sei es nur, dass ich etwas zu meiner Schwester sage, das meiner Mutter nicht gefällt, dann ist meine Familie stumm. Dann regieren Blicke und schlechte Stimmung. Keine Sprache für das eigene Befinden. Und so unendlich viele Worte für alles andere."

„Komm, leg dich jetzt hin, du schaust völlig k.o. aus." Er strich über Orlandos Babybauch. Sie dachten beide das gleiche. Es war ein Fehler, ihre Familie jetzt hierherzubringen. Ihre Familie. Jetzt. Hierher. Jeder Teil dieses Satzes stand für einen Fehler.

Sie schlief rasch ein, wachte aber mitten in der Nacht auf. Ihr Atem fühlte sich an wie Feuer, ihre Füße waren eiskalt. Würde sie vor Wut Flammen spucken? Aber was! Von wegen! Sie würde brav weiter mitschweigen. Doch wie sollte sie je etwas Wesentliches schreiben, wenn sie das Stummsein so gut gelernt hatte?

Sie musste schreiben, das wusste sie. „You can write it out", hatte Virginia zu ihr gesagt. „To the Lighthouse" war das Buch gewesen, in dem sie ihre Familie porträtiert hatte, und wie sie später meinte, endlich die „Obsession mit ihrer Mutter" in Worten fassen konnte.

> „I ceased to be obsessed by my mother. I no longer hear her voice; I do not see her.
> I suppose that I did for myself what psycho-ana-

lysts do for their patients. I expressed some very long felt and deeply felt emotion. And in expressing it I explained it and then laid it to rest."

Virginia Woolf, A Sketch of the Past (1939)

Aber was war eigentlich los? Orlando wusste es selbst nicht. Es bemühten sich doch alle so sehr, diese kleine Familienreise angenehm zu gestalten. Doch Orlando witterte Gefahr, sie bekam nur schwer Luft. Würde sie ersticken im Schweigen? Würde der Boden des Tabus eines Tages einbrechen? Und was dann?

Sie sehnte sich jedenfalls zurück nach Wien, zurück zur Arbeit an ihrem Buch, zurück in ihre Wohnung. In Wien würde sie dann immerhin wieder offen sprechen können, mit Sir Paul, mit ihren Freundinnen und auch mit Lucia. Über die Familiengeschichte und die unerklärliche, unerträgliche Anspannung, die sie hier spürte.

Am nächsten Tag saßen sie im Kleinbus auf dem Weg nach Sissinghurst. Nun brach doch die Begeisterung aus Orlando hervor, sie redete wie ein Wasserfall. Auch das hatte sie gut gelernt, informiert über Sachthemen Reden zu schwingen. Außerdem hatte sie nun – insgeheim – ein neues Interesse an Vita Sackville-West, der Frau, deren prächtige, weitläufige und berühmte Gartenanlage sie nun besichtigen würden. Vita, wie Sir Paul und Orlando sie nannten, war nicht nur Virginias Freundin, zeitweilige Liebhaberin und Autorenkollegin; Vitas Leben als Tochter einer Familie des alten Hochadels war nicht nur die Inspiration für Virginias Roman „Orlando" gewesen; Vita war nicht nur eine exzentrische Frauenpersönlichkeit des frühen 20. Jahrhunderts wie aus dem Bilderbuch, mit kurzem Pagenkopf und Flapper-Kleidern. Der Name Vita war nun auch ein Geheimnis, das Orlando gemeinsam mit Sir Paul hütete und in sich trug, so wie das Kind. Jetzt würden sie mit neuem Blick auf das Gartenreich dieser spannenden Frau schauen.

Im Bus sagte Orlando: „Vita Sackville-West war das einzige Kind ihrer adeligen Eltern, aber sie durfte deren riesiges Schloss, Knole, nicht erben, weil sie eine Frau war. Ein Onkel erbte an ihrer statt und sie musste woanders hinziehen. So kaufte sie mit ihrem Mann, Harold Nicolson, Sissinghurst. Es war damals ein total heruntergekommenes

Schloss mit verwilderten Ländereien. Sie kaufte es mit den Einkünften aus ihren Buchverkäufen. Cool oder?"

„Welche Buchverkäufe? Ich dachte sie war Gartendesignerin", fragte Sir Paul, der den Bus durch winzige südenglische Dörfer kutschierte und immer wieder „oh, wie schön" rief, während er auf ein englisches Landhaus oder einen Garten oder eine bewachsene Steinmauer zeigte.

„Ja, stell dir vor, Vita war bereits Bestsellerautorin, als Virginia sie kennenlernte. Da war Virginia 40 Jahre alt und Vita war 30."

„Welche Bücher schrieb Vita denn?"

„Ach, das liest heute keiner mehr. Romane, die mehr dem Geschmack der damaligen Zeit entsprachen als die, die Virginia schrieb. Und später, als sie mit den Gärten von Sissinghurst berühmt wurde, war Vita eine gefragte Gartenpublizistin, die sogar eine wöchentliche Radiosendung bei der BBC hatte."

„Coole Frau", sagte Sir Paul und zwinkerte ihr zu.

Vor dem orangeroten Backstein-Schloss Sissinghurst lag ein riesiger Parkplatz. Das machte deutlich, wie groß und berühmt dieser Schaugarten, betreut vom National Trust war. Es gab ein Restaurant, einen *gift shop*, sogar einen gedruckten Plan des Schlossgartens, um sich nicht darin zu verirren. Er hatte etwa die Größe des Schlossparks Schönbrunn, nur einen ganz anderen Stil. Ein geordnet-ungeordneter English Garden, kein zurechtgeschnittener mitteleuropäischer Barockgarten.

Orlando deutete auf den Plan und sagte zu ihrer um sie versammelten Familie: „Hier ist der Turm, in dem ganz oben das Schreibzimmer von Vita ist. Und da ist der berühmte White Garden, in dem nur weiß blühende Pflanzen wachsen! Und hier ist der Rose Garden, da der Herb Garden und dort der Cottage Garden."

Violetta sagte: „Gehen wir doch zuerst zum Turm, der ist ganz nah." Niemand reagierte. „Haaaalloooo!", sie wandte sich zum Vater der Familie und zu Orlandos Schwester, die sich gerade heftig über anderes unterhielten. „Geht ihr mit?" Sie nickten und redeten weiter über dies und das. Als Gruppe marschierten sie durch die begrünten Höfe des mittelalterlich anmutenden Haupthauses. Orlando ging voran und wäre gerne schneller gegangen. Und alleine. Doch sie gingen hinter ihr her in die weitläufige Gartenanlage hinein, sie redeten, sie schauten, sie bewunderten den perfekt geschnittenen samtweichen englischen Rasen, in dem ein paar Leute sich niedergelassen hatten und ihre Gesichter in die Sonne streckten.

Orlando zeigte auf den Turm inmitten der Rasenfläche, eigentlich war es ein schlankes Minischloss bestehend aus zwei Türmen, verbunden durch einen Torbogen. Vitas Schreibschloss! Irgendwas hatten die anderen zu bereden, Orlando und Sir Paul marschierten voran, Hand in Hand, die Wendeltreppe hinauf zum Schreibzimmer von Vita. Ähnlich wie die Schreibhütte von Virginia war es museal eingerichtet. In der Mitte des Raumes stand ein sechseckiger Tisch mit einem frischen Strauß Blumen in einer Vase.

Orlando sagte zu Sir Paul: „Ich habe gelesen, dass sich Vita immer frische Blumen auf den Schreibtisch stellte."

Der Raum war voller dunkler Bücherregale und Perserteppiche, die ziemlich verstaubt wirkten. Doch durch die mundgeblasenen Turmfenster strömte viel Licht. Orlando versuchte sich vorzustellen, wie Vita vom Turmzimmer hinunter auf diesen prächtigen Garten schaute, ihre Gartenkolumne für den Guardian schrieb und danach Virginia zum Tee empfing. What a life ... Vita, das Leben. Sie stellte sich Vita sehr stark vor, auch innerlich, so wie Orlando in Virginias Roman, auf allen Meeren der Welt segelnd. Vita, das Leben, so hatte sie es mit Sir Paul besprochen, so könnte ihre Tochter heißen.

„Das gerahmte Bild mit dem Foto von Virginia auf dem Tisch haben sie wohl erst nachträglich hinzugestellt. Oder?", sagte Orlando zu ihrem Mann.

„Tja, ein dezenter Hinweis auf ihre berühmte Freundin."

Sie lachten, dann sagte Orlando: „In jedem Fall wusste Vita sich gut einzurichten! Ich glaube, das war ihr Lebenselixier, diese Ästhetik der Gebäude, der Räume und vor allem der Gärten, der Pflanzen und Blüten. Sie hatte so eine große Leidenschaft für das Schöne."

„Ja, herrlich! Und das wäre doch eine recht brauchbare Lebensphilosophie, die wir unserem Kind mit auf dem Weg geben könnten", sagte er und zog sie an sich: „Wenn unsere Vita – falls wir ein Mädchen bekommen – dann mal ein Schloss in England hat, komme ich auf Besuch und hüte die Enkelkinder."

„Psst", sagte sie.

Sie stiegen die Wendeltreppe wieder hinab und blieben bei einem Fenster stehen, unter dem in der Wand Fliesen eingelassen waren, mit je einem großen Buchstaben „V", „I", „T", „A". Gerade als Orlando ein Foto davon machte, tauchte ihre Familie auf. Der Vater redete mit der Mutter über ihren Garten zu Hause, die Schwester machte ihrerseits Fotos durch die Turmfenster hinaus.

Sir Paul sagte: „Wir warten unten auf euch. Wir legen uns inzwischen auf den Rasen."

Sie lagen da und sonnten sich und dann standen plötzlich die drei über ihnen. Die Schwester sagte grinsend „Jetzt wissen wir's!"

Die drei hatten schon seit Tagen versucht die Namen, die Orlando und Sir Paul für das Kind in Betracht zogen, zu erraten. Immer wieder flogen ihnen Lösungen auf das Rätsel zu, das sie sich gegen den Willen der werdenden Eltern gestellt hatten. Denn Orlando und Sir Paul wollten die Namen bis zur Geburt für sich behalten. Sie wollten dieses Ratespiel stoppen, doch es ging weiter und weiter. Die Familie meinte es lustig, sie waren neugierig, doch Orlando fand die Zurufe bedrohlich: „Vielleicht heißt euer Kind Leonard? Oder wird es eine Virginia?"

Nun sagte Orlandos Schwester mit triumphierendem Blick: „Vita! Stimmt's?"

Orlando sprang vom Rasen auf und fauchte: „Nein, es stimmt nicht und ich sage es euch sowieso nicht."

Verträumt und unschuldig sagte der Vater: „Vita? So heißt doch eine Margarine."

Orlando schnaufte: „Jetzt reicht's! Genau solche Kommentare brauchen wir nicht. Und ich will sowieso jetzt alleine durch den Garten gehen!"

Sie nahm ihre Tasche und ging, ja lief. Durch den Torbogen auf die andere Seite des Rasens hinüber in den Obstgarten, durch eine Wiese mit hohen Gräsern. Rosa Rosenbüsche wucherten auf den Stämmen der Apfelbäume. Bienen summten, es war ein herrlicher Frühsommermorgen. Orlando dachte: Alles versaut! Und murmelte in sich hinein: „Es reicht mir! Dieses dauernde Gerede! Diese Unachtsamkeit." Sie lief durch den weitläufigen Obstgarten bis hinunter zum Wassergraben, hier roch es moosig und ein Weg führte in einen Wald hinein. War sie nun schon außerhalb des offiziellen Gartens? Außer Atem setzte sie sich auf einen Stein ans sumpfige Wasser. „Beruhige dich", sagte sie laut zu sich und zu ihrem schwangeren Bauch, der vom Laufen hart geworden war. Sie schaute eine Zeitlang ins Wasser, dann nahm sie zur weiteren Beruhigung ein Buch über Virginia aus der Tasche und schlug das Kapitel über Vita und Virginia auf. Es war eine Freundschaft, die ihrer beider Leben geprägt hatte, so unterschiedlich die beiden Autorinnen waren. Sie hatten gegenseitig ihr Schreiben angefeuert, sie hatten sich hunderte Briefe geschrieben, sie hatten sich geliebt, gesehnt und gestritten. Virginia war sehr eifersüchtig gewesen, weil Vita – vor und nach ihr – viele andere Liebhaberinnen, neben ihrer Ehe, gehabt hatte. Überhaupt spielte Vita viele Rollen, die Virginia fremd waren: Vita war eine Frau, die sich in der Öffentlichkeit, in großen Gesellschaften pudelwohl fühlte, die selbstbewusst und laut auftrat, die ihre Bisexualität offen auslebte und Bücher schrieb, die sofort Bestseller wurden. Virginia schrieb in ihrem Tagebuch über Vita:

> „There is her maturity & full breastedness: her being so much in full sail on the high tides, where I am coasting down backwaters; her capacity I mean to take the floor in any company, to represent her country, to visit Chatsworth, to control silver, servants, chow dogs;"

Virginia Woolf, Diary (1925)

Chow Chow-Hunde? Orlando dachte an die prächtigen Szenen im Film „Orlando". Da wird die hochgeschossene Schauspielerin Tilda Swinton als Fürst Orlando in purpurrotem Plustergewand von einer Handvoll weißer Windhunde durch den Schlossgarten gezogen. Vitas Charakter, ihr Leben, ihre Familiengeschichte und ihre Leidenschaft waren auf so elegante und literarisch verdrehte Weise in Virginias Roman „Orlando", in diese Fantasie-Biografie Vitas, geflossen. Virginia hatte Vita sehr bewundert. Vita war nicht nur berühmte Gartendesignerin und Autorin, sie war auch Mutter zweier Söhne. Die Stelle in Virginias Tagebuch über Vita geht so weiter:

> „[There is] her motherhood ... her being in short (what I have never been) a real woman. Then there is some voluptuousness about her; the grapes are ripe; & not reflective. No. In brain & insight she is not as highly organised as I am. But then she is aware of this, & so lavishes on me the maternal protection which, for some reason, is what I have always most wished from ev-

Virginia Woolf (li.) und Vita Sackville-West im Garten des Monk's House (1933)

eryone. What L.[eonard] gives me, & Nessa gives me, & Vita, in her more clumsy external way, tries to give me."

(Virginia Woolf, Diary (1925))

Virginia, die so früh ihre Mutter verloren hatte und so allein gewesen war mit diesem und weiteren Traumata, war sehr bewusst, dass sie genau das suchte und brauchte, mütterliche Liebe.

Der schwangeren Wiener Orlando des 21. Jahrhunderts fiel auf, dass Virginia, die selbst keine Kinder gehabt hatte, immer wieder in ihren Büchern die Frau als Mutter thematisiert hatte. Sie hatte ja nicht nur Vita ein literarisches Denkmal gesetzt, sondern auch ihrer Mutter. Diese hatte sie in ihrem Roman „To the Lighthouse" etwas überspitzt als Übermutter einer riesigen Familie porträtiert. Sie umsorgte neben dem launischen Vater und ständigen Hausgästen auch noch eine Schar Kinder und ging ganz in dieser Mutterrolle auf, ja sie opferte sich dafür auf. Und drängte alle jungen Frauen im Haus dazu, es ihr nachzutun. Heiraten und Kinderkriegen, das war die oberste Pflicht einer viktorianischen Tochter gewesen. Und in hübschen Kleidern Tee servieren und Männer trösten. Die bürgerlichen Töchter des späten 19. Jahrhunderts durften weder eine Ausbildung machen noch einen Beruf ergreifen. Sie durften sich nicht mal im eigenen Haushalt schmutzig machen, dafür waren die Dienstmädchen zuständig.

Orlando schlug das Buch zu, studierte den Plan der Gartenanlage und machte sich auf den Weg zurück. Sissinghurst hatte 400 Hektar, da konnte sie in Ruhe alleine herumgehen, jeder konnte in Ruhe alleine gehen. Sie suchte zuerst den Kräutergarten auf. Hunderte verschiedene Kräuter waren hier in Dutzenden Beeten, säuberlich beschriftet, zu begutachten. Vita war also Mutter, Schriftstellerin und Gartendesignerin gewesen. Sie hatte ihr Schloss, ihre gesamte Erbschaft verloren, weil sie nur eine weibliche Nachfahrin war. Das war die entscheidende Frage: Was hatten sie getan, Vita und Virginia, um die Hürden in ihrem Leben, in ihrer Familienkonstellation so gut zu transformieren? Anders gesagt, Orlando dachte an Lucia und stellte die Frage neu: Was sind die besten Strategien im Umgang mit Trauma und Kränkung?

Endlich gelangte Orlando in den Rosengarten. Sie sah in der Ferne, wie ihre Mutter, Violetta, sich bückte, um Schilder von Rosenbüschen zu lesen. Violetta liebte wie Vita Gärten und das Gärtnern, die konzentrierte Arbeit mit Erde, Pflanzen und Farben, das Wachsen und Gedeihen, das kreative Gestalten in der Schönheit der Natur. Nun dachte Orlando an den therapeutischen wie den kreativen Effekt von Gartenarbeit. In der frischen Luft zu sein und etwas Schönes wachsen zu sehen, das war heilsam. Schönheit, so schrieb Vita, hat ihr zerbrochenes Herz gekittet und ihren Gedanken Raum gegeben. In ihrem langen Gedicht „Sissinghurst", das sie Virginia widmete, heißt es:

„The castle, and the pasture, and the rose.
Beauty, and use, and beauty once again
Link up my scattered heart."

Orlando sah Violetta auf der anderen Seite aus dem Rosengarten hinausgehen, hinüber in den Cottage Garden, der ein bisschen an Monk's House erinnerte. Orlando selbst blieb noch, stieg ein paar Steinstufen auf ein Plateau und setzte sich auf eine lange geschwungene Holzbank. Hier hatte sie einen weiten Blick über die Rosen von rosa bis hellgelb und weiß. Was noch, fragte Orlando sich, was hat Virginia und Vanessa noch geholfen? Die Gärten, die Schönheit der Natur, das Gehen in weitläufiger Landschaft. Und die Freundschaft! Besonders die zu anderen Frauen, gerade darin war Virginia Meisterin. Und, klar, das Schreiben! Sie ging nun durch den Rosengarten, den gleichen Weg, den ihre Mutter genommen hatte, und sang leise zu ihrem Kind im Bauch: „Roses and walking, friendship and writing. Roses and walking, friendship and writing." Nun kam sie zum Cottage Garden, zu dem schmucken Durcheinander aus hohen wilden Blumenbeeten. Mittendrin stand ein winziges Häuschen aus Backstein, ein Cottage eben. Orlando sagte zu sich: In Frieden allein sein zu können, gehört auch noch dazu.

Dieses Cottage, so hatte es Orlando gelesen, war das Kinderzimmer von Vitas und Harolds Söhnen, Nigel und Benedict. Vitas Ehemann, Harold, von Beruf Diplomat, hatte das gesamte Grundstück als Architektur von zehn Gartenzimmern entworfen, in denen die verschiedenen Wohnräume der Familie verteilt waren. Da war viel Raum für jeden. Rückzugsräume, auch in der Ehe. Harold und Vita hatten beide offen voreinander homosexuelle Liebschaften, sie verbrachten viele Monate in unterschiedlichen Ländern und blieben bis zu Vitas Tod gute Freunde.

Die Wiener Orlando ging auf das Tor einer der alten Backsteinmauern zu, die die Gartenzimmer umgaben. Rosa Buschrosen wucherten entlang der Mauer und ließen sie orange-violett-weiß leuchten. Orlando liebte Backsteinbauten, sie tauchten oft in ihren nächtlichen Träumen auf. In den schönen Träumen von fernen Ländern. Von Brooklyn und England. Diese Tür durch die Gartenmauer aus Backstein erschien Orlando wie in einem Märchen, fantastisch der weite, perspektivische Blick in den schmalen Heckengang. Eine Schleuse in der Zeit, dachte Orlando und dann erinnerte sie sich an die Verfilmung des Romans „Orlando", in dem die androgyn wirkende Schauspielerin Tilda Swinton durch die Schlossgärten, Zeiten und Geschlechter reist. In einer Szene läuft sie – gefesselt in einem viel zu engen bodenlangen Miederkleid aus hellblauen Rüschen – durch ein Labyrinth aus Hecken. So war das, aus einem langen Schlaf als Frau aufzuwachen: Eng. Die Romanfigur Orlando verlor als Frau im 18. Jahrhundert nicht nur die Bewegungsfreiheit, sondern auch alle bürgerlichen Rechte.

Vita hatte durch patriarchale Eigentumsrechte ihr geliebtes Elternhaus, das Schloss Knole, verloren. Doch sie lebte freier, lustvoller und kreativer als ihre Vorfahren. Sie definierte die Ehe und die Liebe für sich neu, schrieb und publizierte sehr viel, Romane, Kurzgeschichten, Gedichte, Gartenbücher und -kolumnen. Vita schrieb, Vita reiste, Vita liebte. Sie war das pralle Leben. Und genau so hat Virginia ihre Romanfigur Orlando entworfen, als furioses Bekenntnis zum Leben und – letztlich – unabdingbare Liebe zum Leben, trotz aller Unwegsamkeiten.

Orlando ging hinaus aus den hohen geometrischen Heckengängen und nun endlich hinüber in den weißen Garten, der ihr bei ihrem ersten Besuch hier am besten gefallen hatte. Vitas weißer Garten war weltberühmt. Hier versammelten sich auch die meisten Besucher. In den Beeten am Rand der mit Backstein gepflasterten Wege wuchsen Margeriten, silbrig weiße Disteln, Lilien und jede Menge andere weiß blühende Pflanzen, die Orlando nicht namentlich kannte. Das Herz des White Garden war eine Laube. Über einem zarten, kaum sichtbaren Metallgestell wuchs eine Haube von kleinen weißen Rosenblüten, die stark dufteten „Das ist Rosa mulligani", sagte Violetta plötzlich neben ihr. „Eine wunderschöne Kletterrose." Sie war dabei, sich Notizen zu machen für ihren eigenen Garten im mitteleuropäischen Waldland und genoss offenbar auch die Ruhe, Weite und Schönheit von Vitas Reich.

Auch in der nächsten Nacht im *Bed & Breakfast* schlief Orlando schlecht, sie lag lange wach. Wann würden all diese unterdrückten Gefühle explodieren? Sie wollte nach Hause. Vier Tage Familienreise können eine Ewigkeit sein. Am letzten Tag zeigte Orlando ihrer Familie noch die *klassische* Virginia-Woolf-Wanderung, vom Monk's House über eine Hügelkette hinüber nach Charleston, zur Künstlerkolonie ihrer Schwester Vanessa. Wieder genoss sie den weiten Blick bis zum Meer, die weidenden Schafe und blühenden Disteln. Doch ihre Liebe zu dieser Landschaft war überschattet. Es war ihr alles zu viel. Das Viel-Reden und das Nicht-Reden-Können. Das Gemeinsam-im-Kleinbus-Sitzen war ihr genauso unangenehm wie bei der Wanderung alleine vorzurennen. Sie fühlte sich schuldig, unfähig und überfordert.

Orlandos Eltern waren begeistert vom Charleston Farmhouse. Die bunt bemalten Möbel erinnerten sie an ihre Studentenwohnung in den 1970er-Jahren, als Orlando ein Kleinkind war. Orlando hatte damals in einem Hippie-Kinderladen mit Fingerfarben auf riesigem Packpapier auf dem Boden malen dürfen. Es sollte alles bunt und frei sein. Gar nicht so unähnlich den Vorstellungen der Gruppe von Künstlern und Künstlerinnen, die hier auf dem Land gemeinsam wohnten, Kinder aufzogen, malten und schrieben. Von 1916 bis in die 1960er-Jahre. Charleston Farmhouse war eine Art Gutshof, efeuumwachsen, umgeben von einem zauberhaften Blumengarten mit Tonfiguren und weiten landwirtschaftlichen Feldern. Am beeindruckendsten war die künstlerische Gestaltung der einzelnen Räume dieser frühen hippieartigen Kommune. Die Wände, die Türen, die Fensterverkleidungen, die Tische, die Sessel waren farbenfroh bemalt und überall hingen impressionistisch und expressionistisch anmutende Gemälde, die hier entstanden waren. Die Stoffe der Vorhänge und Lehnstühle waren von Vanessa Bell, Virginias Schwester gestaltet, großflächige, bunte Ornamente. Alles war farbenfroh in diesem Haus, in dem Maler und Malerinnen, Tänzerinnen, Dichter, Philosophen, Kunsthistoriker, Wehrdienstverweigerer des Ersten Weltkriegs in wechselnder Belegschaft und wechselnden Lieb- und Partnerschaften lebten.

„Schau, hier hat sich ein Kind auf der Wand verewigt", sagte Violetta lachend: „So wie du. Du wolltest als Kind auch immer gern die Wände anmalen und Gemälde weiterführen."

Wer hatte schon Eltern, die so offen waren für Kreativität, auch für kindliche Kreativität? Orlando hatte unendlich viel gemalt und gezeichnet als Kind. Ihre Freundinnen hatten sie immer beneidet um ihr buntes Elternhaus und die liberalen Eltern. Orlando fühlte sich schlecht wegen all ihrer kritischen Gedanken, hatte Schuldgefühle, dass sie diese fröhlichen Hippiekindheitsgeschichten nicht unhinterfragt lassen konnte.

Violetta zeigte auf einen mit lebensgroßen schematischen Menschenfiguren bemalten Paravent. „Gute Idee, ein Paravent selbst zu bauen und den Stoff dafür zu bemalen."

Sie hatte immer gute Ideen gehabt und Haus und Garten phantasievoll gestaltet. Sie fühlte sich hier wohl. Orlandos Geburtstagsgeschenk für sie war also doch – irgendwie – gelungen. Alles andere war jetzt doch nicht so wichtig!

Oder doch?

Die Geburt in Zeiten des großen Frosts

Zurück in Wien arbeitete Orlando emsig an den letzten Korrekturen ihres Buches, schrieb Pressetexte, konferierte mit der Grafikerin und suchte einen Ort für die Präsentation ihres Buches, während ihr Bauch runder und größer wurde. Sie sprach viel mit ihrem Sohn, denn sie wusste nun, dass sie einen Sohn gebären würde. Manchmal redete sie mit ihm in Englisch. Sie erklärte ihm ihre Gefühle, ihre Hoffnungen, ihre jetzt schon unendliche Liebe für ihn, den neuen Prinzen, nennen wir ihn Prince Beloved. Es würde alles gut gehen, ihr erstes Buch würde erscheinen, Baby Beloved gut zur Welt kommen. Orlando traf wöchentlich ihre Hebamme und sprach mit ihr über das bevorstehende Fest der Geburt. Sie fand auch einen würdigen Ort für die *Book Party*. Es würde alles gut gehen.

Aber dann kam die Attacke. Es war das 21. Jahrhundert, in dem tickende Bomben und Faustschläge per E-Mail zugestellt werden können. Orlando saß mit dickem Bauch am Schreibtisch und las das Mail einer Tante. Sie sprang auf und wand sich, als hätte ihr jemand in den Magen geschlagen. Sie wusste, von nun an würde nichts mehr wie vorher sein.

Was die Tante geschrieben hatte, war in etwa: „Ha! Meine Nichte Alexa wird nun von ihrem Vater, meinem Bruder, vor Gericht verklagt! Und recht geschieht es ihr!"

Alexa die Große war Orlandos Kusine. Sie war die einzige in der Familie gewesen, die gesprochen hatte, die die sexualisierte Gewalt und den Schaden benannt hatte. Schon vor vielen Jahren. Sie hatte das

Schweigen gebrochen und war danach stillschweigend aus der Großfamilie ausgeschlossen worden. Vor vielen Jahren. Ihr Vater, Orlandos Onkel, war nunmehr ein alter, kranker Mann. Die Krake in ihm war nicht mehr zu fesseln. Er wollte seine Tochter auf Rufschädigung verklagen, weil sie gesprochen hatte. Und manche seiner Schwestern, Orlandos Tanten, unterstützen ihn dabei.

In diesem E-Mail an Orlando bat die Tante nun auch Orlando um Unterstützung. Für den Onkel. Gegen diese Lügnerin. Gegen Orlandos Kusine, gegen Alexa die Große. Orlando spürte heißen Atem und einen Kälteschauer am ganzen Körper. Sie hatte Angst. Nicht nur um Alexa, um sie alle. Der dünne Boden des Schweigens, auf dem sie sich bewegten, würde brechen. Sie würden einbrechen. Das Scheinwerferlicht des Gerichtssaals, in das ein Täter nun sein Opfer zerren wollte, würde auf alle Opfer fallen, alle exponieren, die Anwesenden und die im Versteck. Sie alle exponieren, terrorisieren, weiter traumatisieren.

Ein Täter verklagt sein Opfer! Und seine Schwestern unterstützen ihn dabei? Gegen die eigenen Nichten? Lucia war nicht minder entsetzt und doch fand sie eine Erklärung.

„Das ist das Täterintrojekt."

„Ja, das haben Sie schon einmal erwähnt. Was heißt das genau?"

„Opfer – und auch Anverwandte von Opfern – haben oft eine spezifische Täterbindung, auch bekannt als Stockholm Syndrom. Sie haben erlebt, dass Täter mächtig sind und identifizieren sich lieber mit ihnen als mit den Opfern beziehungsweise den eigenen Erinnerungen, Opfer gewesen zu sein. Sie lieben die Täter auf ihre Weise, sie ahmen sie nach, verteidigen und unterstützen sie. Ziemlich fatal. Und werden dadurch selbst aggressiv. Ihre Tanten wollen wohl auf diese absurde Weise ihren Vater und ihren Bruder reinwaschen. Und sich selbst. Die Täter werden häufig mit allen Mitteln geschützt und entschuldet. Die Opfer hingegen alleine gelassen. Ja, attackiert. Immer wieder. Darum ist es so wichtig, solche Systeme zu verlassen."

Orlando sagte: „Ja genau, mein Onkel wird unterstützt und meine Kusine fertiggemacht. Es ist unerträglich! Wie können meine Tanten die ‚Unschuld' ihres Bruders überhaupt bezeugen? Das ist doch völlig unmöglich, ja irrsinnig!" Ihr schwindelte. Die Welt war doppelbödig und gleichzeitig völlig bodenlos. Und kalt.

Lucia sagte: „Gerade in den kleinen Städten und Dörfern fühlt es sich für Opfer zumeist sicherer an, sich auf die Seite der Täter zu schlagen. Die Schande im Dorf zu sein, wäre schlimmer als alles andere."

Orlando fröstelte es gewaltig. Sie erinnerte sich an eine Szene des Romans „Orlando" über den großen Frost im 16. Jahrhundert. Vögel fielen mitten im Flug vom Himmel. In der Themse lagen Menschen in einer tiefen Eisschicht schockgefroren, von oben sichtbar. Und nun fegte ein eiskalter Windsturm über die Donau. Die Wiener Orlando konnte nichts dagegen tun, nichts für Alexa, nichts für Violetta. Sie war doch hochschwanger und geübt im Schweigen.

> „The Great Frost was, historians tell us, the most severe that has ever visited these islands.
> Birds froze in mid-air and fell like stones to the ground."
>
> Virginia Woolf, Orlando (1928)

So schob Orlando die Empörung und die Angst zur Seite. Sie befand sich im Countdown von zwei Geburten. Während sie die Geburt des Buches bewusst steuerte, überrollte sie die des Kindes. Vor der Zeit sprang die Fruchtblase. Die Wehen schickten sie auf eine Reise durch dunkle, wilde Gewässer. Orlando saß in der Gebärbadewanne, rund um sie flackerten Teelichter, Sir Paul hielt ihre Hände, während sie laut atmete. Es war eine rasante Fahrt auf hoher See, die sie in eine gänzlich andere Welt schleuderte. Die Geburt war schnell, das Wasser warm. Die Hebamme fing Prince Beloved auf und legte ihn auf Orlandos Schulter. Da lag er und seine riesigen blauen Augen fixierten ihre. Sie weinte vor Freude. „Du bist", flüsterte sie ihm zu, „so ein Lieber." Sie würde ihn gut halten, sie würde ihn beschützen und sich selbst, da war sie sicher.

> Orlando giving birth: „so that now floods back refluent like a tide, the red, thick stream of life again; bubbling, dripping; and we rise, and our eyes (for how handy a rhyme is to pass us safe over the awkward transition from death to life) fall on – (here the barrel-organ stops playing abruptly).

> „It's a very fine boy, M'Lady,' said Mrs. Banting, the midwife. In other words Orlando was safely delivered a son on Thursday, March the 20th, at three o'clock in the morning."
>
> Virginia Woolf, Orlando (1928)

Als Prince Beloved wenige Tage alt war und in Orlandos Armbeuge schlief, döste sie ein und träumte, sie wäre ein Vogel. Mit einem Baby am Flügel. Sie flogen hoch über der Erde und Orlando hatte solche Angst, dass das Kind fallen würde. Doch sie flogen ganz sacht, ganz sicher.

Aber der Frost nahm zu. Kaltes Schweigen rund um die Klage.

Doch dann plötzlich brachen aus Violetta, während eines Telefonats mit ihrer Tochter Orlando, eruptionsartig die dunklen, die nie erzählten Geschichten hervor und die Tränen. Alte Geschichten von Gewalt, Verrat und Einsamkeit. Orlando wollte sie hören, aber sie war nun eine frische Mutter, offen wie eine Seerose im Sonnenschein, sie war empfänglich für die leisesten Bewegungen, die zartesten Gefühle. Eine Blüte im Schneesturm, der immer wilder um sich schlug.

> The Great Frost: „Then, suddenly Orlando would fall into one of his moods of melancholy; the sight of the old woman hobbling over the ice might be the cause of it, or nothing; and would fling himself face downwards on the ice and look into the frozen waters and think of death."
>
> Virginia Woolf, Orlando (1928)

Als es Frühling werden sollte, kam Kusine Alexa auf Besuch nach Wien. Sie zeigte Orlando die Hass- & Drohbriefe ihres Vaters und der Tanten und erzählte von ihrer Vorladung bei Gericht. Die Richterin hatte am Ende der Verhandlung die Klage des Vaters abgewiesen. Er solle froh sein, wenn seine Töchter ihn nicht verklagen! Doch das wollten diese nicht. Außerdem galten die Taten vor dem Gesetz ohnehin als *verjährt*.

„Liebe Alexa", sagte Orlando endlich, „was genau ist dir geschehen als Kind?" Und während Orlando Baby Prince Beloved in ihren Armen schaukelte, erzählte Alexa von den ganz kleinen Mädchen in der Familie. Von den Taten des Großvaters und ihres eigenen Vaters. Ein Spalt im Eis tat sich auf und Orlando fiel hinein. Und hielt Prince Beloved über dem kalten Wasser.

Später, als Alexa weg war und das Kind schlief, überfiel Orlando eine höllische Migräne. Sie hielt sich fröstelnd am Heizkörper fest wie an einer Klagemauer. Und klagte. Beklagte die ganz kleinen Mädchen in ihrer Familie. Während ihr Herz wie Eis zerbrach. Es würde nie mehr heilen, dachte sie.

In all diesen Monaten hielt sie Prince Beloved nah an ihrem Herzen und an ihrer Haut, sie wärmten sich aneinander. Er schlief selig an sie geschmiegt. Auf der Straße fauchten fremde Großmütter Orlando an: „Müssen Sie das Kind immerzu tragen und schaukeln? Kann es nicht alleine liegen?" Oder: „Lassen Sie ihn doch ruhig mal schreien! Sie müssen seinen Willen brechen." Es war ihr, als würde der kalte Hauch der Geschichte sie verfolgen. In diesem Land. Orlando starrte mit Entsetzen in die Gesichter der älteren Frauen und wollte fragen: „Was wurde euch angetan als Kinder? Ihr, die ihr aufgewachsen seid im langen grausamen Schatten der Nazi-Säuglingspflege, umgeben von kriegstraumatisierten, emotional verhärmten Erwachsenen? Was tut ihr euch und uns immer noch an?"

Auch die Landesnachrichten sendeten ohne Unterlass unerträgliche Geschichten. Von einem Mann, nur wenige Meilen die mittlerweile tief gefrorene Donau hinab, der seine Töchter viele Jahre im Keller festgehalten und vergewaltigt hatte. Lucia sagte, tausende Frauen im Land gerieten nun in den Taumel abgespaltener dunkler Geschichten. Getriggert durch die Bilder und Berichte in den Medien. Eisblöcke rieben sich aneinander, brachen auseinander mit gewaltigem Lärm.

Schluchten öffneten sich im gefrorenen Land. Und dann musste Orlando sehen, wie Violetta fiel. Tief. Und brach sich Herz und Knochen.

Orlando saß am Krankenhausbett, in dem die Mutter verkabelt lag. Die Ärzte hatten sie in künstlichen Tiefschlaf versetzt. So schlief Violetta viele Tage, endlich stand für sie die grausame Welt still. Orlando saß im weißen, kühlen Krankenhaus, ihr Atem war heiß vor Wut, ihr Kopf raste unerbitterlich. Wie sollte sie dieses traumatisierte Land bloß ertragen? Sollte sie nicht besser fliehen, gemeinsam mit Sir Paul und Prince Beloved?

Zumindest flogen sie, die junge Familie mit dem Baby, für eine kleine Auszeit in das britische Königreich. Eine notwendige Auszeit, und was für eine! Orlando nahm an einer Konferenz zu Schreibdidaktik in Schottland teil. Niemand geringerer als Peter Elbow *himself* war als *key note speaker* geladen. Zusätzlich gab es vor der Konferenz ein dreitägiges *writers retreat* am Loch Lomond in einem Schlösschen, das der Universität Glasgow gehörte.

Da saß Orlando, immer noch im Schock über den Anblick ihrer schwer verletzten Mutter im künstlichen Tiefschlaf, in einer Gruppe von britischen SchreibtrainerInnen mit Blick auf einen mysteriösen schottischen See, in dem immer wieder Monster gesehen worden waren, und formte ihre Tränen zu Worten. Die nackten schottischen Hügel mit fantastischen Licht- und Wolkenspielen entspannten Orlando. Der große, feine Herr, Peter Elbow, sagte: „Whatever you planned to work on, write now what you need to write, what your body asks you to write." Orlando schrieb eine seitenlange Ballade über ihre Jugendzeit in Schottland, über ihre Verzweiflung und ihre Sehnsucht nach Wärme und Ruhe. Sir Paul ging inzwischen mit Prince Beloved, acht Monate alt, in der Babytrage spazieren und ließ ihn auf dem weichen englischen Schlossrasen krabbeln.

Als sie wieder in Österereich waren, hielt Lucia immer wieder Orlandos Hände und tappte rechts und links und rechts und links, im immer gleichen Rhythmus, während sie fragte und zuhörte, fragte und zuhörte. Orlando hatte die Augen geschlossen und wanderte tief in die Geschichte, in die neue und in die alte. Die Tränen strömten und Lucia klopfte das Eis weg.

Und Prince Beloved lächelte, er saugte, er liebte seine Mutter unendlich. Orlando hielt ihr Herz vor allem für ihn am Leben, warm und offen. Mit ihm konnte sie abtauchen in Kleinkindabenteuer und Mamagespräche. Sie lebte in die Tage hinein, versuchte, ihr Seminar-Business am Laufen zu halten, weiterzuleben.

Über die Klage und die Schäden, die diese angerichtet hatte, wurde in Orlandos Großfamilie kein Wort gesprochen. Es war ein beiläufiges Schweigen, das niemandem außer Orlando aufzufallen schien, ebenso wenig wie die Tatsache, dass die Kusinen nicht mehr auf Besuch kamen, viele, viele Jahre nicht. Orlando richtete sich ein im stillen Entsetzen und schrieb Hunderte von Seiten in ihrem Tagebuch.

Denn Schreiben war möglich, reden nicht. Lange noch nicht. Ihre Herkunftsfamilie steckte tief im Taumel einer unsagbaren Geschichte. Immerhin konnte Orlando mit Sir Paul und Lucia viel über den Frost und seine Folgen sprechen.

Orlando dachte an die Ahnengalerien in alten Schlössern, die keiner mehr beachtete, aber die dennoch alle in Bann hielten. Virginia hatte Schloss Knole, in dem Vita aufgewachsen war, so beschrieben: Hunderte Zimmer voller Geschichte. In der ersten Szene des Romans „Orlando", dieser fiktiven Biografie Vitas, spielt der sechzehnjährige Jüngling Orlando auf dem Dachboden des Schlossturms. Von der Decke hängen Menschenschädel, Jagdtrophäen seiner Vorfahren aus Afrika. Virginias Figur Orlando ist tief eingebettet in eine teilweise sehr grausame Geschichte.

> „He – for there could be no doubt of his sex, though the fashion of the time did something to disguise it – was in the act of slicing at the head of a Moor which swung from the rafters."
>
> Virginia Woolf, Orlando (1928)

Mutter werden hieß für die Wiener Orlando sich selbst mit Leib und Seele in die Geschichte einzubetten. Und gleichermaßen sich zu wünschen, diese zu überwinden.

Los Angeles und der Schweigeengel

Eineinhalb Jahre nach der Geburt ihres Sohnes reiste Orlando wieder nach Amerika. Die Hebamme hatte Orlando dazu ermutigt, das Abstillen mit einer einwöchigen Reise für sich allein zu verbinden. Prince Beloved wurde von seinem Vater und seinem Großvater liebevoll umsorgt. Sie tauten für ihn die letzten Säckchen eingefrorener Muttermilch auf. Er aß ohnehin schon alles, raste mit enormem Wissensdurst und Bewegungsdrang durch seine kleine Kinderwelt und war rundum zufrieden. Orlando vermisste ihn sehr in Los Angeles, doch sie schrieb wieder und vielleicht erstmals wirklich Geschichten. In einem Schreibseminar an der Universität formulierte sie kleine literarische Texte über die Geburt von Prince Beloved, über Pippi Langstrumpf und Virginia Woolf. Der schwule Autor, der den Kurs leitete, führte sie sanft mit Bildern, Satzanfängen und Themen von Story zu Story. Am letzten Seminartag gab er ihnen die Schreibaufgabe: „Write about the secret." Da setzte sich Orlando unvermittelt auf den Boden in einer Ecke des amerikanischen

Seminarraums und schrieb über eine unsterbliche Maus, die jahrzehntelang im Haus ihres Großvaters alles beobachtet hatte.

Wieder in Wien schrieb sie weiter an der dunklen Geschichte der Maus, insgeheim. Es war unheimlich, es war verboten. Sie würde sie niemals herzeigen können. Denn die Wahrheiten des Körpers, die Wahrheiten der weiblichen Geschichte ihrer Familie, die durfte sie doch gar nicht schreiben. Virginia hatte geschrieben, dass schreibende Frauen beim Fischen im Unbewussten oft auf etwas Hartes stoßen, das sie aus der künstlerischen Trance aufschreckt. Auf Verbotenes. Auf unerträgliche Wahrheiten.

> „Indeed it will be a long time still, I think, before a woman can sit down to write a book without finding a phantom to be slain, a rock to be dashed against."

Virginia Woolf, Professions for Women (1931)

Wenn die Wiener Orlando an den Geschichten über die unsterbliche Maus im Haus ihres Großvaters schrieb, wurde ihr manchmal übel oder ganz heiß. Es war, als stünde eine dunkle Macht neben ihr, hinter ihr, die ihr jeden Moment Papier und Füllfeder entreißen würde. Doch sie schrieb mit aller Kraft weiter. Wenn auch immer nur kurze Stücke. Da fiel ihr Virginias Engel ein. Kein guter Engel, ein Schweigeengel, ein Lügenengel, eine gewalttätige Engelsfrau, die sie, so schreibt Virginia, hatte erschlagen müssen, immer wieder, um zu schreiben.

> The Angel in the House: „I turned upon her and caught her by the throat. I did my best to kill her. My excuse, if I were to be had up in a court of law, would be that I acted in self-defence. Had I not killed her she would have killed me. She would have plucked the heart out of my writing."

Virginia Woolf, Professions for Women (1931)

Virginia musste die verinnerlichte Rolle, mit der sie als Tochter einer bürgerlichen, viktorianischen Familie aufgewachsen war, die des *angel in the house,* immer wieder in sich töten. Bei uns würde man diese Rolle wohl als die der *guten Fee des Hauses* bezeichnen. Jedes Mal, wenn Virginia den Stift zum Schreiben ansetzte, war diese einlullende und drohende innere Stimme dieses *angel in the house* da und flüsterte: „Sei lieb, sei harmlos, lüge!" Denn du bist eine Frau. Und niemand will deine Wahrheit hören, deine Klage, deine Kritik. Virginia schreibt in ihrem Essay „Professions for Women", dass es zu ihrem Job als Autorin gehörte, zu töten. Diese Stimme, diese Engelsfrau, die innere gute Fee, mit dem Tintenfass zu erschlagen. Denn hätte sie sie nicht ermordet, dann hätte die einlullende Engelsfrau sie umgebracht. Denn hätte Virginia nicht genau das schreiben können, was sie dachte, dann wäre – tatsächlich – ihr Leben unmöglich gewesen. Ohne das Schreiben hätte sie die wiederholten Krisen in ihrem Leben nicht überstanden, ohne das Schreiben hätte sie die Traumata ihrer Kindheit nicht ertragen können. Und hätte Virginia die innere mahnende Engels-Stimme, die ihr gebot zu schweigen, zu lügen, zu betören, nicht abgewürgt, dann hätte sie gar nicht schreiben können. Sie musste *gegen* sie handeln.

> Angel in den House: „[...] you cannot review even a novel without having a mind of your own, without expressing what you think to be the truth about human relations, morality, sex. And all these questions, according to the Angel of the House, cannot be dealt with freely and openly by women; they must charm, they must conciliate, they must--to put it bluntly--tell lies if they are to succeed."
>
> Virginia Woolf, Professions for Women (1931)

Orlando wurde zunehmend klar, dass Schreiben für Frauen damals wie heute hieß, zuweilen gegen Schweigegebote zu handeln, gegen den Auftrag des inneren „Engels", immer lieb und harmonisierend zu sein. Manchmal müssen wir der herrschenden Gewalt und den alten Geschichten wachen Auges in die Fratze blicken. Was heißt es, wahrhaftig darüber zu schreiben? Hilft das? Und welcher Gefahr setzt sich die aus, die den Schweige-Engel – immer wieder – tötet? Sollte sie es trotzdem wagen? Was hilft uns noch, um als Enkelinnen, Töchter, Tanten und Mütter zu bestehen?

> „'Oh! If only I could write'! she cried (for she had the odd conceit of those who write that words written are shared)."
>
> Virginia Woolf, Orlando (1928)

Gemeinsam mit Lucia angelte die Wiener Orlando weiter nach den Geschichten, die tief in ihrem Körper saßen. Das Erkennen tat gut und es tat weh. Lucia war dabei, die Traumatherapie weiterzuentwickeln. Nun, einige Jahre nach ihrem ersten Besuch bei Lucia, saß Orlando nicht mehr in einem Fauteuil. Sie lag auf der Couch. Nein, es war keine Couch wie die von Dr. Freud. Es war ein Massagetisch mit weichen Decken und Polstern.

Orlando fühlte sich immer noch bis in die Knochen gefroren. Lucia hielt ihre kalten Füße in ihren warmen Händen, sie tappte sie sanft mit den Fingern, rechts, links, rechts, links. „Und was sehen Sie jetzt vor Ihrem inneren Auge?", fragte sie.

Aber sie waren nicht mehr zu zweit im Therapieraum. Da war auch noch Giorgina, eine Körpertherapeutin. Lucias neue Form der Traumatherapie bestand darin, den Körper während der gedanklichen Reise in die Vergangenheit zu stabilisieren und gleichzeitig die Sprache des Körpers zu entschlüsseln. Giorgina stand am anderen Ende der neuen Wiener Couch und umfasste mit ihren Händen Orlandos Hinterkopf wie ein Nest. Sie sagte zu Lucia: „Orlandos Körper scheint wie gespalten. Eine Seite ist weit weg, dissoziiert. Die andere Seite kämpft, sucht." Orlando assoziierte Geschichten, Erinnerungen, Orte, Zeiten, sie sprach und spürte die Wärme des Erkennens. Lucia klopfte, fragte, kommentierte. Langsam verstand Orlando, was es für sie konkret bedeutete, im mitteleuropäischen Waldland mit seinem schweren Erbe und den dunklen Geschichten aufgewachsen zu sein, gerade mit den unausgesprochenen. Und wie stark sie dennoch war und sein konnte, als Mutter, als Schreibende, als kreative und sehr freie Frau. Sie hatte, das wurde ihr klar, großes Glück, im 21. Jahrhundert zu leben. Und nicht wie Virginia an der Wende vom 19. in das 20. Jahrhundert. Virginia schreibt, dass sie an der Wahrheit ihres Körpers gescheitert sei.

> „These were two of the adventures of my professional life. The first--killing the Angel in the House--I think I solved. She died. But the second, telling the truth about my own experiences as a body, I do not think I solved."
>
> Virginia Woolf, Professions for Women (1931)

Im Gegensatz zur Wiener Orlando des 21. Jahrhunderts hatte Virginia für den Kampf mit ihren Traumata keine liebevolle und intelligente Therapeutin gehabt. Im Gegenteil. Wenn sie einen Zusammenbruch hatte, dann fielen die Ärzte über sie her. Die Medizin zu Virginias Zeiten, also die des 19. Jahrhunderts, kannte nicht nur keine Psychotherapie, sie war zutiefst frauenfeindlich. Statt Traumatherapie gab es *Rest Cure*. Es wurden totale Ruhe und exzessives Essen verordnet, dazu jede Menge Beruhigungs- und Schlafmittel. Virginia wurde sediert, weggeschoben in abgelegene Privatanstalten und bekam Lese-, Schreib- und Redeverbot verordnet. Der amerikanische Neurologe Silas Weir Mitchell hatte die sogenannte *Rest Cure* vorwiegend für weibliche Patientinnen, die sich „unwohl" fühlten erfunden. Die *Rest Cure* war im frühen 20. Jahrhundert auch in Europa sehr populär. Die Frauen wurden bei absoluter geister Ruhe und totaler körperlicher Passivität gezwungen, einige Liter Milch pro Tag zu trinken. Es war zum Fürchten und heutzutage fast zum Lachen. Hier zeigte sich eine hysterische Angst vor der aktiven und intellektuellen modernen Frau, mehr noch die Angst vor der psychisch unangepassten Frau. Es wäre zum Lachen, wenn es nicht grausame Realität so vieler Frauen gewesen wäre. Auch Virginias Realität.

Diese Heilungsmethoden waren nicht nur furchtbar, sie halfen auch – naturgemäß – nicht. Es wird sogar vermutet, dass viele der schrecklichen Symptome, unter denen Virginia so litt – die Kopfschmerzen, die Halluzinationen und Stimmen – eigentlich Nebeneffekte der starken Medikamente waren. Leonard schreibt, Virginia habe oft um sich geschlagen, sich gegen diese Hilfe gewehrt. Die bittere Wahrheit ist, dass er nicht nur oft der Handlanger dieser grausamen Medizin war, sondern auch besonders darauf pochte diese, von Virginia gehassten Ärzte aufzusuchen.

Aber Virginia ließ sich nicht klein machen, sie schrieb, sie wanderte, sie publizierte, sie literarisierte ihre Welt. Sie war immer noch das große Vorbild der Wiener Orlando. Und so reiste sie im Herbst für ein Wochenende mit Sir Paul nach London, in seine und in Virginias Lieblingsstadt. Zu einem Kurzbesuch bei Virginia, der eine neue Chance brachte.

London und Stinston Beach

Klar wohnten sie in Virginias Stadtteil Bloomsbury und gingen in das British Museum. Doch der Lesesaal, der fantastische runde Lesesaal, in dem Virginia so oft gearbeitet hatte, war nicht mehr zugänglich. Er war für eine große Ausstellung über die Ägypter umfunktioniert worden. So setzte sich Orlando in den großen, mit der modernen Glaskuppel überspannten Patio, der den runden Lesesaal umgab und schrieb. Es war erhebend. Sie tranken Tee, sie redeten über die Bloomsburys und über ihr eigenes Leben als Eltern. Und dann machten sie sich auf den Weg nach Richmond, einen Vorort von London, den sie damals bei ihrer großen, langen Virginia-Woolf-Reise vor zwei Jahren ausgelassen hatten.

Orlando und Sir Paul fuhren mit einer Art Schnellbahn vorbei an immer kleiner werdenden Backsteinhäuschen und den Kew Gardens. Dann standen sie vor Virginias und Leonards Wohnhaus in Richmond.

Hierher war das Paar gezogen, als Virginia wegen eines psychischen Zusammenbruchs die Stadt verlassen sollte. Zumindest war es das, was Leonard am besten für Virginia fand. Dort gründeten sie gemeinsam die Hogarth Press, zunächst als kreative Ablenkung für Virginia.

Orlando und Sir Paul fotografierten sich gegenseitig vor der runden Plakette, auf der stand:

In this house

Leonard and Virginia Woolf

lived

1915–1924

and founded the Hogarth Press 1914.

Danach schlenderten sie in ein entspannt-fröhliches Teehaus, in der gerade eine junge Frau als Fee verkleidet einen Tisch für eine Kinderparty vorbereitete. Sir Paul sagte: „Wie schön es wäre, hier zu wohnen." Orlando nickte nur. Sie hatten so oft darüber gesprochen, sich aber letztlich aus vielen Gründen immer dagegen entschieden.

Doch der magische Moment in ihrer Londoner Auszeit passierte kurz bevor sie zurück zum Flughafen fuhren. Orlando stand vor einer Auslage voller Bücher. Ein Buch lachte sie an, es hieß „Baby Love". Orlando dachte an Prince Beloved, den sie bei seinen Großeltern für das Wochenende gelassen hatten. Untertitel: „Chosing motherhood after a lifetime of ambivalence". Von Rebecca Walker. Sie ging hinein, kaufte das Buch und begann schon im Flughafenbus zu lesen. Sie las im Flugzeug und als sie am nächsten Tag in Wien das Buch fertiggelesen hatte, googelte sie Rebecca Walker, die Tochter der berühmten afroamerikanischen Autorin Alice Walker. Rebecca schrieb *Memoirs.* Und lehrte *Memoir Writing* in Kalifornien. Orlando meldete sich sofort für einen ihrer Workshops an.

Im Februar fuhr sie mit einem Mietwagen über die Golden Gate Bridge und weiter entlang der Küste Nordkaliforniens. In einem Strandhäuschen mit Glasfront auf den Pazifik hinaus und offenem Kamin fand ein Seminar in kleiner Runde, *Memoir Writing*, statt. Rebecca, eine Frau in Orlandos Alter, schrieb gerade über ihre große Jugendliebe in Afrika. Sie hörte den Teilnehmerinnen genau zu, sie fragte nach, sie machte Vorschläge, wie die Geschichte in eine literarische, eine lesbare, eine spannende Form zu bringen sei. Orlando und die anderen Frauen schrieben jeden Tag viele Stunden, lasen sich abends die Texte vor, besprachen sie und fanden Stories, die vielleicht sogar erzählbar, schreibbar wären. Eine Form. Wo beginnt diese Geschichte? Was ist ihr Ziel? Was lernen wir daraus? Orlando hatte noch keine Antworten auf diese Fragen, aber sie war fest entschlossen, eine Form für das Unsagbare und eine Geschichte aus dem Unerzählten zu machen.

The Angel in the House: „Thus, whenever I felt the shadow of her wing or the radiance of her halo upon my page, I took up the inkpot and flung it at her. She died hard. Her fictitious nature was of great assistance to her. It is far harder to kill a phantom than a reality. She was always creeping back when I thought I had despatched her."

Virginia Woolf, Professions for Women (1931)

Orlando hatte nun also ein neues Schreibprojekt. Doch immer stand drohend neben ihr ein Phantom. Virginia hatte geschrieben, dass es zum Geschäft einer Autorin gehöre, den inneren *angel in the house* zu töten, immer wieder. Das Phantom forderte, es allen recht zu machen, selbstlos, lieb und voller Verständnis zu sein. Nein, wer schreiben will, wahrhaftig schreiben, gut schreiben, wirklich schreiben, der kann nicht gleichzeitig die gute Fee der Familie sein.

Orlando war vierzig Jahre alt geworden, sie hatte beruflich viel erreicht. Doch sie wollte schreiben. Denn ihr Herz war gebrochen, ihr Schlaf gestört, ihr Mund verschlossen. Die Fee, die neben ihr stand, wenn sie schrieb, war dunkel und grimmig, sie flüsterte eindringlich: „Sei doch dankbar, du hast so viel Glück gehabt im Leben! Und halte den Mund. Niemand in deiner Familie will, dass du das hier schreibst. Du zerstörst sie und dich selbst. Lass es sein!"

Orlando schrieb dennoch weiter. Sie musste, sie war besessen von dieser unheimlichen Geschichte, von den wirren Puzzlesteinen. Wer, wenn nicht sie, dachte Orlando, sollte den Mut dazu haben? Diesen Mut, den sich Virginia für alle Frauen gewünscht hatte und der so hart zu erlangen war. „Wenn wir die Freiheit gewohnt sein werden, und den Mut haben, genau das zu schreiben, was wir denken; […] dann, ja dann wird die Gelegenheit kommen…"

Woher kam ihr Mut? Wie konnte sie über die Familiengeschichte schreiben, obwohl in ihrer Herkunftsfamilie kein Wort darüber fallen durfte? Wie konnte Orlando der dunklen Fee standhalten? Hat sie sie erschlagen mit einem Tintenfass, wie Virginia? Nein. Sie suchte sich eine menschliche Schutzmauer. Orlando schrieb an diesem *Memoir*-Projekt niemals allein in einem Raum, das hätte sie nicht geschafft. Sie begann, sich mit anderen zum Schreiben zu treffen. Manchmal lasen sie sich danach – zuerst noch scheu – Texte vor. Auch die ganz persönlichen. Die rohen, die geheimen, die, die für keine Öffentlichkeit gedacht waren. So entstanden neue Räume. Für das Schreiben, für das Denken, für das Atmen, für das Leben. Es ging bei diesen Schreibtreffs nicht um Textfeedback, das dazu diente, ordentliche Texte für reguläre Kontexte vorzeigbar zu machen. Das nebeneinander Schreiben wurde zu einer nie geahnten Weise der Kommunikation. Sich selbst Geschichten schreibend zu erzählen, diese einem vertrauten Kreis, zumeist waren es ausschließlich Frauen, vorzulesen. Sie redeten dann über die Texte und indirekt auch über die Themen ihrer Texte. Die persönlichen Geschichten der Frauen um sie waren sich ohnehin, so wurde immer klarer, irgendwie ähnlich, verwandt, verbunden. So viele Frauen – und auch einige Männer – in Orlandos Umkreis erzählten verdammt ähnliche Familiengeschichten, die auf mysteriöse Weise Generationen belasteten. Schreiben war eine Form von Austausch über die ohnehin gemeinsame Geschichte, *a common story,* wie Virginia es formuliert hatte. Niemand lebt ein Leben nur für sich, nicht bloß dieses kleine Individualleben. Und es war, das erkannte Orlando nun, so wichtig sich zu öffnen, sich zu verbinden. Durch Texte gemeinsam den Schrecken zu transformieren.

Virginia hatte keine brauchbare Therapie gehabt, sie war den Ärzten ihrer Zeit ausgeliefert gewesen. Aber doch auch nicht. Denn sie konnte den erlebten Traumata sehr viel entgegenhalten: Neben ihrer Liebe zur Landschaft, ihren intensiven Freundschaften und der enormen Kreativität war nicht zuletzt auch ihr scharfer kritischer Blick auf die hilflose und gewalttätige Medizin gewissermaßen heilsam. Und floss in viele ihrer Texte ein. Es war eine Transformation des Schreckens durch das Schreiben, im Tagebuch, in Briefen, in autobiografischen Texten und in ihren Romanen. Da wurde ihr Erleben zur Kunst und zum politischen Statement. So springt in „Mrs. Dalloway" der traumatisierte Soldat Septimus vor den Augen und angetrieben durch das Unverständnis seines Arztes aus dem Fenster in den Tod. Eine mehr als klare Aussage dazu, was Virginia von den medizinischen Therapien ihrer Zeit hielt: Sie trieben einen in den Tod.

Die Wiener Orlando schrieb an ihrem *Memoir*, auch wenn sie befürchtete, dass sie es nie würde publizieren können. Aber das war nicht so wichtig. Sie wusste nun, sie würde die Zeiten des Frostes überstehen und war bereit für ein Tauwetter. Denn sie war eine Mutter des 21. Jahrhunderts, stark, nah und offen. Das Schweigen und Theaterspielen der Nachkriegszeit war nun vorbei. Vor allem das Schreiben hatte sie geöffnet und das Mutterwerden ebenso. Sie war Teil einer Wandlung, die weit über sie selbst hinausging.

» «

The Angel in the House „Though I flatter myself that I killed her in the end, the struggle was severe; it took much time that had better have been spent upon learning Greek grammar; or in roaming the world in search of adventures. But it was a real experience; it was an experience that was bound to befall all women writers at that time. Killing the Angel in the House was part of the occupation of a woman writer."

Virginia Woolf, Professions for Women (1931)

„So long as you write what you wish to write, that is all that matters; and whether it matters for ages or only hours, nobody can say. But to sacrifice a hair of the head of your vision, a shade of its colour, in defence to some headmaster with a silver pot in his hand or to some professor with a measuring-rod up his sleeve, is the most abject treachery."

Virginia Woolf, A Room of One's Own (1929)

3

Künstlerin werden?

Autonomes Arbeiten und Wandern mit
Krücken. Southwest Coast Path in Cornwall

Ich. Ich spürte meinen Körper im dunklen, warmen Wasser schweben. Die Silhouetten riesiger Bananenstauden tanzten im Wind unter dem mondhellen Nachthimmel. Ich, denn ich war ich. Ich war hellwach, wegen des elfstündigen Zeitunterschieds zu Wien. Ich saß in einem simplen runden *hot tub* im wildwuchernden tropischen Garten einer Seminaranlage auf Maui. Maui, diese kleine hawaiianische Insel, auf der sich AussteigerInnen und UrlauberInnen aus aller Welt tummelten, fing mich auf wie ein warmes Becken.

Ich tauchte kurz mit dem Kopf unter und pustete, als ich wieder nach oben kam, die Luft lautstark aus: Ich hatte es geschafft, ich war dem Wiener Winter entflohen, seiner grauen Kälte, meiner inneren Starre. Was würde ich am nächsten Tag Rebecca Walker, deren Seminar *The Art of Memoir* ich nun das zweite Mal besuchte, über mein Schreibprojekt sagen? Ein Jahr zuvor hatte ich mir ein *Memoir* über meine Familiengeschichte ausgedacht. Davor hatte ich schon jahrelang schreibend über dieses generationenübergreifende Trauma nachgedacht, mich dadurch immer wieder aufgerichtet und neu orientiert. Aber wie sollte daraus ein Buch werden? Ich fühlte mich überfordert und unterkühlt. *I was stuck, I was so unsure how to go on. And, besides, who was I to write about that family history?* Würde Rebecca das Buch retten können? Ich hatte solche Sehnsucht nach einem Schreibprojekt, das funktionierte und leicht ging.

Mit dieser Sehnsucht war ich nach Maui geflogen, so weit weg von zu Hause wie noch nie und erstmals in meinem Leben auf eine tropische Insel, noch dazu eine mit Vulkanen, Walen, Delphinen und

Dschungel. Am nächsten Tag saßen wir, sieben Frauen, mit der berühmten Rebecca Walker auf der Veranda einer ehemaligen *plantation mansion* mit Blick auf einen abschüssig gelegenen weiten Rasen mit riesigen Banyan-Feigenbäumen, in der Ferne das Meer. Wir waren eine Runde von jüngeren und älteren Frauen. Die anderen kamen aus New York und Los Angeles und auch von den hawaiianischen Inseln, eine pensionierte Kriminalpolizistin, eine Politaktivistin, eine Jung'sche Psychotherapeutin, die Exfrau eines Rockstars und eine junge Jamaikanerin, die mit ihrem Mann und ihren vier Kindern von England nach Kanada und schließlich nach Maui gezogen war und ihr eigenes Schreiben und kreatives Schaffen dabei vergessen hatte. Das Seminar dauerte sechs ganze Tage, für die Abende gab es noch Lese-Hausübungen. Wir bekamen einen dicken *reader* mit Kopien von Ausschnitten aus über zwanzig *Memoir*-Büchern, geordnet in die Kapitel *Voice, Memory, Story, Process, Patronage* und *Practice.* Tagsüber machten wir an einer langen Tafel auf der Terrasse über dem abschüssigen weiten Rasen sitzend gemeinsam kleine Schreibübungen, aber vor allem besprachen wir die Texte im *reader* und die Projekte der Teilnehmerinnen. Jede von uns hatte vorab bis zu zehn Seiten eines *work in progress* schicken können. Dazu gab es nun intensives Feedback. Wie immer war ich berührt und begeistert von der achtsamen und produktiven Weise, wie in den USA Texte und Projekte von anderen besprochen werden. Einfach so, ohne Anleitung. Die AmerikanerInnen haben, so schien es mir, freundliches Feedback schon mit der Muttermilch aufgesaugt.

Doch als ich in der Vorstellrunde kurz über mein Projekt sprach und wie es mir damit ging, sagte Rebecca: „Well … it seems it's killing you. Why don't you let it go?"

Ich starrte sie fassungslos an.

Meredith, eine 78-jährige Dame, die im Schreibseminar neben mir saß, lud mich an unserem freien Tag in ihr Haus weiter oben am Hang des ruhenden Vulkans ein. Sie war eine Jung'sche Psychologin, die sich in ihrem Leben mehrmals neu erfunden hatte.

Im Vorraum des großzügigen Hauses deutete sie auf ein Foto ihres Vaters. Er war im Zweiten Weltkrieg als Marineoffizier in Europa gefallen. Ein Befreier Österreichs und Deutschlands sozusagen. Sie zeigte mir das Wohnzimmer, von dem aus die ferne Küste sichtbar war. Hier hielt sie ihre Traumdeutungsrunden ab. Daneben war ein kleiner Mediationsraum und im Untergeschoss ihre Praxis. Da standen Sandkisten auf Tischen und tausende kleine Figuren in Regalen für die *Sandplay Therapy*. Beloved, mein nun schon dreieinhalbjähriger Sohn, von dem ich mich schweren Herzens für zwei Wochen verabschiedet hatte, hätte gejuchzt vor Freude über die vielen Muscheln, Steine, Hölzer und v.a. die Miniatur-Spielsachen aus Holz, Plastik und Keramik.

„Take your time", sagte Meredith. „Form your landscape into the sand. Choose some objects and figurines and arrange them on the sand as you like." Dann ließ sie mich alleine.

Ich baute eine Insel mit einem Berg in der Mitte, so wie Maui, Wale aus Holz im umgebenden Meer und tanzende Kinder auf der Insel. Auf den Gipfel legte ich eine eingerollte Embryofigur.

„Something will be born", sagte Meredith später zu mir, als sie meinen Sandkasten für mich abfotografierte.

Ich hatte keine Ahnung, was geboren werden würde. Ein zweites Kind? Ein Buch, ein zweites, ein ganz anderes? Eine Reise, ein anderes Leben?

Am nächsten Tag war ich im Seminar an der Reihe, mein Buchprojekt oder was davon übriggeblieben war, zu besprechen und Feedback zu Texten zu bekommen, die ich vor einigen Wochen per E-Mail geschickt hatte. Es waren verstreute Rohtexte zu unterschiedlichen Themen. Ein Travel Essay über Virginia Woolf, schon einige Jahre abgelegt und Texte über meine Familie. Meredith sagte: „I am sensing a theme here. It runs through all your texts."

„Really?" Ich war überrascht.

Eine andere Teilnehmerin des Seminars sagte: „The woman you describe standing next to you in Virginia Woolfs garden as you look into the dark shady corner, she reminds me of your mother. I mean your mother as you wrote about her in that other text."

Ich war verblüfft. Ja, es war tatsächlich meine Mutter, ich hatte sie für den journalistischen Reise-Essay zu einer norwegischen Touristin gemacht. Ich hatte einer fiktiven, fremden Frau aus einem anderen Land in den Mund gelegt, was in Wahrheit meine Mutter bei unserer gemeinsamen Reise in Virginia Woolfs Garten in Rodmell gesagt hatte, als wir in der schattigen, dunklen Ecke nebeneinander gestanden waren: „Dieser Teil des Gartens gefällt mir nicht so." Und dann war sie zurück in den sonnigen bunten Cottage Garden gegangen, während ich noch länger fast andächtig in diesem kühlen Bereich bei den großen Steinvasen verharrt war.

Schließlich sagte Rebecca: „Connect those two projects!" Ich runzelte fragend die Stirn. Sie fuhr fort: „We need more of you in your text about Virginia Woolf. And we need more of Virginia Woolf in your autobiographical story, in your memoir. It is she who guides you, isn't it?"

Ich nickte und doch fand ich es absurd, ja eine Schnapsidee! Ich war wütend auf Rebecca. Wie sollte ich einen Reise-Essay über England mit meiner Familiengeschichte verbinden? Noch dazu wollte ich über Letztere gar nicht mehr schreiben. Sie war zu heiß, zu dunkel, zu kostspielig. Und außerdem, was hatte Virginia mit meiner Familie zu tun?

Rebecca hatte mir gleich am ersten Tag des Seminars das alte, mühselige und traurige Buch abserviert. Und nun stellte sie mir auch noch eine absurde Aufgabe. Ich war gleichermaßen wütend und froh darüber.

Nachts im *hot tub* dachte ich darüber nach, dass ich eine neue Form würde suchen müssen für mein Buch. Eine Struktur, die Sinn ergibt, durch die ein *Memoir* erst machbar wird. Fokus und Perspektive. Aber wo sollten diese herkommen? Das Seminar hieß *Art of Memoir* und langsam wurde mir klar warum. Es war eine Kunstform, ein eigenes Genre. Ein *Memoir* beschränkt sich auf ein ausgewähltes autobiografisches Thema und eine fokussierte Zeitspanne und erzählt mit literarischen, also romanartigen Mitteln. In einem *Memoir* geht es immer auch um die Erkenntnisse, die jemand aus Erlebtem zieht, um eine Botschaft der Befreiung. Keine reine Nacherzählung, keine sich im Kreis drehende Jammerei. Zu den ersten *Memoirs,* eine sehr amerikanische Form, die diesem Muster folgen, zählen die publizierten Fluchterzählungen afroamerikanischer Sklaven. „So und so bin ich in den Norden geflüchtet und so schaut es auf der anderen Seite aus. You can make it, too!"

Ich wollte auch auf der anderen Seite herauskommen, ich wollte diese Kunstform meistern. Und ich wollte die Lebensfreude zurückhaben. Ich wollte mir Blumen ins Haar stecken, so wie es die Frauen hier taten, die mich in den Geschäften und Galerien anstrahlten. Mich umgarnten mit ihrem Lächeln und ihren freundlichen Fragen nach meiner Herkunft und was ich denn auf Maui vorhätte. Eine künstlerische Form für mein *Memoir* wollte ich finden. Und ich wollte so gerne auch wieder malen. Ach herrje, ich hatte meine ganze Kindheit und Jugend hindurch gemalt und es verloren. In den letzten Jahren hatte ich spröde, tollpatschig und unsicher versucht, wieder einen Weg zum Pinsel zu finden. Ich beneidete die Maler und Malerinnen, die hier in den Galerien ihre Bilder ausstellten. Wieso hatte ich nicht die Muße, die Lässigkeit und die Zuversicht, die ich hier bei all den AussteigerInnen erlebte? Sie waren alle irgendwie Lebenskünstlerinnen. Sie hatten viel hinter sich gelassen. Wie weit muss frau weg von zu Hause, um so eine Lebenskünstlerin zu werden?

Marty, dem die tropische Seminaranlage, in der Rebeccas Seminar stattfand, gehörte und der mir früh morgens immer ein Tablett mit *English Muffins*, Scheiben frischer Ananas und Papaya vor die Tür stellte, hatte mir erzählt, dass sein Urgroßvater ein jüdischer Emigrant aus Wien gewesen war. Er selbst war in New York aufgewachsen, später nach San Francisco gezogen, wo er zuerst Bauunternehmer und dann Yogalehrer gewesen war. Schließlich war er nach Maui ausgewandert, hatte diese alte Anlage gekauft und renoviert. Er trank jeden Tag frischen Kokossaft, der, so sagte er, hielt jung wie sonst nichts. Frischer Kokossaft und Yoga. Er war über 70 und wirkte wie 45. Ich vermisste meine Lieben zu Hause, aber ich wollte auch so strahlen.

Doch vorerst war ich verwirrt und gleichzeitig tief berührt von Hawaii. All meine negativen Vorurteile aus Jugendtagen hatten sich in Luft aufgelöst. Es schien mir, als wohnten hier nur Menschen, denen Kalifornien zu konservativ war. Es war wie ein Utopia. Einmal fuhr ich mit Jen, der jungen New Yorkerin, mit der ich mich inzwischen angefreundet hatte, in das nahe gelegene Yogazentrum im Dorf Haiku. Es befand sich in einer großen, hohen Scheune aus Holz. Da waren etwa hundert TeilnehmerInnen jeden Alters, starkes Sonnenlicht fiel durch offene Fenster und von den Bäumen hörten wir Papageien kreischen. Die Yoga-Lehrerin war wie eine Hohepriesterin, die von ihrer Begegnung mit Walen sprach, während wir uns verrenkten.

Jen hatte auch heftige Turbulenzen hinter sich und wusste – so wie ich – noch nicht, wovon ihr *Memoir* nun genau handeln sollte. Wir waren beide verwirrt und doch froh über jede Minute auf dieser tropischen Aussteigerinsel.

So genoss ich es nach dem Ende des Seminars, noch eine Woche lang per Mietauto Maui zu umrunden. Auf der abgelegenen, schwer erreichbaren Dschungelseite, Hana, gönnte ich mir eine traditionelle hawaiianische Massage in einer Jurte auf einer Klippe über dem Strand. Ich wurde in jede Menge warmes Kokosöl getaucht und die großen weichen Hände der Masseurin aus Michigan fühlten sich paradiesisch an. Schließlich sagte sie: „I am bathing your body in a lot of orange-gold light."

Wieder in Wien, wieder im Winter, der sich langsam in einen Frühling wandelte, war mir dauernd Rebeccas Satz im Kopf: „We need more of you in your text about Virginia Woolf. And we need more of Virginia Woolf in your autobiographical story, in your memoir." Und eines Tages, als ich per Rad ins *writers'studio* flitzte, den Donaukanal entlang, sah ich augenblicklich ein Konzept vor mir. Ich blieb stehen, nahm mein Notizbuch aus der Tasche und kritzelte auf eine leere Seite:

„Drei Reisen, drei Fragen:
1. Meine große Virginia-Woolf-Reise. Was konnte ich über Schreiben von Virginia lernen?
2. Eine Familienreise nach Sussex. Schwanger. Mutter werden. Geschichte im Körper und dennoch weiter schreiben?
3. Cornwall. Die Wanderung. Wie eine künstlerische Form und Arbeitsweise finden?"

Ich schaute auf, andere Radfahrer zischten an mir vorbei, die Donau floss langsam, aber beständig. Das war's! Ich würde im Sommer wieder nach Cornwall reisen, eine längere, mehrtägige Wanderung entlang der Küste war noch ausständig. Ich würde mich wieder verbinden mit Virginia und ein *Memoir* über meine Reisen auf ihren Spuren schreiben. Ich hatte eine Form gefunden, nein, sie hatte mich gefunden.

Auch Paul hatte den magischen Küstenwanderweg in Cornwall nie vergessen. Er sagte, „Ja. *Let's go!* Sobald es warm wird. Bereitest du die Wanderung vor?"

Die Vorbereitungen gestalteten sich aufwendig. Ich überlegte, wie weit wir jeden Tag entlang der Küste von Cornwall gehen würden, um dann für jeden Abend in einem der sehr kleinen Ortschaften ein *B&B* zu finden, das noch ein Zimmer frei hatte.

Ich begann wieder, Virginia Woolf zu lesen und fand einen frühen Essay über ihren Besuch im Haus der Autorin Charlotte Brontë, eine ihrer literarischen Ahninnen. „Haworth, November 1904" war sogar Virginias erste Publikation. Virginia hatte also auch die Orte eines großen Vorbilds weiblichen Schreibens besucht und darüber geschrieben. Ich war schon wieder auf ihren Spuren. In ihrem Essay sagt sie, dass literarische Pilgerreisen als sentimentale Aktionen zu verdammen seien, außer …

> „I do not know whether pilgrimages to the
> shrines of famous men ought not to be con‑
> demned as sentimental journeys. It is better to
> read Carlyle in your own study chair
> than to visit the sound-proof room and pore over
> the manuscripts at Chelsea. [...]
> The curiosity is only legitimate when the house of
> a great writer or the country in which it is set adds
> something to our understanding of his books."
>
> Virginia Woolf, Haworth, November 1904 (1904)

So fand ich den Begriff *literary pilgrimage,* der zumindest zum Teil fasste, was für eine Art von Buch ich schreiben wollte. Ich entdeckte andere Bücher und Essays, in denen AutorInnen darstellen, wie ihre Reisen auf den Spuren ihrer literarischen Ahninnen ihr Leben und Schreiben beeinflussten. Es gab also Vorbilder für mein Buchprojekt, es war also möglich! Es gab einen Weg. Und mein Weg, hinein in dieses neue Buchprojekt verlief an der Küste von Cornwall und war zu Fuß zu gehen. Ob das dann mehr ein *Memoir* oder ein *Travel Essay* werden würde oder sonst etwas, wusste ich nicht, es war mir auch egal. Das Problem war, dass sich wenige Wochen vor Beginn der Reise, die im Kern eine sechstägige Wanderung war, eine uralte Knieverletzung wieder meldete und immer schlimmer wurde.

Fahrt nach Cornwall

Als Paul und ich an einem Juninachmittag von unserer Wiener Wohnung zur U-Bahn-Station gingen, um zum Flughafenbus zu fahren, schmerzte jeder Schritt. Ich konzentrierte mich, versuchte nicht zu humpeln, wie es mir die Osteopathin gezeigt hatte, versuchte gut abzurollen, wie es mir Paul zeigte, versuchte meine Walking-Stöcke so einzusetzen, dass sie meine Knie entlasteten, wie es mir die Verkäuferin im Sportgeschäft vorgeführt hatte. Ich hatte Angst, die ganze Zeit. Ich würde die Wanderung nicht schaffen, würde umkehren oder in England ins Krankenhaus müssen. Doch ich setzte Schritt um Schritt, atmete tief, atmete den Schmerz weg. Bei dieser hohen Konzentration auf meinen Körper vergaß ich alles andere. Den Stress der letzten Tage, den Abschied von Beloved, meine

Müdigkeit. Ein Schritt, schön abrollen, fest aufsteigen, die Hüfte bleibt unten, atmen, tief atmen, der nächste Schritt. Es geht. Weitergehen, auch wenn's wehtut. Das hatte mir die Osteopathin geraten. Es sei wichtig, möglichst normal zu gehen, auch wenn es Kraft kostet. Nur ja nicht wie mit Krankenhaus-Krücken ins Humpeln verfallen. Es würde besser werden, hatte die Osteopathin versprochen, mit jedem Schritt. Weiterschreiben, auch wenn's schwerfällt, durch die Zweifel und Hindernisse durchtauchen, das hatte ich schon oft gehört. Auch Virginia hatte darüber geschrieben, über die äußeren Hindernisse und die wiederkehrenden Ängste. Weiterschreiben und weitergehen schien das wichtigste Rezept.

Dennoch, in London auf dem Fußweg von der *Tube* zum Hotel war jeder Schritt eine Qual. Als wir gegen Mitternacht endlich ankamen, waren meine Knie angeschwollen. Wie sollte ich bitte eine Weitwanderung schaffen?

Am nächsten Morgen fuhren wir im Zug Richtung Cornwall durch die saftig grüne hügelige Landschaft mit Schafherden, aßen Sandwiches mit Curry-Mango-Huhn und tranken aus Pappbechern Tee mit Milch. Ich saß und schaute aus dem Fenster, einen halben Tag lang. Paul schrieb. Ich kritzelte nur kurz in das dünne Heft, das ich als Tagebuch für die Wanderung mitgenommen hatte: „Ich bin zu müde für alles." Ich wollte weder schreiben noch lesen. Das Buch, das einzige, das ich in meinen kleinen Wanderrucksack gepackt hatte, musste warten. Es war naturgemäß „To the Lighthouse", Virginias autobiografischer Roman über ihre Kindheitssommer in Cornwall.

Umso weiter wir in den Westen Südenglands kamen, desto leerer wurde das Zugabteil. Wir streiften immer wieder die Küste. Da ging alles auf. Der Blick. Das Herz. Das Blau.

Als wir über die große Mündung von Portsmouth fuhren, über eine lange Brücke quer über die Meeresbucht voller weißer Segelboote, stoppte der Zug. Der Fahrer sagte „We are stopping here briefly, so you can enjoy the view. If you would like to take photographs and open the window, please go into the corridor."

Bald danach stiegen wir in St. Erth aus, an einem winzigen Bahnhof aus Backstein im Stil des vorvorigen Jahrhunderts mit blühenden Rosen, salziger Meeresluft und einer friedlich-freundlich strahlenden Sonne. Wieso hatte ich je daran gezweifelt, dass diese Reise das einzig Richtige war in diesem Moment meines Lebens? Wieso war ich erst jetzt – nach sechs Jahren – wieder hierhergekommen?

Wieso brauchen wir so lange, um das zu tun, was wir uns aus tiefstem Herzen wünschen? Von dem wir mit Sicherheit wissen – intuitiv –, dass es uns guttut? Ich wusste mit eben solcher Sicherheit, dass ich dieses seltsame Buch über meine Reisen auf Virginia Woolfs Spuren schreiben wollte. Ich wollte es einfach, was immer daraus werden würde. Plötzlich erinnerte ich mich an Virginias Essay „Professions for Women", in dem sie über den Beruf der Schriftstellerin schreibt:

„So long as you write what you wish to write, that is all that matters …"

Virginia Woolf, A Room of One's Own (1929)

Ich merkte, dass sich in mir etwas verschob, von der Autorin, die eine Art Lehrbuch über wissenschaftliches Schreiben verfasst hatte, hin zu einer ganz anderen Art von Autorinnenschaft. Das erste Buch war eine Art Gebrauchstext. Ein Ratgeber. Auch wenn manches darin unkonventionell war, war es ein erwünschtes, erwartetes, brauchbares Buch, das seinen LeserInnen geholfen hat und dem *writers'studio* obendrein. Aber das neue Buchprojekt war anders. Niemand, so schien mir, „brauchte" ein Buch über meine Gedanken zu Virginia Woolf, und viele fanden es peinlich, gefährlich, ja anmaßend, Autobiografisches zu schreiben. Das war geradezu ein Stigma! Im deutschsprachigen Raum gilt es als Manko, wenn ein Roman zu deutlich und direkt autobiografische Züge aufweist. Diese werden in Literaturkritiken vorgeführt wie besonders große selbstgefangene Fische. Ha, aufgedeckt! Entblößt! Doch kein *echter* Roman.

Und ich wollte ein offen autobiografisches Buch verfassen? Eine Mischung aus Quasi-*Memoir* und Reisebuch über eine berühmte Autorin, die als schwierig und verstaubt galt? Niemand wollte, brauchte, dieses Buch. Nur ich. *So long as you write what you wish to write.*

Von St. Erth war es nur mehr eine kurze Fahrt mit einer Lokalbahn bis St. Ives. Wir fuhren entlang der Küste, vorbei an der wehenden Dünenlandschaft, an den sehr breiten hellgelb leuchtenden Sandstränden. Plötzlich tauchte in der großen Bucht ganz hinten, ganz weit draußen der durch Virginia berühmt gewordene Leuchtturm auf.

Nun nahm ich endlich „To the Lighthouse" aus der Tasche und las Paul eine meiner liebsten Stellen draus vor.

„For the great plateful of blue waters was before her; the hoary Lighthouse, distant, austere, in the midst; and on the right, as far as the eye could see, fading and falling, in soft low pleats, the green sand dunes with the wild flowing grasses on them, which always seemed to be running away into some moon country."

Virginia Woolf, To the Lighthouse (1927)

St. Ives

Der Zug, eher eine bummelige Schnellbahn entlang des Sandstrands, hielt noch in Carbis Bay, einer hübschen kleinen Feriensiedlung und dann wenige Minuten später waren wir in St. Ives. Es lächelte. Es lachte. Es strahlte. Ein Ort wie aus einem Kinderbuch. Lieblich. Überschaubar. Voller kleiner verwinkelter Gassen und Fischerboote, Segelschiffe, Strandspiele. St. Ives hatte lange schon die Künstler angezogen, vor allem die Maler und Malerinnen. Man sagt, es sei wegen des speziellen Lichts von Cornwall. Sicher auch wegen der milden Temperaturen, die einem auch im Winter erlauben, sich draußen aufzuhalten, die – immer noch – wilde und unverbaute Natur. Virginia schrieb 1921 in ihrem Tagebuch, als sie als Erwachsene – endlich wieder einmal – in die Landschaft ihrer Kindheitssommer zurückkehrte:

„Why am I so incredibly & incurably romantic about Cornwall? One's past, I suppose: I see children running in the garden. A spring day. **Life so new. People so enchanting.** The sound of the sea at night. [...] almost forty years of life, all built on that, permeated by that: how much I could never explain."

Virginia Woolf, Diary (1921)

Das Leben so neu. Die Menschen so bezaubernd. Ja! Verzaubert waren wir, sobald wir aus dem Zug ausstiegen. Unmittelbar neben dem Bahnsteig lag einer der Badestrände von St. Ives, hunderte Menschen in Bikinis und Badehosen, bunte Badetücher, Badezelte, Windschutzsegel. Vom Bahnsteig aus sahen wir durch die Tröge voller Blumen, wie sich die Kleinstadt die Hügel hinauf an die hügelige Bucht schmiegte, mit ihren kleinen alten Fischerhäuschen. Ich hegte nostalgische Sommergefühle, als wäre auch ich als Kind hier gewesen.

„[…] in retrospect nothing that we had as children made as much difference, was quite so important to us, as our summer in Cornwall. The country was intensified, after months in London to go away to Cornwall; to have our own house; our own garden; to have the Bay; the sea; the moors; Clodgy; Halestown Bog; Carbis Bay; Lelant; Trevail; Zennor; the Gurnard's Head; to hear the waves breaking that first night behind the yellow blind; to dig in the sand; to go sailing in a fishing boat; […] I could fill pages remember one thing after another: All together made the summer at St. Ives the best beginning to life conceivable."

Virginia Woolf, A Sketch of the Past (1939)

Ich schnallte mir die Handgurte meiner Walking-Stöcke an, diese coolen Krücken, ohne die ich keinen Schritt gehen konnte, und wir marschierten durch den Ort. Unser *Bed&Breakfast* lag auf der Hafenpromenade, das Fenster voller Meer, Möwengeschrei im Bett. Doch schnell raus, wir wollten die Stadt genießen, wiederentdecken, begrüßen, bevor wir am nächsten Tag bald in der Früh unsere Wanderung starten wollten. Jetzt wollte ich gehen. Meine Knie waren geschwollen, obwohl ich den Tag sitzend im Zug verbracht hatte, ich bemühte mich nicht zu humpeln, und im Nu waren wir auf einem der Hügeln und standen vor der Tate Gallery St. Ives, in die wir bei unserem letzten Besuch nicht hineingegangen waren. Es wurde gerade aktuelle Konzeptkunst gezeigt; wir wateten durch ein Meer von weißen Luftballons. Paul war fasziniert von der feinen Architektur des weißen, bauhausartigen Museumsgebäudes, durchströmt von Licht. Ein modernes und dennoch detailverliebtes Haus der Kunst, direkt am Meer.

Am nächsten Tag in der Früh, als wir endlich die lang ersehnte Wanderung starteten, nieselte es. Wir sammelten in den Geschäften von St. Ives ein paar Lebensmittel ein, Äpfel, Sandwiches, ein Steak Pie, ein paar Scones. Als wir auf die Straße herauskamen, strömte es vom Himmel.

„Gehen wir erst einmal auf eine Tasse Tee und dann schauen wir weiter", sagte Paul.

Vom ersten Stock eines Lokals auf der Hafenpromenade blickten wir auf den grauen Himmel, nicht mal der Leuchtturm war zu sehen. Ich dachte: Auch das noch! Jetzt bin ich hier auf dieser langersehnten Wanderung mit wehem Knie und dann schüttet es. Vielleicht soll es einfach nicht sein? Ich sagte: „Vielleicht müssen wir umdisponieren?"

Paul zog eine Augenbraue hoch. Das sollte wohl heißen: Es gibt kein schlechtes Wetter, nur inadäquate Kleidung. Ja, aber hatten wir denn Kleidung, die einem ganzen Tag Regen standhalten würde?

„Wir könnten", schlug ich vor, „alles um einen Tag nach hinten verschieben …?"

Noch bevor er antworten konnte, rief ich: „Nein, das geht nicht! Ich habe doch jede einzelne Nächtigung in einem anderen Ort auf unserem Weg schon vor Monaten für die nächsten fünf Nächte fix gebucht und bezahlt."

Wir konnten auch keinesfalls die erste Teilstrecke, von St. Ives nach Zennor, überspringen, mit dem Bus fahren. Sie zählte zu den schönsten Abschnitten des South West Coast Path, und genau sie war die legendäre Virginia-Woolf-Strecke! Also stimmte ich Paul zu: Wir gehen jetzt einfach mal los. So stapften wir den Hügel von St. Ives hinauf durch den Regen, der immer stärker statt schwächer wurde.

Als wir am Rand der Kleinstadt, hoch oben auf dem Hügel ankamen, schmerzte mein Knie höllisch und ich dachte verzweifelt: „Kann bitte jetzt wieder einmal irgendetwas funktionieren?" Ich schlug vor, uns kurz im Vorbau der Tate Gallery St. Ives unterzustellen. In diesem modernen Atrium saß gerade eine Schulklasse, etwa zwanzig Kinder in englischen Schuluniformen. Jedes Kind hatte einen Zeichenblock auf dem Schoß und zeichnete. Offensichtlich gerade aus der Ausstellung gekommen, blickten sie hinauf auf die große halbrund geschwungene Glaswand der Galerie, die vom Boden bis zur Decke mit tausenden weißen Luftballons gefüllt war. Sie zeichneten einen Raum voller Luftballons. Ich liebte es, Kindern beim Zeichnen zuzusehen, so wie ich als Kind nichts so sehr geliebt hatte als zu zeichnen, mich künstlerisch zu betätigen. Künstlerisch? Was war Kunst? Wer durfte Kunst machen? Wer bestimmte, was gut genug war? Professionell genug? Auch ich spürte in mir eine geradezu zynische Ablehnung gegenüber *selbsternannten Künstlern,* v.a. weiblichen Künstlerinnen, zugegebenermaßen. Seidenmalereikursbesucherinnen. Hinterglasmalerei. Aber warum nicht? Diese Ängste, nicht richtige, echte, wahre *Kunst* zu machen, peinlich zu sein oder nicht das zu schreiben, was andere gut finden würden, halten uns unser ganzes Leben in Schach. Niemand hatte mich nach einem *Memoir* gefragt, im Gegenteil, ich spürte nichts als kulturelle und familiäre Ablehnung. Na und?

Im Herbst würde ich einen Lehrgang zu Zeichen- und Maltechniken in einem kleinen Illustrationsinstitut starten, einfach so. Niemand würde warten auf die Bilder, die ich dann machen würde. *So what?* Ich würde endlich-endlich wieder zeichnen, malen und neue Techniken lernen. So wie ich als Erwachsene begierig und fasziniert in amerikanischen Schreibkursen viel Handwerkswissen aufgesaugt hatte. Ich schaute auf die Luftballons, diese coole und witzige Konzept-Kunst in der Tate Galerie St. Ives. Welche Art von Kunst ich im Lehrgang oder später schaffen würde, war unklar, aber ich wusste, dass ich genau das wollte: malen und schreiben. Kunst lag, dachte ich mir, darin, das zu kreieren, was du eben willst, musst, kannst. Egal was andere sagen. Und nicht darauf zu warten, dass andere es erlauben.

„So long as you write
what you wish to write,
that is all that matters;
and whether it matters
for ages or only hours,
nobody can say.

> But to sacrifice a hair
> of the head of your vision,
> a shade of its colour,
> in defence to some headmaster
> with a silver pot in his hand or
> to some professor with
> a measuring-rod up his sleeve,
> is the most abject treachery."
>
> Virginia Woolf, A Room of One's Own (1929)

Ich hörte das Meer hinter dem Nebel und sagte: „Let's go!" Und dann deutete ich auf einen großen hölzernen Pfeil mit der Aufschrift Coast Path. Coast Path, hello! Zuerst mussten wir einen Zaun überwinden, eine simple Treppe aus Brettern führte uns hinüber zur Schafweide. *Here we go.* Die Wiese duftete im Regen und die Wolken über dem Meer bildeten dramatische Formen und Farben. Vögel zwitscherten, das Meer wetteiferte mit dem Regen um Wassergeräusche und ich fühlte mich plötzlich leicht wie ein Luftballon: Ich will hier gehen, komme was wolle. Der Beginn der Strecke ging über sanfte Hänge, saftige Wiesen und wurde zunehmend rauer, steiniger, kahler und plötzlich stoppte der Regen, die Wolken gaben die Sonne frei, die Blumen leuchteten in gelb und violett. Dotterblumen und Hahnenfuß in englischer Variante und Heidekraut struppig, stachelig, wild, violett blitzend. „Heather, heather, heather", murmelte ich vor mich hin. *Heather* hatte auf meiner Englischvokabelliste in der ersten Klasse Gymnasium gestanden und eine Freundin hatte sich darüber aufgeregt, welch sinnlose Wörter wir hier lernen. „Ich werde das Wort *heather* nie gebrauchen", hatte sie frech gesagt. „Heather", sagte ich sanft, als ich meine Wanderstöcke ins Gestrüpp bohrte. *Heather,* so lautet auch ein Frauenname, *Heather* war der Inbegriff von England für mich, und von Schottland, wo ich als Jugendliche ein Jahr verbracht hatte. Der Weg ging nun steil hinab Richtung Küste, es wurde erwartet, dass man von Felsen zu Felsen springt. Springen? Es war nicht daran zu denken. Ich setzte mich auf den noch feuchten Felsen, versuchte langsam hinunterzurutschen, die Stöcke waren mir im Weg. Paul nahm sie mir ab, hielt mich an der Hand. Da fiel mir ein, was im Wanderführer stand. Dieser Abschnitt ist nicht nur einer der schönsten, sondern auch einer der anstrengendsten des Küstenwanderweges. Eine Gruppe von Wanderern überholte uns. „Früher", sagte ich zu Paul: „wäre ich hier wie eine Gämse gesprungen." „Das wirst du auch wieder tun", sagte er.

Eine ältere Frau überholte uns. Sie hatte eine kurze Hose an, obwohl sie auch bei Schlechtwetter losgegangen sein musste. „Hello!", sagte sie freundlich, „It's clearing up now, isn't it?", und deutete auf den Himmel. Flugs war sie an uns vorbei über den nächsten Hügel und entschwand meinen Augen. Ja, ich werde auch wieder so gehen, schnell gehen, springen, dachte ich. Irgendwann. Doch jetzt gehe ich eben langsam. Stein um Stein, Stufe für Stufe, Kurve um Kurve entlang dieses Küstenwanderwegs. Ich betrachte Meter um Meter Heidekraut, lasse meinen Blick über Felder und hohe Farne gleiten und mich – gerne – von aller Welt überholen. Zu schnell war ich schon oft in meinem Leben, jetzt bin *ich* mal die Schnecke! Virginia war oft weite Strecken gegangen, um ihren Geist zu beruhigen.

Ich wusste, ich musste geduldiger werden, mit mir, mit meinem Schreiben. Und so wie mein Knie mich dazu brachte, diesen Wanderweg im Schneckentempo zu gehen, so hatten mich sowohl meine Mutterschaft als auch Turbulenzen in meiner Herkunftsfamilie verlangsamt, ja gebremst. Da fiel mir Peter Elbow ein, dessen Urtexte über *Freewriting* mich nicht losließen. Auch und gerade der Widerstand, der beim Schreiben manchmal auftaucht, sei wichtig. Selbst beim *Freewriting* gibt es eine innere Kraft, die dich stoppen will. Es ist wie bei einem Stierkampf oder einem Schlangentanz. Brich der Schlange nicht das Genick, tanze mit ihr! Der Tanz mit den Widerständen gibt deinem Text Energie. *Freewriting* heißt weiterschreiben. Trotz alledem.

Wir erklommen – langsam – einen steilen Hang, auf dem oben riesige Granitfelsen thronten, wie Monsterstatuen, die sich gegen den Wind, gegen den Hang stellten. Wir setzten uns in den Windschatten so eines Dinosauriers, um zu essen. Die Steak Pies waren noch warm. Es fröstelte mich, weil ich verschwitzt war. So zog ich meine Fleecejacke und meine neue Allwetterjacke wieder an, setzte die Kapuze auf und genoss jeden Bissen in dieser wilden Naturszenerie. In der Ferne sahen wir die weit ins Meer hinausragende Landzunge Gurnard's Head. Bis dorthin würden wir heute gehen und es sah gar nicht so weit weg aus. Doch der Weg war, wie prophezeit, anstrengend, eine schmale Bucht reihte sich an die andere. Wir folgten tiefen Einschnitte ins Landesinnere hinein, es ging steil bergab und bergauf und immer wieder sahen wir die weit hinausragende Landzunge Gurnard's Head, die in der Luftlinie so nah wirkte.

Virginia war diese Strecke oft gegangen, schon als Kind mit ihrem Vater, dem großen viktorianischen Spaziergänger. War sie alleine mit dem Vater unterwegs gewesen? Manchmal wohl ja. Virginia beklagte später, dass ihre Mutter oft eines der Kinder dem Vater mitgab, wenn er launisch war.

> „Every afternoon we ‚went for a walk'.
> Later these walks became a penance.
> Father must have one of us to go with him,
> Mother insisted. Too much obsessed with his
> health, with his pleasures, she was too willing,
> as I think now, to sacrifice us to him."
>
> Virginia Woolf, A Sketch of the Past (1940)

Die Kinder hatten quasi die Aufgabe, ihn zu beruhigen auf seinen Spaziergängen. Womöglich murmelte, schimpfte und philosophierte er vor sich hin anstatt sich mit dem Kind zu unterhalten. Doch gerade auch von dieser Art des gehenden Denkens, des intellektuellen Langestreckenspazierganges, hatte Virginia viel gelernt, viel übernommen. Nicht zuletzt sich zu trauen, lange Strecken, oft, regelmäßig, ja täglich alleine zu gehen. Gehen und denken. Gehen und schauen. Gehen und schwitzen.

Ich blieb während des Gehens immer wieder stehen, um mir Notizen zu machen. Über die Landschaft, über die Farben, die Blumen und die Strecke. Ich notierte konkrete, sinnliche Details der Wanderstrecke für mein Buchprojekt. Das gefiel mir noch besser als stehen zu bleiben, um zu fotografieren. Fotografieren läßt einen auch stehen bleiben, innehalten, genau hinschauen. Überlegen, in welchem Ausschnitt welche Bildkomponenten, in welcher Nähe oder Ferne, am besten darzustellen wäre. Die Fotos selbst sind später oft gar nicht so interessant, gar nicht so wichtig wie der Prozess des In-die-Kamera-Schauens. Ein kleines Notizbuch, so klein, dass es in die Schenkeltasche meiner Wanderhose passte, und ein Kugelschreiber waren meine Kamera auf dieser Reise. Ich wollte ja keine Fotoreportage machen, sondern ein Buch schreiben.

Bei einer kurzen Rast lasen wir uns wieder wie am vorigen Abend im *B&B* abwechselnd Passagen aus „To the Lighthouse" vor. Meine zweite Lektüre dieses Romans von Virginia nach so vielen Jahren überraschte mich: Es war nicht nur die Geschichte einer viktorianischen Großfamilie in ihrem Sommerhaus, einer Familie wie Virginias eigene, mit einem Vater, der ein Gelehrter und etwas seltsamer Kauz ist, und einer wunderschönen Übermutter, die sich immerzu um alle kümmert, und mit vielen Kindern und Hausgästen. Ich sagte zu Paul:

„Die wichtigste Nebenfigur ist Lily Briscoe, eine Frau, die malt und um ihre künstlerische Identität kämpft."

„Gehört sie zur Familie?"

„Naja, sie ist ein Gast. Sie gehört nicht wirklich dazu, zu niemandem. Sie ist eine Art Beobachterin. Sie ist … ja … irgendwie Virginia selbst, die – als Erwachsene – versucht, diese Familie künstlerisch einzufangen … mit Worten zu malen."

„Oder Virginias Schwester Vanessa Bell, die Malerin in der Familie?"

„Ich würde sagen, sie ist weder Virginia noch Vanessa, sondern die Künstlerin *per se*."

„Lies mal was vor."

Ich suchte die erste Stelle, in der Lily Briscoe vorkommt und erklärte zuvor den Kontext der Szene: „Also, Mr. und Mrs. Ramsay, die Eltern, befinden sich im Garten vor dem Sommerhaus auf einem Hang über dem Meer, die Kinder sind irgendwo unterwegs. Der Vater geht auf und ab, vor sich hin murmelnd – wie es Virginias Vater immer getan hatte – und auf einmal ruft er viel zu laut etwas aus. Seiner Frau, Mrs. Ramsay ist das peinlich, sie dreht sich um und schaut, ob irgendwer sonst es gehört hat. Doch dann sieht sie zu ihrer Erleichterung: Da ist nur Lily Brisco, die Malerin, mit ihrer Staffelei:

> „Only Lily Briscoe, she was glad to find; and that did not matter. But the sight of the girl standing on the edge of the lawn painting reminded her; she was supposed to be keeping her head as much in the same position as possible for Lily's picture –"
>
> Virginia Woolf, To the Lighthouse (1927)

Mrs. Ramsay glaubt nämlich, dass sie von Lily porträtiert wird. Doch dann besinnt sie sich, warum sollte sie sich darüber sorgen?

> „- Lily's picture! Mrs. Ramsay smiled. With her little Chinese eyes and her puckered-up face, she would never marry"
>
> Virginia Woolf, To the Lighthouse (1927)

Das ist nämlich das Hauptinteresse von Mrs. Ramsay, der Mutter, im ganzen Buch, dass alle, ihre Kinder und ihre Gäste gut verheiratet werden. Aber jetzt kommt's:

> „– one could not take her painting very seriously."
>
> Virginia Woolf, To the Lighthouse (1927)

Ich hörte auf zu lesen und sage: „Autsch!"
„Tja, so ist es leider oft, wenn Kinder beginnen etwas zu tun, zu malen oder anderes."
„Aber sie ist kein Kind! Auch kein *girl*, wie Mrs. Ramsay sie nennt. Sie ist eine etwa 40-jährige Frau. Unverheiratet, Gott bewahre! Und Malerin. Noch schlimmer: Sie ist ein bisschen verliebt in Mrs. Ramsay. In jedem Fall ein Skandal, ein *total alien* in diesem Setting."
Wir gingen weiter. Ich dachte über diesen famosen Roman nach. Es ging darin, so schien mir jetzt, darum, die Unsicherheit der werdenden Künstlerin darzustellen. Wie hinter ihrem Rücken über sie geredet wird, was die Familie oder die bürgerliche Gesellschaft über sie denkt, wie sie ohnehin gar nicht ernst genommen wird.
Dabei ist vielleicht das Wichtigste, das eine angehende, werdende Künstlerin in all ihrer Unsicherheit und Unerfahrenheit braucht, Ermutigung. In ihrem Wachsen und Werden wohlwollend wahrgenommen zu werden, ohne viel Kommentar. Ich dachte an meine Seminarkollegin auf Hawaii, die ältere Dame Meredith, die während einer Feedbackrunde zu Jen aus New York gesagt hatte: „I see you!" Sie sagte es langsam und deutlich: „Jen, … I … see … you …", das hieß: „Ich seh dich, ich spür dich hier in deinem Text, ich kann wahrnehmen, was du vorhast, ich beobachte dich und bin bei dir. Also mach jetzt weiter." So etwas

hätte Lily Briscoe gebraucht. So eine Haltung anderer bräuchten wir alle. Und nicht die wortlose Frage, die in Europa oft den Leuten ins Gesicht geschrieben steht, wenn eine sagt, dass sie malt oder schreibt. „Du? Duuuu? Wieso glaubst du, dass du, ausgerechnet du das kannst?" *One could not take her painting very seriously.*

Und, Virginia, wer hat zu ihr gesagt: „Ich sehe dich, mach weiter"?

Im Roman steht Lily Briscoe eines Tages im Garten vor ihrer Staffelei und hört wie Mr. Tansley, ein anderer Gast des Hauses, ein älterer Herr, hinter ihr flüstert: „Women can't paint, women can't write."

Bum. Das saß. Das ganze Buch hindurch und das halbe Leben von Lily Brisco hallen diese Worte in ihrem Kopf wider.

> „He was really, Lily Briscoe thought, in spite of his eyes, but then look at his nose, look at his hands, the most uncharming human being she had ever met. Then why did she mind what he said? Women can't write, women can't paint — what did that matter coming from him, since clearly it was not true to him but for some reason helpful to him, and that was why he said it?"
>
> Virginia Woolf, To the Lighthouse (1927)

Und auch Mr. Ramsay, der wie Virginias Vater ein viktorianischer Partriarch ist, denkt, Lily sei – wie alle Frauen – zu keinem klarem Gedanken fähig, geschweige denn zu einem Bild oder einem Buch.

> Mr. Ramsay: „he walked up and down between the urns on the terrace; [...] He thought, women are always like that; the vagueness of their minds is hopeless; it was a thing he had never been able to understand; but so it was. It had been so with

her — his wife. They could not keep anything clearly fixed in their minds."

Virginia Woolf, To the Lighthouse (1927)

Paul und ich gingen schweigend hintereinander her. Jeder in den eigenen Gedankenwelten. Ich dachte dankbar an meine Eltern, die mich in ihrem 1968er-Erziehungsstil nicht nur ermuntert hatten, die traditionelle Mädchenrolle hinter mir zu lassen und alles zu spielen und zu sein. Sondern auch meine Mal-Manie als Kind gefördert, bestaunt und willkommen geheißen hatten. Es war die Schule gewesen, die mich gestoppt hatte. Der Duft des nassen Heidekrauts hing mir in der Nase. *Heather, heather, heather.* Schottland fiel mir ein und Mr. Boyd, mein *art teacher* in der heruntergekommenen, öffentlichen *Highschool,* in die ich ein Jahr lang gegangen war. Ich war sechzehn und endlich tauchte ein Lehrer auf, der meinen Hunger nach Kunst stillte. Wir waren zu dritt in der *art class,* weil die meisten ja ihren *Highschool*-Abschluss in wichtigeren Fächern machen wollten. Mr. Boyd hatte im Dachgeschoss der Schule ein Reich geschaffen. In einem Loft mit breiter Fensterfront mit Blick auf die nebelgraue Weite einer Industriezone standen kreuz und quer große weiße Tische. Entlang des Fensterbretts waren Töpfe mit Farben, Pinseln, Scheren und Stößen unterschiedlichen Papiers gereiht. Es gab eine Kammer mit Objekten für Naturstudien, Muscheln, Tiertotenköpfen, Spielzeug. Eine Dunkelkammer für Fotoentwicklung, Materialien für Siebdruck und jede Menge Bildbände, die uns Mr. Boyd zur Inspiration zeigte. *What a paradise.* Ich zeichnete, ich malte, ich druckte, ich fotografierte und entwickelte. Und wer hätte gedacht, dass mich später ein kopflastiges Studium und meine Arbeit in Buchverlagen so weit weg von dieser Leidenschaft, diesem Drang, dieser Erfahrung bringen würden? Mr. Boyd sicher nicht. *Heather, heather, heather,* da bist du wieder. Es ging steil bergauf und entlang schmaler Pfade über Wiesen mit winzigen windtauglichen Blümchen in violett und dottergelb. Es war einfach fantastisch schön hier. Diese Weite. Ich verstand, dass Virginia immer wieder hierhergekommen war. Sich hier immer wieder zurückgezogen hatte, ihr ganzes Leben lang. Rückzug in diese Schönheit der Natur und das viele weite Gehen, das war ihr Weg, Kunst zu machen, die so – auf diese neue, radikale und hartnäckige Art – niemand erwartet oder einer Frau zugetraut hätte. Wir blieben kurz auf einer Klippe stehen, ich hatte über 180 Grad Sehwinkel offenen Atlantik vor mir und starken Wind im Haar, da fragte ich mich: Wozu wäre ich fähig in dieser Ruhe, in dieser Weite? Inmitten dieser Natur?

Zu Paul sagte ich: „Ich verstehe nur allzu gut den Impetus vieler KünstlerInnen und SchriftstellerInnen, sich in so eine beseelte Landschaft der Ewigkeit zurückzuziehen."

Er war ohnehin der Erste, der verstand, dass England und erst recht dieser Landstrich einem guttun könnte. Ich liebte England und ich liebte Paul. Aber was meine Beziehung zum Schreiben und Malen betraf, war Amerika für mich wichtiger und tiefschürfender gewesen. Als ich dreißig war und alleine in New York gelebt hatte, hatte ich mit Julia Camerons Buch begonnen, hunderte Seiten über meine verschüttete Kreativität zu schreiben. Und dann war ich eines Tages in einer Mittagspause in Manhattan spontan in ein Schreibwarengeschäft gegangen und hatte mir Wasserfarben, Pinsel, Ölkreiden und einen dicken Zeichenblock gekauft. Ich hatte zehn Jahre lang nicht gemalt. Es war mir fremd geworden.

Zennor

Es war schon später Nachmittag und wir hatten noch einige Stunden Gehweg vor uns. Ich konnte nicht mehr, doch ich ging einfach weiter und weiter. Irgendwann würden wir in Zennor einlangen, irgendwann unser *Bed & Breakfast* finden. Wir hatten am Vortag gesehen, dass es hier zur Zeit der Sommersonnenwende erst nach 22 Uhr langsam dunkel wurde. Wir hatten noch ein paar Kleinigkeiten zu essen und ausreichend Wasser. Das Wetter war prächtig. Keine Spur von Regen mehr. Ich wurde immer langsamer, immer mehr Leute überholten uns, doch es machte mir nichts aus. Mein Knie schmerzte hin und wieder, doch auch daran hatte ich mich gewöhnt. Ich wusste nun, dass ich den ganzen geplanten Weg würde gehen können. Gehen würde. Und das war ein Triumph.

Dann endlich kam eine Abzweigung ins Landesinnere Richtung Zennor. Das kleine Granitdorf, früher von Bergwerksarbeitern der nahen Zinnmine bewohnt, lag einen Kilometer weit im Landesinneren. Der Weg ins Dorf war gesäumt von kopfhohen Steinmauern, dicht bewachsen, er wand sich, er baute Spannung auf und gab lange nichts preis vom Dorf, in das er führte. Virginia liebte Zennor, sie mietete sich als Erwachsene hier einige Male ein.

„I am not sure though that the beauty of the country isn't its granite hills, and walls, and houses and not its sea. What do you say? Of course it's very pleasant to come upon the sea spread out at the bottom, blue with purple stains on it, and here a sailing ship, there a red steamer. But last night walking through Zennor the granite was – amazing, is the only thing to say I suppose, half transparent, with the green hill behind it, and the granite road curving up and up."

Virginia Woolf, letter to Saxon Sydney Turner (1921)

Zennor war auch ein Rückzugsort für diverse andere Künstler gewesen, zum Beispiel D. H. Lawrence. Wir sahen nun endlich eine graue Steinkirche in der Ferne.

Wie lange kann ein Kilometer sein? Wie langsam kann frau wandern? Der Weg hinein in das Dorf schien endlos. Da! Die Rückseite eines granitgrauen Hauses! Das Pub? Nein, noch nicht. Über dem Feld sahen wir eine alte Schule mit einem großen Transparent behangen, jetzt ein Hostel und Café. Nein, wir wollen in das legendäre Pub Tinners Arms, das uns damals vor sechs Jahren, als wir diesen Weg von St. Ives nach Zennor gegangen waren, so freundlich aufgenommen und genährt hatte. Ich hatte nach all diesen Jahren noch den dunklen, geheimnisvollen und gemütlichen Innenraum klar vor Augen. Noch ein Schritt und noch einer und dann stolperte ich in den Gastraum hinein und landete auf einer schwarzen hölzernen Bank und dachte, ich werde nie wieder aufstehen. Das war's, dachte ich, hier bleibe ich, in Zennor. Das musste Virginia sich auch gedacht haben. Immerhin hätte sie sich einmal fast ein Haus hier gepachtet, gemeinsam mit Leonard. Aber kurz vor der Unterzeichnung des Pachtvertrags für Lower Thegerthen bei Zennor, fanden sie das Monks Haus in Sussex, ein Landhaus, das so viel näher zu London lag. Dennoch, sie kam immer wieder hierher, in dieses verstecke Granitdorf mit den schützenden Mauern und der imposanten Gurnard's-Head-Klippe, die ihre Nase in den Atlantik hinausstreckt.

Doch wir konnten nicht im Pub bleiben, wir mussten abermals aufstehen, die müden Füße nochmals in die schweren Wanderschuhe pressen. Unser *Bed & Breakfast* lag laut E-Mail der Inhaberin etwa eine Meile vom Dorf Zennor entfernt. Jeder Schritt war jetzt mühsam, es war Abend, doch die Sonne stand hell und hoch am Himmel, als wäre es Nachmittag. Wiesen und Felder, vereinzelte Häuser, in einem davon hatte Virginia sich einmal einquartiert, in der Berrymen's Farm near Gurnard's Head, im Jahr 1910. Diese Vorstellung half. Ich versuchte mir vorzustellen, welches der weitverstreuten, vereinzelten bäuerlichen Häuschen wohl Virginias *Bed & Breakfast* gewesen war. Dann endlich kam Boswednak, eine winzige Siedlung. Wir fanden den Eingang zuerst nicht. Dann klopfte ich an der Tür und plumpste fast hinein, als sie endlich aufging: „Hi! We have booked a room for tonight", sagte ich. Der Herr, ein bäuerlich wirkender älterer Mann, sagte unvermittelt „No, you have not." Wie? Das konnte doch nicht sein? War mit der Buchung etwas schiefgegangen? Bevor ich nachfragen, argumentieren, um ein Zimmer kämpfen konnte, lächelte er und zeigte mit dem Finger auf die Farm neben seiner und sagte: „The Bed & Breakfast is over there. This is *Boswednak House.* You want *Boswednak Manor.*" Wir lachten und wurden bald sehr herzlich von einer Frau mit langem silbergrauem Haar empfangen. Das simple Wohnhaus, umgeben von Ställen und kleinen Cottages, war innen ein Post-Hippie-Reich. Voller bemalter Wände und Korbsessel. Die Hausherrin hatte fröhlich funkelnde Augen, ich mochte sie sofort. Eine ganze Geschichte zu ihrem Leben formte sich in meinem Kopf mit vielen offenen Fragen. Ich erinnerte mich an die Beschreibung auf der Website: Eine Biofarm, vegetarisches Frühstück, Ökostrom. Wie lang sie hier schon wohnte? Und mit wem? Hatte sie Kinder? Wo sie wohl davor gewohnt hatte? In London? Welche Ausbildung, welchen Beruf hatte sie hinter sich, bevor sie hier dieses Biobauernhof-*Bed & Breakfast* eröffnete? Wir duschten uns. Das Ökostrom-Warmwasser war spärlich und der Raum eher kühl. Das hohe alte Fenster ließ uns über den verwilderten Garten mit Ententeich schauen, über Felder und Wiesen bis zum Meer. Gurnard's Head, Virginias geliebte Landzunge schien einen Steinwurf entfernt. Ich schloss die Vorhänge, es war immer noch nicht dunkel, und schlüpfte zu Paul ins Bett. Ich war den ganzen Weg gegangen. *Hurray!* Ich war in Zennor, alles war gut. *Hurray!* Alles war gut.

> „We are between Gurnards Head and Zennor: I see the nose of the Gurnard from my window."
>
> Virginia Woolf, letter to Saxon Sydney-Turner (1921)

Mir war zuvor nicht bewusst gewesen, wie weit nördlich Englands Südwesten lag. Um vier Uhr früh drang schon Tageslicht durch die dünnen Vorhänge. Ich döste nur mehr vor mich hin. Gegen sechs Uhr stand ich endlich auf und machte mir mit dem Wasserkessel, der in jedem englischen B&B-Zimmer zu finden ist, Tee. Ich setzte mich an das hohe Fenster mit Blick auf die Küste. Während Paul sich pfeifend duschte, nahm ich den Roman „To the Lighthouse" zur Hand, da war eine Stelle, die mir gestern entgegengesprungen war, die ich noch einmal lesen, ja abschreiben wollte. Hier war sie. Lily, die junge Malerin, steht wieder mit ihrer Staffelei auf Rasen vor dem Sommerhaus der Familie Ramsay, schaut hinunter in die Bucht, hinüber zum Leuchtturm. Sie will eine adäquate, moderne Form finden, um diese Bucht zu malen. Doch gerade als sie den Pinsel ansetzen will, kommen die Dämonen …

> „She could see it all so clearly, so commandingly, when she looked: it was when she took her brush in hand that the whole thing changed. It was in that moments flight between the picture and her canvas that the demons set on her who often brought her to the verge of tears and made **this passage from conception to work as dreadful as any down a dark passage for a child.** Such she often felt herself – struggling against terrific odds to maintain her courage"
>
> (Virginia Woolf, To the Lighthouse (1927))

Wort für Wort schrieb ich diese Stelle in mein Tagebuch. Lily schaut also hinunter auf die Bucht von St. Ives, wahrscheinlich hinüber zum Leuchtturm. Sie schaut und schaut und langsam entsteht vor ihrem inneren Auge eine Ahnung, wie sie dieses Setting auf ihrem Bild darstellen will. Sie hat eine Vision ihres Werks. Doch in dem Moment, in dem sie den Pinsel in die Hand nimmt, tauchen innere Dämonen auf, innere Kritiker, innere Zweifler: „Du schaffst das nie! Was soll das werden? Wie soll das gehen? Du machst dich lächerlich. Was werden die anderen denken." Und so weiter. *The passage from conception to work* – ich fand es genial, dass Viriginia diesen Weg, diese Passage zwischen Idee und Umsetzung als dunklen Gang oder Korridor beschrieb, durch den man wie ein Kind gehen muss. *The passage from conception to work* – *work?* Hier stand nicht der Weg von der Idee zur Kunst, nein von der Idee zum Werk. *Work,* das heißt aber nicht nur Werk, Werkstück, Kunstwerk, es beinhaltet auch das Wort *Arbeit.* Kunst ist kein spontaner Geniestreich, sie ist Arbeit. Ein Schaffen mit Ausdauer und Gleichförmigkeit. *Trial and error.* Sich selbst ernst nehmend als wäre es eine Erwerbsarbeit. *Work,* ein Prozess mit Arbeitsschritten und Techniken, der Zeit braucht. Und Erfahrung. Mir fiel das Modell des Schreibprozesses ein, das als Grundlage aller Seminare im *writers'studio* fungierte. Idee – Konzept – Rohfassung – Feedback und Überarbeitung – Korrektur. Doch bei aller Pragmatik, Ernsthaftigkeit und Ausdauer dieser Arbeitsprozesse: *She often felt herself – struggeling against terrific odds to maintain her courage.*

So schrieb ich schließlich in mein Tagebuch unter das Zitat aus „To the Lighthouse":

„Mut ist keine Charaktereigenschaft, die frau hat oder nicht. Mut ist ein Weg. Manchmal geht es steil bergauf, manchmal überrollt einen der eigene Mut fast auf dem Weg hinunter. Den Mut zu finden, genau das zu schreiben, was wir denken, ist oft verdammt schwer, auch wenn wir nicht genau wissen, was uns zurückhält."

Darunter schrieb ich noch eine Passage aus Virginias Roman:

[Lily] „felt herself – struggeling [...] to say: ‚But this is what I see; this is what I see', and so clasp some **miserable remnant of her vision** to her breast, which a **thousand forces** did their best to pluck from her. And it was then too, in that ill and windy way, as she began to paint, that there forced themselves upon her other things, **her own inadequacy, her insignificance**"

Virginia Woolf, To the Lighthouse (1927)

Ich dachte an mein neues Buchprojekt, ja ich hatte ein inneres Bild, eine Vision, ein vages Konzept davon. Und doch gab es, wie bei Lily, tausend Kräfte, die den Wunsch, dieses Buch zu schreiben unterwanderten, mir die Vorstellung entreißen wollten, ich könne, dürfe und würde es tatsächlich tun. Ich schaute noch mal auf das Zitat: *There forced themselves upon her other things, her own inadequacy, her insignificance.* Ach, ich kannte das so gut, von all den Menschen, die ich beim Schreiben begleitete, wie von mir selbst. Das Gefühl „inadequat" zu sein, nicht gut genug, nicht wichtig genug, um sich öffentlich zu äußern. Ich war froh, wieder einmal, zu lesen, dass selbst die große Virginia, die so viel publiziert hatte und als Star der klassisch modernen Literatur und der feministischen Theorie in die Weltgeschichte eingegangen war, auch solche Zweifel hegte. Ich konnte also weitermachen. Weitergehen, trotz all dieser inneren Krücken und Dämonen.

Nach einem herrlichen *English Breakfast* in der biologisch-vegetarischen Variante, mit *tofu sausage*, marschierten wir weiter. Die Sonne schien, der Himmel war weit und das Meer so nah.

„We step out into the June sunshine, past mounds of newly sprung gorse, bright yellow and smelling of nuts, over a grey stone wall, so along a cart track scattered with granite to a cliff, beneath which is the sea, of the consistency of innumerable plovers eggs where they turn grey green semi transparent."

Virginia Woolf, Letter to Saxon Sydney-Turner (1921)

Wir gingen quer durch eine kniehohe, bunt blühende Wiese, Richtung Küste, Richtung South West Coast Path. Virginias Liebe zu diesem Ort war mir so nah. Ich wollte auch so einen Rückzugsort am Meer. Fiebrig überlegte ich, wann ich wieder hierherkommen könnte, für längere

Zeit zum Schreiben. Ich fragte mich, ob mir Wien fehlen würde, die vielen Leute, das wichtige Getue, die Struktur? Ich brauchte doch die Inputs, die Anregungen und das Feedback von außen. Die *structures & settings* für das Schreiben, von denen Joan Bolker geschrieben hatte, die ich dabei war, mir in Wien aufzubauen, um den inneren Dämonen etwas Starkes, Freies, Ermutigendes entgegenzusetzen.

Doch manchmal war es notwendig, vor den äußeren Feindlichkeiten Mitteleuropas zu fliehen an einen inspirierenden Rückzugsort, in eine sonnige Naturlandschaft mit weitem Blick. Sich erhoben, aufgehoben, enthoben zu fühlen vom Licht. Umgeben zu sein von prinzipieller Freundlichkeit, wie sie hier in England oder auch in den USA so stark spürbar war. Da war es so viel leichter, sich angenommen zu fühlen in dieser Welt, als wenn frau umgeben war von einem komplizierten Familientrauma und dem Dauergrant der Wiener. Vor allem in den langen Wintern. Die taten meiner kreativen Seele nicht gut. Und so sprachen Paul und ich oft darüber, gemeinsam mit unserem Sohn, Beloved, aus Wien, aus Österreich, aus Mitteleuropa wegzuziehen. In freundlichere Gefilde, in die englischsprachige Welt und weg von den Triggern.

Paul riss mich aus meinen Gedanken, als er mich fragte: „Wir gehen doch raus auf Gurnard's Head, oder?" Er deutete auf eine schmale felsige Landzunge, die steil zum Meer abfiel und sagte: „Ich würde gerne zur Spitze hinausgehen, auch wenn es ein Umweg ist."

„Ja, sicher gehen wir. Ich habe nämlich gelesen, dass Virginia auf dieser Klippe oft halbe Tage lang gesessen und auf das Meer hinausgeschaut hat. Vielleicht treffe ich sie ja dort?"

„Gut", scherzte er, „dann unterhalte ich mich ein bisschen mit Leslie. Vielleicht gibt er mir ja ein paar Brösel von dem einen Stück Keks, das er immer mit auf seine Wanderungen genommen hat." Leslie Stephen, Virginias Vater, der Schnellgeher war immer mit uns, wenn wir wanderten. Wieso, fragten wir uns, gab es keine Siebenmeilen-Wanderschuhe namens Leslie?

Gurnard's Head

Wir hatten an diesem Tag wieder einen langen Weg vor uns und nun starteten wir ihn mit einem Umweg? Ich ärgerte mich, dass ich nicht für Zennor einen Tag Pause eingeplant hatte. Um auf der Klippe zu sitzen und aufs Meer zu schauen. Den ganzen Tag. Ich sah Virginia vor mir, wie sie hier auf einem Felsen saß.

> „And we've been lying on the *Gurnard's Head,* on beds of saphire among grey rocks with buttons of yellow lichen on them."
>
> Virginia Woolf, letter to Saxon Sydney-Turner (1921)

Sitzen und schauen. Nicht mehr gehen, nicht mehr reden, auch gar nicht schreiben. Das war für Virginia die beste Vorbereitung auf künstlerisches Schaffen. In „Professions for Women" beschrieb sie eine Frau, ein Mädchen, als imaginäres Beispiel einer angehenden Schriftstellerin, wie sie an einem tiefen Teich sitzt mit ihrer Angel und stundenlang aufs Wasser schaut. Ein Zustand der Ruhe, des Nichts umhüllt sie und dann plötzlich zuckt die Angelschnur, und da ist sie, die Idee, der Ein-Fall, die Wort-Wendung, und sie steckt ihre Feder ins Tintenfass und schreibt drauf los.

> „I want you to imagine me writing a novel in a state of trance. I want you to figure to yourselves a girl sitting with a pen in her hand, which for minutes, and indeed for hours, she never dips into the inkpot. The image that comes to my mind when I think of this girl is the image of a fisherman lying sunk in dreams on the verge of a deep lake with a rod held out over the water. She was letting her imagination sweep unchecked round every rock and cranny of the world that lies submerged in the depths of our unconscious being."
>
> Virginia Woolf, Professions for Women (1931)

Wir gingen also den schmalen Pfad hinaus zur Spitze von Virginias vielgeliebter Klippe. Beim Frühstück hatten wir die *B&B*-Besitzerin gefragt, was *Gurnard* bedeute. Es sei der Name eines Fisches, sagte sie. Von weiter Entfernung sieht dieser Felsen eben wie der kantige Kopf dieses Fisches aus, darum *Gurnad's Head*. Der *gurnad*, hatte sie uns erklärt, lebe tief unten am Meeresboden und wirble dort mit seinen Sporen, die wie Füße aussehen, den Boden auf, auf der Suche nach Futter. Tief unten fischen, in Ruhe. In einem Zustand der künstlerischen Trance. Darum ging es. Ein Leben in Ruhe und Gleichförmigkeit hatte Virginia als Ideal für eine Schriftstellerin beschrieben. Ich musste kurz auflachen. Davon war ich Lichtjahre entfernt!

„you must try first to imagine a novelist's state of mind. I hope I am not giving away professional secrets if I say that a novelist's chief desire is to be as unconscious as possible. He has to induce in himself a state of perpetual lethargy. He wants life to proceed with the **utmost quiet and regularity.**"

Virginia Woolf, Professions for Women (1931)

Der ideale Geisteszustand eines Schriftstellers war also eine immerwährende Lethargie? Wie sollte ich je dahin kommen? Ich ärgerte mich über dieses Ideal. Das klassische Klischeebild des Schriftstellers fiel mir ein. Ein Mann, freigespielt vom Leben, durch irgendein Wunder, kinderlos sowieso, oder sie tangierten ihn nicht, gar joblos, als großes Talent gesponsert mit einer Reihe von Stipendien? Oder wie? War das für eine Frau überhaupt möglich? Für mich?

„nothing may break the illusion in which he is living – so that nothing may disturb or disquiet the mysterious nosings about, feelings round, darts, dashes and sudden discoveries of that very shy and illusive spirit, the imagination. I suspect that this state is the same both for men and women."

Virginia Woolf, Professions for Women (1931)

Weit draußen auf Gurnard's Head setzen wir uns jeder auf einen Stein und schauen auf das im Sonnenlicht funkelnde Meer hinaus. Virginia beobachtete hier manchmal Robben.

> „Here we lie roasting, though L. pretends to write an article for the Encyclopaedia uopon Cooperation. The truth is we can't do anything but watch the sea – especially as the seals may bob up, first looking like logs, then like naked old men, with tridents for tails."
>
> Virginia Woolf, Letter to Saxon Sydney-Turner (1921)

Über unseren Köpfen kreisten Möwen und schrien lautstark. Ich war unruhig, ich wollte weitergehen. Wir hatten einfach nicht die Zeit hier zu sitzen und in einen künstlerischen Trancezustand zu kommen. Falls ich je dorthin kommen würde. Dann fiel mir ein, dass Virginia in diesem Essay über den Beruf der Schriftstellerin all das beschrieb – die Trance, den See, die Ruhe, das Fischen –, um danach auf den eigentlichen Punkt zu kommen. Sie schreibt: Auch wenn Frauen und Männer wahrscheinlich beide ähnliche Techniken anwenden, um tief im Unbewussten kreative Ideen zu fischen, so war es doch eher die Erfahrung von Frauen, dass diese Ruhe häufig gestört wird. Entweder es ruft sie irgendjemand, ordert sie, braucht sie. Die bürgerliche Frau des 19. Jahrhunderts sollte ja vor allem eines sein, *the angel in the house*. Die Mutter für alle. So wie Mrs. Ramsay. Oder aber sie stößt beim Fischen im Unbewussten auf etwas Hartes, einen Stein, eine Erfahrung, eine Erinnerung, irgendetwas reißt sie heraus. Darf sie die Wahrheit schreiben? Ihre Wahrheit?

> „Now came the experience, the experience that I believe to be far commoner with women writers than with men. The line raced through the girl's fingers. Her imagination had rushed away. It had sought the pools, the depths, the dark places where the largest fish slumber. And then there

was a smash. There was an explosion. There was foam and confusion. **The imagination had dashed itself against something hard.** The girl was roused from her dream. She was indeed in a state of the most acute and difficult distress. To speak without figure she had thought of something, something about the body, about the passions which it was unfitting for her as a woman to say. Men, her reason told her, would be shocked."

Virginia Woolf, Professions for Women (1931)

Die Möwen kreischten extrem laut, ich wollte weitergehen. Ich nahm meinen Wanderführer zur Hand und überflog die Seiten, auf denen unsere Tagesstrecke beschrieben war. Wir hatten elf Meilen vor uns, das klang nicht viel, aber es war *a quite challenging stretch,* gesprenkelt mit einem Leuchtturm auf dem Festland und einer zum Museum umgestalteten ehemaligen Zinnmine.

„Let's get going", sagte ich. Und riss Paul aus seinen verträumten Gedanken. Während wir den Küstenwanderweg weiter entlanggingen, erzählte ich ihm von Virginias Thesen zur künstlerischen Trance.

Er sagte: „Ich kann mir gut vorstellen, wie sie hier ging und in so eine Trance verfiel. Dieses Licht, diese Weite und sie ging ja auch sehr schnell."

„Ja, sie ging schnell und oft. Und hier störte sie niemand. Gehen und Trance sind wirklich eine gute Kombination. Und eine geniale Vorbereitung für das Schreiben."

„Hast du nicht einmal von dem Buch einer Amerikanerin erzählt, die beschreibt, wie man mit Gehen und dann einem heißen Bad in diesen Zustand kommt?"

„Ja, genau! Dorothea Brande. Ihr Buch ist übrigens schon in den 1920er-Jahren erschienen, also zu Virginias Lebzeiten! Dorothea Brande präsentierte darin einen Fünfstufenplan, wie der geistige Trancezustand vor dem Schreiben hergestellt werden kann: Meditation – Spaziergang – heißes Bad – auf die Couch legen – dann erst losschreiben.

In meinen Seminaren lachen immer alle darüber. Wer hat denn dafür schon Zeit? Etwa eineinhalb Stunden, um sich auf das Schreiben vorzubereiten? Wer ‚hat' diese Zeit? Wer nimmt sie sich? Wer darf, kann, will sie sich nehmen? Das ist es, glaube ich, was einen zur Künstlerin macht, sich diese Zeit zu rauben."

Morvah Old School Café & Gallery

Die Hippie-Lady vom *B&B* hatte uns empfohlen, auf unserem Tagesmarsch die Mittagspause in Morvah zu machen. Eine Meile im Landesinneren, abseits vom Coast Path, *but worth it.* In diesem winzigen Dorf aus uralten Steinhäusern hatten nämlich die Bewohner im ehemaligen Schulgebäude ein Café und eine Galerie eingerichtet. Eine inspirierte Initiative, dem Dorf ein neues Zentrum zu geben, einen öffentlichen Raum, einen Treffpunkt, der auch zur beliebten Station für Wanderer des Coast Path geworden war. Morvah, oh Morvah! Als wir ins Dorf hineingingen, müde, hungrig, ja begierig auf jenes Old Schoolhouse-Café, da wähnte ich mich schon im Paradies. Der gewundene Weg ins Dorf hinein war gesäumt von blühenden Hecken, der Boden überwachsen von weichem Gras und Moos. Meine vom Gehen am Meer übergehenden Augen empfanden den Kirchturm wie aus einem Märchen. Ich mochte diese simplen, alten englischen Kirchen, sie wirkten so ganz anders als die barocken, katholischen Landkirchen in Österreich. Die englischen Landkirchen sahen eher aus wie kleine Burgen und sie erzählten von einer anderen Geschichte – sicher nicht unbefleckt, wenn man es genau wissen wollte, aber hier wehte ein Geist von protestantischer Freiheit. Die Häuser im Dorf Morvah sahen so aus, als hätte man hier seit Jahrzehnten nichts Neues dazu gebaut. Keine 1970er-Jahre Schandtaten, keine kleinbürgerlichen Horrorhäuschen. Wahrscheinlich sind hier lange Zeiten hinweg die Menschen weggezogen; erst als die KünstlerInnen in die alten Häuser zogen, wurde langsam und behutsam wieder Leben in dieses Dorf gehaucht.

The English countryside: An incredible loveliness […] all the barns & stacks either a broken pink, or a verdurous green; & then the walk by the wall; & the church; & the great tithe barn. How England

consoles & warms one, in these deep hollows,
where the past stands almost stagnant. And the
little spire across the field.

Virginia Woolf, Diary (1940)

Wir wanderten also durch das verschlafene Dorf und fanden das Café im Old Schoolhouse, beinah unscheinbar von außen und innen ein nach Tee, Kaffee und frischem *lunch* duftendes Kulturwunder. Eine kleine Buchhandlung mit Büchern und Heften – von lokalen AutorInnen verfasst und teilweise selbst gedruckt, über die prähistorischen Steine von Cornwall, über Flora und Fauna und Wanderwege, Kinderbücher gezeichnet von *local artists*. Auf dem Fensterbrett selbst gemachter Schmuck und an den Wänden kleine und große Bilder zum Verkauf. Aquarelle, Öl- und Acrylbilder von der umliegenden Landschaft, der Küste, den Pflanzen und Tieren. Eine Serie von Tierporträts stach mir ins Auge. Es schien, als hätte ein sehr individualistisches Schaf Porträt gestanden; und dann für ein anderes Bild eine Kuh mit Charakter und später ein besonderes Schwein. Hätte ich nicht jedes Gramm tagelang tragen müssen, hätte ich so ein Tierporträtbild gekauft. Doch es hätte auch gar keinen Platz gehabt in meinem vollgepackten Wanderrucksack.

Die Speisekarte per Kreide auf die Tafel in geschwungener Schrift gemalt, war vielfältig und typisch englisch: *Pies and pastries, soup the day & salads.* Und natürlich kornischer *Cream Tea.* Inspirierte Suppen, indisch angehaucht oder vegetarisch, und dann *Shepard's Pie* liebevoll garniert mit *mixed greens and pickles,* und natürlich dazu Toast mit Butter, Wasser mit frischer Zitrone. *What a welcome!* Ich dachte an die Wanderstationen in Österreich, das altbackene, abgeschmackte Wirtshausessen, die Resopalmöbel aus den 1980er-Jahren, die Plastikstühle aus den 1990er-Jahren, die Alpenfolklore. Oh nein!

Nach dem genussvollen Essen und vor dem *Cream Tea* gingen wir hinauf in den ersten Stock, in die Galerie. Das Auffällige an diesem Raum war ein breites Fenster, das über die Felder hin das Küstenpanorama freigab, zur Schau, zum Verweilen, zum Staunen einlud. Dann erst bekamen die Gemälde an den Wänden ihre Aufmerksamkeit. Wöchentlich wechselten hier die Ausstellungen, wöchentlich! *Local artists.* Eine Frau stellte genähte Bilder aus, *Patchworks,* teils mit witzig bedruckten, glitzernden Stoffen. Die andere Künstlerin präsentierte klassische Landschaftsbilder, die Küste, das Meer, kein perfekter Realismus, auch keine künstlerischen Wunder, aber die Bilder machten mir augenblicklich Lust, auch hier irgendwo auf einem Stein zu sitzen und diese traumhafte Landschaft zu malen. Ich wollte mich auch wieder einmal beim Malen nicht an der Landschaft stattsehen können, die ich auf das Papier zu bannen versuchte, und ganz genau schauen auf die Formen und Farben. So wie Lily Briscoe in „To the Lighthouse". Denn eines war bemerkenswert an ihr: Sie malte trotz allem, sie malte einfach, was immer irgendwer sagte oder dachte. Und wie sehr sie auch mit sich haderte. Ich spürte förmlich einen Pinsel in meiner Hand. Ich dachte mit Vorfreude an meinen Kunstlehrgang, der bereits in einigen Wochen starten würde. Würde ich je große *Kunst* machen, oder nur kleine *kunst*? In Amerika sprach man von *Art with a capital A* versus *art*. Hauptsache ich würde es tun. Kunst lag, so schien mir, im Tun. Darüber zu reden, sich vorzustellen, wie grandios es sein würde, oder auch sich von den inneren und äußeren Hindernissen abhalten zu lassen, war nicht *Kunst* und auch nicht *kunst*.

„[…] for though they must part in the end, painting and writing have much to tell each other: they have much in common. The novelist after all wants to make us see."

Virginia Woolf, A Conversation with Walter Sickert (1934)

Ich stand vor einem Ölbild der steinigen Küstenlandschaft mit Heidekraut, die Morvah umgab. Ich betrachtete von der Nähe die feinen Pinselstriche, die vielen Schichten Ölfarbe. Ich wollte das auch erlernen, das Handwerk der Malerei. Künstlerin zu werden, das war mir auch durch die vielen Schreibworkshops, die ich in Amerika besucht hatte, klargeworden, hatte viel mit dem Erlernen von Handwerk zu tun, mit Techniken und Üben. Kunst war erlernbar. Niemand war Künstler oder Künstlerin *per se*. Künstlerin kannst du *werden* durch das künstlerische Tun, das Schreiben oder Malen oder was auch immer. Durch Lernen, Üben, immer besser werden und vor allem, indem du dich nicht abhalten lässt von den Meinungen anderer, so wie Lily Briscoe, die mitten im Sturm der Meinungen steht und malt. Ich schaute wieder aus dem Panoramafenster hinüber zum Meer, in der Ferne war Gurnard's Head sichtbar, es wirkte gar nicht so weit weg. Virginias Landzunge war nämlich von vielen Richtungen von Weitem sichtbar. Da fiel mir ein, dass Virginia geschrieben hatte: Lass dich nicht von irgendeinem Schuldirektor, der Pokale verteilt, oder einem Professor mit einem Maßstab in der Hand, einschüchtern. Künstlerin ist, dachte ich plötzlich, wer autonom, für sich, künstlerisch tätig ist, was auch immer die anderen sagen und denken.

St. Just

Wir gingen den ganzen Tag, die Landschaft veränderte sich drastisch. Wir kamen an Industriebauten vorbei, flachem Land entlang der Küste und nächtigten in einem nicht ganz so kleinen, eher modernen, proletarischen Ort, St. Just. Dieses *B&B* war ganz anders als die Unterkünfte der vorangegangenen Nächte. Ein schmales Einfamilienhäuschen mit zwei Stockwerken, die Treppe zu unserem Zimmer war eng und die Bilder und Nippes kitschig. Am nächsten Tag in der Früh saß ich in einem rosa gestrichenen Korbsessel beim Fenster, um zu schreiben. Auf der gegenüberliegenden Straßenseite entdeckte ich eine Apotheke. Ramsay Pharmacy stand da. Ich lachte laut auf. Hatte Virginia hier den fiktiven Namen für die Familie von „To the Lighthouse", die Ramsays, gefunden? In mein Tagebuchheft schrieb ich:

„Paul und ich lesen uns abwechselnd passagenweise das Buch ‚To the Lighthouse' laut vor. Wie ich das liebe! Das Buch ist sprachlich und inhaltlich so anspruchsvoll, dass man beim leisen – und damit schnellen – Lesen zu viel verpasst. Das wäre Stoff für einen Travel-Artikel: Lesen und Gehen auf Virginia Woolfs Spuren auf dem South West Coast Path. Könnte was für ein Kulturmagazin sein. Was alles Stoff für mein Buch sein wird, weiß ich noch nicht."

Irgendwie war ich noch nicht bereit, über die Details des neuen Buchprojekts nachzudenken. Auch wenn mich die Wanderung sehr freute und inspirierte und meine Knie erstaunlich gut mitspielten, ich war geistig nicht frei. Ich dachte viel an das *writers'studio,* an Beloved und die Zukunft meiner kleinen Familie. Würden wir wegziehen aus Wien? Wohin? Wie? Wann? In mein Tagebuch schrieb ich:

„Österreich ist so contaminated, so voller Starre, Depression und Traumata, so hart viele Leute auch dagegen ankämpfen. Dennoch, dieser nicht mehr abzuschüttelnde Gedanke, dass wir gehen müssen, macht mich traurig. Wir müssen jetzt mal bald eine Entscheidung treffen. Und hier auf dieser Wanderung diese wichtigen Dinge besprechen."

Nach dem *English Breakfast* mit *bacon & eggs* machten wir uns auf den Weg Richtung Land's End. Ein Stück des Weges verlief direkt auf einem Sandstrand.

Ich sagte zu Paul: „Vielleicht muss ich einfach weg aus Wien, um das zu tun, was ich tun muss. Will. Kann."

„Wohin?" Paul wusste schon, dass das eine unnötige Frage war. Darum gab er sich auch gleich selbst die Antwort und mir eine neue Frage: „Willst du alleine nach Amerika gehen?"

„Nein, nicht allein! Mit dir und Beloved, natürlich. Wir haben doch schon so oft darüber gesprochen, so oft davon geträumt, Ideen gesammelt. Der Traum allein reicht nicht."

Ich setzte Schritt um Schritt, mittlerweile konnte ich in Normalgeschwindigkeit gehen. Solange ich die Stöcke hatte, die einen Teil meines Körpergewichts trugen und die Knie entlasteten.

Künstlerin zu werden, hieß wohl auch, sich herauszuziehen aus dem normalen Leben. Aus der Norm. Und das macht Angst. Außenseiterin zu sein, so wie Lily Briscoe, die zu Gast ist bei der großbürgerlichen Familie Ramsay, bloß ein bisschen mitnaschen darf am Familientisch. Sie bewundert Mrs. Ramsay, die Übermutter, die ständig um alle besorgt ist, sich ständig um alle kümmert, um die Kinder, den Mann, die Gäste, sogar die Armen im Dorf. So wie Virginias Mutter, Julia Stephen, eine angeblich so wunderschöne Frau mit ganz klaren Vorstellungen ihrer Rolle im Leben. Sie war der Engel im Haus. Genau der Engel, den Virginia in sich töten musste, um schreiben zu können, jeden Tag erneut. Das heißt, die innere Verpflichtung, es allen anderen recht zu machen, die Scham, was ganz anderes zu wollen und zu können, und die Angst davor, was passieren könnte, wenn sie sich wirklich ihrem Schaffen widmete.

Wir gingen eine Weile schweigend, hintereinander her. Dann sahen wir in der Ferne auf einem Plateau direkt an der Küste einen Busparkplatz und mehrere Häuser. Das musste Land's End sein, der touristischste Punkt unserer Wanderstrecke. Wir waren im äußersten Westen Englands angelangt.

Land's End

Der Wanderweg wurde breiter, schließlich war er asphaltiert. Ganz andere Menschen als sonst kamen uns entgegen, standen am Wegesrand, schauten in die Ferne oder saßen auf Bänken. Es waren Touristen, die offenbar mit einem Bus oder dem eigenen Auto hierhergekommen waren und sich wenige Meter rund um die Touristenattraktion die Füße vertreten wollten. Wir waren auf einer hochgelegenen flachen Landzunge, die in steilen, majestätischen Klippen ins Meer abfiel. Eine etwa sechzig Meter hohe Klippenwand säumte den wilden, blitzblauen Atlantik. Doch ich war sehr irritiert, wir landeten mitten in einer Art Kirmesmarkt. Land's End war ein Tourismusdorf, mit Souvenirshops, Spielplatz, Spielautomaten, Cafés, Bäckerei, Restaurant. Das Haus der Touristeninfo sah ein bisschen aus wie ein nachgebauter griechischer Tempel mit kitschigen weißen Säulen. Es war kaum auszuhalten. Dennoch, wir hatten Hunger, und wollten eine Rast einlegen. Wir aßen *jacket potatoes*, riesige Ofenkartoffeln mit geriebenem *Cheddar cheese* drauf. Das war mein tägliches Kantinenessen während meines Highschool-Jahres in Schottland gewesen. Wir aßen umgeben von lautem Getümmel, Reisegruppen und Familien. Kinder mit Zuckerstangen und Eistüten in grellen Farben. Ich sagte zu Paul: „Nach ein paar Tagen wandern in der Natur, fern von Autos, Geschäften und Konsum, kommt einem das alles sehr absurd vor. Die Landschaft ist so fantastisch hier, diese steilen Klippen, diese blaue Weite! Hier entlang der Küste zu gehen, schlägt doch leicht diese billige Konsumunterhaltung. Aber es kommen tausende Menschen mit Autos und Bussen hierher und gehen kaum einen Schritt. Sie wollen nur shoppen und essen und der Markt richtet sich nach ihnen, oder so ähnlich."

„Land's End ist halt ein wichtiger Ort in England, den kennt hier jedes Kind. Dieser westlichste Punkt der Insel spielte übrigens auch im Zweiten Weltkrieg eine gewisse Rolle. Da muss man halt einmal gewesen sein. Schau, da drüben gibt's sogar ein Hotel. Ich habe gelesen, dass da amerikanische Soldaten stationiert waren, die sich für den *D-Day* vorbereiteten. Einige Häuser hier auf Land's End wurden von der Luftwaffe zerbombt. Aber schließlich haben wir sie geschlagen, die Scheiß-Nazis!"

„Wir?", ich lachte und gab Paul einen Kuss: „Ach du, mein Engländer!"

„Tja, ich habe mich immer schon verbunden gefühlt mit diesem Land. Das ist irgendwie nicht zu erklären. Du weißt, dass ich viel lieber hierher ziehen würde als nach Amerika." Dieses Gespräch hatten wir schon oft geführt, es ging im Kreis wie ein Ringelspiel. Ich sagte nur: „Ich weiß."

So wie seine Seelenheimat England war, ohne dass er es erklären konnte, war meine Amerika. Ich empfand Amerika als schräger, vielfältiger und gastfreundlicher und hatte vielfach erlebt, wie gut ich mich dort entfalten konnte. England war schön und es war Virginias Land und das von Paul. Aber ich wollte hier nicht auf Dauer wohnen.

Wir gingen hinaus auf die Spitze der Landzunge, warfen Münzen in ein Fernglas. „28 miles Isles of Scilly", stand auf einem Wegweiser und ein anderer Pfeil, der fast in die gleiche Himmelsrichtung zeigte, war beschriftet mit „3147 miles New York".

Wir gingen durch die touristische Siedlung hindurch, vorbei an nachgebauten Schiffen, die hier gekentert waren, und Jahrmarktangeboten für Kinder. Der Wind wehte sehr stark auf dieser hoch gelegenen Landzunge, kein Baum, kein Felsen gab Schutz. Der Blick Richtung Süden, die Steilküste entlang, war weit, die Gischt heftig. Möwen kreisten und kreischten. Ich schaute auf das aufgeschäumte Wasser, angeblich tummelten sich hier oft Seehunde. In meinem Wanderführer stand über den überlaufenen Theme Park Land's End: „There is nothing to do but ignore it all and keep the eyes on the stunning coastal scenery."

Ignore it! – dieses Motto gefiel mir. Ich dachte an mein Buchprojekt und den Buchmarkt. Es schien mir, dass ich, um meine Buchidee umzusetzen, ganz schön viel um mich herum würde ignorieren müssen. Der „Markt" brauchte mein Buch nicht, er würde es nicht einmal einordnen können. Das in den USA sehr erfolgreiche *Memoir*-Genre, in dem sich sowohl angesehene Autoren und Autorinnen als auch *no names* probierten, gab es bei uns noch gar nicht. Die Bücher, wie Frank McCourts „Die Asche meiner Mutter" oder „Eat, pray, love" von Elisabeth Gilbert, wurden in der deutschen Übersetzung schlichtweg als *Romane* verkauft. Und ich wollte ja nicht mal ein reines *Memoir* schreiben, sondern auch über meine imaginäre Mentorin Virginia Woolf. Aber es sollte kein literarischer Reiseführer werden, auch, wenn sich so einer sicherlich leichter verkaufen lassen würde. Mein Buch würde nicht marktkonform sein. Ich hatte einmal gelesen, Kunst, so auch Literatur, könne mit marktwirtschaftlichem Denken nicht angemessen verstanden und wertgeschätzt werden. *Kunst? Literatur? Roman?* Diese Begriffe passten alle nicht für mein Buch. Diese Normen, der, wie Virigina geschrieben hatte, Direktoren mit ihren Pokalen oder der Professoren mit ihren Maßstäben.

„Do I care?", fragte ich mich. „No." Ich hatte, so wurde mir nun immer klarer, eine Vision von dem Buch, das ich schreiben wollte. Und der wollte ich folgen. Es sollte auch davon handeln, was es in diesem Moment der Zeit in Mitteleuropa heißt, eine Autorin zu werden. Über Frauen, die schreiben und publizieren wollen. Über unsere spezifischen inneren Dämonen, unsere eigenen Räume, die wir nun Jahrzehnte nach Virginias berühmter Forderung zwar vielleicht haben, aber mit unseren Multitasking-Aktivitäten, unserer Dauerkommunikation und unseren prekären Businesses vollstopfen. Und über unsere breit gefächerten Optionen und den viel zu engen Blick auf das Kunsthandwerk des Schreibens. Ich hatte noch keine fertigen Antworten. Auch nicht darauf, wie ich mein Leben entwirren könnte, um den Raum zu finden, um dieses Buch tatsächlich zu schreiben. Aber ich hatte diesen umwerfend schönen Wanderweg und Virginias Texte als Basis.

Virginia rief mir also über die Jahrzehnte hinweg zu: Opfere kein Haar des Kopfes deiner Vision für die Urteile irgendeines *headmasters* oder Professors. Oder auch des Marktes, weil gegen dessen Erwartungen und Vorstellungen hatte gerade sie immer angeschrieben oder diese einfach ignoriert. Das heißt, dachte ich, es geht darum, frei zu werden von Leistungsansprüchen, ja auch von Publikationszwängen beziehungsweise der Vorstellung, Texte müssten möglichst oft, möglichst rasch verwertbar, lesbar, herzeigbar sein. Zum äußeren Erfolg führen, sonst zeigt es eben, du hast kein Talent. Sich die Bewilligung zum Schreiben, zum Kreativsein von außen – von Verlagen, Wettbewerben, Freundinnen, der allgemeinen Meinung über Literatur und Künstlertum – zu erwarten, hieß nämlich aufgeben. Noch nie war mir das so klar. Es war nicht wichtig, ob mein Buch, ob dieses Buch oder jene Idee für einen Roman oder der Wunsch, ein Kinderbuch zu schreiben und zu illustrieren möglichst schnell und möglichst erfolgreich umgesetzt würde – als quasi Darwin'sches Prinzip der Kreativität. Schau nicht auf den Pokal, schau auf deine Idee. Nimm sie ernst, zieh sie durch. Diese Idee und dann die nächste. Künstlerin wirst du durch das Tun, nicht durch Pokale und Preise, nicht durch Publikationen und die Begeisterung anderer. Was zählt, ist deine Begeisterung. Dein Geist. Dein Tun.

Porthcurno

Zwischen Land's End und unserer nächsten Nachtstation, Porthcurno, einem Ferienort mit Sandstrand, machte unsere Wanderstrecke des South West Coast Path einen Richtungswechsel. Wir waren die westliche Seite der Halbinsel Cornwall bis zum südlichsten Punkt entlanggewandert und nun drehte sich der Weg Richtung Osten. Die Vegetation veränderte sich, wurde dichter, die Landschaft weniger rau. Porthcurno war ein Feriendorf. Hier, so hatte ich es eingeplant, würden wir einen ganzen Tag Wanderpause einlegen, also zwei Nächte verbringen. Das Dorf lag weit verstreut an einer langen geraden Straße, die vom Strand weg ins Landesinnere hinein den Hang hinauf verlief. Ich war hundemüde, der Weg schien endlos und das Gehen auf dem Asphalt sandte bei jedem Schritt Schmerzstöße in mein Knie. Wir fragten und suchten und fanden unser *B&B* nicht. Der Ort bestand aus vielen neueren Ferienhäusern mit hübschen Vorgärten mit Palmen. Wir waren eben nicht mehr an der rauhen, offenen Küste, hier war es wärmer, grüner und lieblicher. Endlich, nach mehrmaligem Nachfragen fanden wir unsere Unterkunft. Es war ein Privathaus ohne Schild, sie hatten offenbar erst vor Kurzem ihr Gartenhäuschen zur Einnahmequelle umgebaut. Ich fiel erschöpft auf das Bett, schaffte es später nur mit Müh und Not in die Dusche. Dann gleich wieder ins Bett. Eng aneinander geschmiegt schliefen wir ein.

In der Früh stellten wir fest, dass wir uns das Frühstück selbst besorgen mussten. Ich machte erst mal Tee, setzte mich auf die Gartenbank vor unserem Häuschen, wickelte mich in eine Decke ein und schrieb:

„Ob wir je aus Österreich weggehen werden? Schaut nicht so aus. Wir reden auch viel über das alte Familientrauma. Jetzt ist es mal gut hier zu sein. Mein Körper ist müde. Und so froh über diesen Pausentag. Ich höre Bienen summen, ich sehe Palmen in den Vorgärten der kleinen Nachbarhäuschen. Porthcurno liegt in einem eingeschnittenen Flusstal, das sich langsam den Berg hinauf erhebt. Deshalb ist leider das Meer nicht sichtbar und einen langen Hatscher von unserem ‚studio' entfernt. Ha! Kein ‚Bed and Breakfast' sondern ein ‚Studio without Breakfast'! Ein kleines, rotes Royal-Mail-Auto kommt gerade die Einfahrt hinauf, rückwärts. Idyllisches Dorfleben, doch ich möchte hier nicht länger bleiben. Ich habe Hunger. Wo bekommen wir ein Frühstück?"

Dann ging ich mit meinen Walking-Stöcken die Dorfstraße weiter den Hang hinauf und kaufte im Dorfladen *eggs and bacon,* die wir in der Mikrowelle brieten.

„Auf zum Strand, auf zum Theater", rief Paul. Hoch oben auf einer felsigen Anhöhe über dem Meer befand sich ein in den Granitstein gehauenes Amphitheater. Wir wollten für den Abend Karten besorgen. Doch ich fühlte mich nur erschöpft und wollte am liebsten keinen Schritt mehr gehen. Aber zum Meer wollte ich schon. Es schien so weit weg.

Irgendwann, als wir schon eine Weile im hellen warmen Sand mit Blick auf das Meer saßen, umgeben von Dutzenden Familien mit Kindern in bunten Badehosen und Bikinis, sagte ich zu Paul: „Am besten wir lassen es sein. Unser Leben ist anstrengend und voll genug. Wir brauchen keinen Umzug ins Ausland. Wir können uns das Leben doch auch recht gut in Wien einrichten."

Paul nickte: „Ja, du hast recht. Es hat mir gestern sehr zu denken gegeben, als du davon gesprochen hast, dass nach Amerika zu ziehen zwar gut für dich wäre, aber sicher kein leichter Spaziergang. All das, was dir dort nicht gefällt! Wozu sollten wir uns das dann antun? Schau wie umwerfend schön es hier ist!", er zeigte auf die Klippe über dem Meer, nahm sein Handtuch und ging Richtung Wasser. Das war mutig. Es war fast niemand im Meer. Ein paar Kinder spielten Ball im feuchten Sand, achtsam, mit den Füßen nicht direkt ins eiskalte Nass einzutauchen. Doch Paul wollte schwimmen gehen. Er hatte zuvor eine ältere englische *Lady* beobachtet, die sehr langsam, Schritt um Schritt in das seichte Wasser hineingegangen war. Es hatte 13 Grad Celsius. Da konnte einem das Herz stehen bleiben, dachte ich. Ich wollte nur sitzen, am windstillen Rand der schmalen Bucht und auf das Meer schauen. Und auf Paul. Mein fescher Seelen-Engländer. Würden wir hierher einmal mit Beloved reisen? Oder in der Nähe von St. Ives ein Sommer-Cottage mieten? Ja, Reisen, das war das Schlagwort! Reisen statt umziehen. Das war eine Lebensstrategie, die mir gefiel. Immer wieder sich herauszuziehen aus dem Alltag. Und doch auch verbunden bleiben mit der Erwerbsarbeit, der Familie, den Freunden und Freudinnen. Ich wollte alles sein, eine berufstätige Mutter, eine Künstlerin und eine Unternehmerin. Denn wie sollte ich sonst meine Reisen, meine Auszeiten, meine Malkurse und meine Schreib-Retreats finanzieren?

Zauberwald

Am nächsten Tag fanden wir uns wenige Meilen außerhalb von Porthcurno in einem subtropischen Wald. Riesige Farne und pink blühende Büsche wuchsen am Rand des Wanderwegs. Wir gingen fröhlich vor uns hin und blieben plötzlich stehen. Mitten im Wald stand eine alte Villa aus Granitstein, umgeben von einem märchenhaften Garten, ein *Bed & Breakfast* namens Cove Cottage. Mein Wanderführer bezeichnete es als *luxury hide away*. Es war niemand zu sehen und die Gartentür war offen, so schlichen wir neugierig hinein. Und bestaunten den weitläufigen, überaus üppigen Garten mit verspielten Ecken. Blühende Fuchsien, die von mir so heiß geliebten Strelizien mit den orange-violetten Papageiblüten und wilde Rosen. Eine verwitterte Holzbank stand vor einem Teich – ich sah mich hier schreiben. Ich dachte, ich möchte wieder hierherkommen, mir in diesem Haus ein Zimmer mieten und in diesem Garten schreiben. Falls ich mir das je würde leisten können.

Zurück auf dem Wanderweg, der entlang eines Baches führte, der kaum sichtbar war, so überwachsen war hier alles mit glänzenden, großblättrigen Pflanzen. Überall wucherte und blühte Stechginster, diese gelbblühenden stacheligen Büsche. Es ging sanft bergab hinunter zum Meer. Wenige Minuten später waren wir wieder beim großen Blau, an einem Strand mit großen, vom Wasser rundgeschliffenen Steinen in Hülle und Fülle. Und keine Menschenseele weit und breit. Es war, als wären wir in einem Fantasyfilm. Der Wanderweg führte wieder zurück in den Wald, doch da war ein Zaun und ein Holzgatter mit einer Tafel, die eine Naturschutzzone ankündigte. Alte Pinien waren hier wiederangesiedelt worden. Eine Naturschutzzone? Als sei hier an dieser Küste ohne zivilisatorische Schandtaten nicht alles eine Naturschutzzone! Wir gingen hinein. Die speziellen kornischen Pinien schufen eine Halle mit Baumstammsäulen mit rund gewölbten Baumdachkuppeln. Es hätte mich nicht gewundert, wäre hier eine Fee oder ein Zwerg aufgetaucht. Die Sonne blitzte durch das Astwerk. Wir waren so eingenommen von diesem kleinen Zauberwald, dass wir die im Wanderführer vorgeschlagene Abzweigung ins Landesinnere Richtung Merry Maidens übersahen.

Merry Maidens

So beschlossen wir, einfach querfeldein zu marschieren. Denn zu diesen prähistorischen Steinen wollten wir hin, auch wenn wir dafür eigentlich keine Zeit einrechnet hatten und der für diesen Tag geplante Weg bis Penzance noch sehr weit war. Die Merry Maidens zogen uns weg vom Küstenweg in den Acker. Das war jedoch nicht so leicht, wie wir uns gedacht hatten. Nicht nur war die Erde feucht, auch waren die Felder von alten Steinmauern umgeben, dicht bewachsen mit allerlei Büschen, Kletterpflanzen, stacheligem Heidekraut und Brennnesseln. Ein Paradies für kleines Getier. Niedliche weiße Kaninchen, die wie Kuscheltiere aus dem Kinderzimmer aussahen, hatten wir oft aus solchen romantischen Mauerbiotopen hervorhüpfen gesehen. Manchmal waren diese typisch englischen Felder noch zusätzlich mit Stacheldraht umgeben, der mit Pflanzen überwachsen war.

Wir kletterten dennoch über Mauern, die ungefährlich schienen, wir umwanderten Felder, bis wir zu einem Gattertor kamen, das verschlossen war, und so rutschten wir unten durch. Um dann im nächsten eingemauerten Feld zu landen. Ein Labyrinth. Ich war müde, mein Knie machte sich immer in solchen schlappen Phasen bemerkbar. Doch wollte ich hier keine Pause einlegen, noch nirgends gelandet und weit weg – mehrere Felder – vom gut markierten Küstenweg? Nein. Also weiter. Paul stapfte voraus, wie ein *scout*. Kam manchmal zurück, hier geht es nicht weiter. Nachdem wir mehrere Felder umwandert hatten, Hügel auf und Hügel ab auf der Suche nach einer Straße, kletterten wir schließlich doch über eine verwachsene Mauer mit Stacheldraht und landeten mitten in einem Ameisenhaufen. Tausende Riesenameisen liefen verwirrt auf meinen Beinen und meinen Armen herum, weil ich ihr Reich zerstört hatte. *Sorry*. Auf der Straße, die wir nun endlich fanden, stand ein Schild „Private Road", es war eine private Zufahrtsstraße und abgesperrt. Wir klettern auch noch über diese Absperrung und kamen endlich auf die öffentliche, asphaltierte Straße. Autos flitzen vorbei. Wie schnell man unterwegs ist. „Merry Maidens: 2 miles" – mit dem Auto ein Wimpernschlag. Zu Fuß in der Mittagssonne, keine Meeresbrise, abseits der Wanderroute waren das zwei lange Meilen. Ich bereute es, dass wir den vorgegebenen Weg verlassen hatten und hatte gar keine Lust mehr auf die Merry Maidens.

Doch da standen sie plötzlich, in der Mitte einer großen gemähten Wiese, ohne irgendwelche touristischen Kennzeichnungen, Markierungen oder Schilder. Die Merry Maidens, die fröhlichen Mädchen standen einfach da. Neunzehn Steine, die vor etwa 4000 Jahren in einem weiten Kreis gestellt worden waren. Kleine Felsen, jeweils etwa einen Meter hoch, schauten sich gegenseitig an. Und uns. Erschöpft setzte ich mich zu ihnen, lehnte mich an einen an. Ich holte mein Sandwich heraus und wollte nie mehr aufstehen.

> Stonehenge: „We promptly sat down with our backs to the sight we had come to see, & began to eat sandwiches: half an hour afterwards we were ready to make our inspection.
> The singular & intoxicating charm of Stonehenge to me, & to most I think, is that no one in the world can tell you anything about it."
>
> Virginia Woolf, Diary(1903)

Von meinem Bodensitz mit Steinlehne aus beobachte ich Paul, er schien gar nicht müde. Er war völlig versunken in den Steinkreis, schaute, ging, saß, überlegte, spürte. Ich liebte ihn für seine Offenheit für diese Dinge. Für das Spüren und Ahnen solcher Steingeschichten. 4000 Jahre, wer konnte sich diese Zeitspanne schon vorstellen? Das an diesem Platz vor langer Zeit konferiert worden war, rituelle Feiern abgehalten, ein starkes Miteinander zelebriert worden war, das war keine Frage.

Virginia war wahrscheinlich mindestens einmal hier gewesen, dachte ich. Ich schaute in diese starke Gruppe von Steinen, diesen großen Kreis, den sie miteinander bildeten. Peter Elbows Begriff *a community of writers* fiel mir ein. Und dann Virginias Bloomsbury Group. Sie war keine einsame Schreiberin gewesen, die alles mit sich selbst ausgemacht hatte. Sie hatte sich ihre *community* aufgebaut, in sehr jungen Jahren, nach ihrem Auszug aus dem Elternhaus, das war ihre erweiterte Familie, ihr Reich, ihre Welt. Bis zu ihrem Lebensende. Und Vanessa, Virginias Schwester, die Malerin, hatte sich eine Art Künstlerkommune geschaffen, im Charleston Farmhouse. Ich verstand mit einem Mal, was das große Problem von Lily Briscoe war. Sie war so allein inmitten dieser biederlichen, strengen Sommerhausgesellschaft. Sie war dort so fehl am Platz. Warum hatte sie sich ausgerechnet in diese Familie als Gast hineingepfercht? Sie hätte so sehr eine *artists' community* gebraucht.

Ich wusste nicht, ob Virginia die „Mary Maidens" besucht hatte, aber sie war jedenfalls in Stonehenge gewesen, und nicht nur einmal.

Virginia Woolf und Lytton Strachey, einer ihrer besten künstlerischen Freunde (1923)

Stonehenge: „I had not realised though that the stones have such a look of purpose & arrangement; it is a recognisable temple, even now."

Virginia Woolf, Diary (1903)

Virginia hatte Ausflüge, Wanderungen und Reisen geliebt. Als junge Frau und auch später, als sie genug Geld hatte, reiste sie auch nach Griechenland. Mit ihren Geschwistern, mit Leonard und anderen Freunden und Freundinnen aus der Bloomsbury Group. Reisen, Gehen, Steine, Meer und *community*, das brauchte sie zum Leben und zum Schreiben.

Stonehenge: „We have had singular good fortune in our expeditions; & our two visits to Stonehenge have impressed such pictures on my mind as I never wish to be obliterated. We made a second expedition today – the 5th of September, but expedition is a hateful word; I would call it a pilgrimage: because in truth we went in all reverence with a pure desire to enjoy ourselves. A day spent happily in the open air counts, I am sure ‚whatever Gods there may be' as worship; the air is a Temple in which one is purged of ones sins."

Virginia Woolf, Diary (1903)

Lamorna

Wir saßen ganz ruhig für lange Zeit. Dann gingen wir auf der Asphaltstraße zurück und in den Ort Lamorna hinein. Zur nächsten Entdeckung. Wieder säumten verwachsene Steinmauern den Weg in die Siedlung hinein. In Lamnora reihten sich eindrucksvolle, bürgerliche Steinhäuser mit üppigen Gärten entlang eines plätschernden Bachs. Endlich ein Pub. Aber geschlossen. Und ein *bus stop*. Der nächste Bus ging aber erst in über zwei Stunden. Ohne viel zu reden, hatten wir beschlossen, einen Teil unserer Tagesroute mit dem Bus zu fahren. Im

Wanderführer hatten wir von einem Café in Lamorna gelesen, in dem es ein Schild gäbe, auf dem stand, dass man sich hier keine Wasserflaschen auffüllen dürfe. Wir fanden das lustig. Überlegten hineinzugehen und genau danach zu fragen. Ich wollte eine Amerikanerin spielen, sehr freundlich, sehr *talkative*, sehr wasserflaschenorientiert. „Hi! How are you? It's sooo pretty here! Could I please have some wader?" (*Water* sehr amerikanisch ausgeprochen, mit weichem d, *wader*)? Wir lachten und gingen. Paul meinte, er würde einen unfreundlichen Wiener spielen, der nur schlecht Englisch kann. Reinmarschieren, gleich nach mir und ohne große Umschweife Wasser verlangen: „I want water." Alles mit sehr harten Ts ausgesprochen. Wir lachten und blieben plötzlich vor einer Tafel stehen: „Cream Tea served". Sie war vor dem Eingang eines noblen Hauses platziert. Das konnte doch nicht das besagte Anti-Wasser-Café sein? Nein. Es war ein Hotel. Und was für ein Hotel! Ein altes ländliches Steinhaus mit modernem Anbau, in einem wuchernden Garten, am Hang hinunter entlang des Flusstals, an dessen Öffnung das Meer sichtbar war. Wir gingen hinein, mit unseren dreckigen Wanderschuhen und verschwitzen Kleidern. Niemand hielt uns zurück, der Portier war englisch höflich und zeigte uns den Weg zum *Cream Tea*. Dann saßen wir auch schon auf der Hotelterrasse, schauten auf einen leuchtenden Swimmingpool, umgeben von viel, viel grünem subtropischem Gewächs und hin zum Meer, das – oh Freude – wieder ganz nah war. Wir besprachen, wie wir die nächsten Kilometer bewältigen wollten. Ich wollte jetzt doch weitergehen, entlang der Küste. Und nicht mit dem Bus fahren. Der Tee wurde in einer Silberkanne serviert, die Scones auf einem großen Teller mit dunkelroten Erdbeeren. Dazu wie üblich ein Schälchen geschlagener Butter und eines mit Erdbeermarmelade. Was kostet die Welt? Was kostet dieses Hotel? Wir schätzen und bereiteten uns dann mit dem Wanderführer auf die vor uns liegende Strecke vor. Wir zählten die Meilen zusammen mal Gehzeit und entschieden, bis in den Ort Mousehole zu wandern. Dies würden, das wurde uns schlagartig bewusst, die letzten Meilen unserer Wanderung draußen am offenen Meer sein, bevor es in die große Bucht von Newlyn und Penzance ging, in der sich mehr oder weniger große Städte aneinanderreihten. In Mousehole würden wir essen gehen – frischen Fisch am Hafen – und dann einen Bus nach Penzance nehmen. Solchermaßen gestärkt und motiviert, brachen wir auf, hin zur Küste. Hin zum großen Zufall.

Denn kurz bevor wir wieder auf unseren geliebten Coast Path kamen, sah ich ein Schild vor der Einfahrt eines Hauses, das oben auf einem Hang lag. Es war ein imposantes Sommerhaus mit – so war anzunehmen – weitem Blick hinaus auf den Atlantik. Das Blechschild verwies auf eine Galerie, Besichtigung nur auf Anfrage. Eine Reihe von Künstlern und Künstlerinnen waren angeführt, es schien eine ganze Familie zu sein. Unter ihnen ein Name, der mich ansprang, fesselte und entzückte und eine Lawine von Assoziationen in mir freisetzte: Judith Kerr.

Judith Kerr

Judith Kerr war eine der ersten Autorinnen – neben Astrid Lindgren und Christine Nöstlinger –, die mir als Kind bewusst aufgefallen waren. Sie hatte meine Phantasie über ihr Leben und Arbeiten als Autorin angeregt und sich mir unbewusst als Sehnsuchtspunkt eingraviert. Judith Kerr: Das war für mich als Kind eine Frau, die den gleich Vornamen wie ich trug und Autorin war! Also jemand, der irgendwie so war wie ich und ein Buch geschrieben hatte. Geschrieben. Mit der Vorstellung eines konkreten Menschen hinter einem Roman musste naturgemäß ein wie immer vages und unbewusstes Bild des Schreibens verbunden gewesen sein. In Judith Kerrs Jugend-Roman, der in der deutschen Übersetzung „Als Hitler das rosa Kaninchen stahl" heißt, flüchtet ein Mädchen aus Berlin mit ihrer Familie vor den Nazis nach England. Ihr rosarotes Plüschtier geht auf der Flucht verloren und in der Phantasie des Kindes hat Hitler es gestohlen. Wahrscheinlich war dieser Roman auch meine erste Konfrontation mit der Geschichte des Nationalsozialismus. Ich erinnerte mich an Gespräche mit meinem Vater, während ich das Buch gelesen hatte. Vermutlich hatte er es mir geschenkt. Die Geschichte einer Flucht und das Ankommen in England, das waren Themen, die mich offenbar damals schon faszinierten. Doch das war nicht alles, im zweiten Band des Romans, „Warten bis der Frieden kommt", in dem die Ich-Erzählerin etwa achtzehn Jahre alt ist und bereits seit einiger Zeit in London lebt, beschließt sie, auf eine Kunstschule zu gehen. Kaum ein Bild eines Jugendromans – derer ich unendlich viele verschlungen habe – hat sich mir so eingeprägt wie jenes: Die Protagonistin geht mit einer großen Zeichenmappe unter dem Arm durch die Straßen Londons, auf dem Weg zur Kunstschule. Das hatte ich mir immer unbewusst gewünscht: Künstlerin sein in London. In eine Kunstschule gehen im englischsprachigen Ausland. Und oft war ich nahe dran, ohne an Judith Kerr, ihre jugendliche Protagonistin im „Rosa Kaninchen" und diese Szene zu denken. Das Bild war lange verschüttet gewesen. Bis ich vor einigen Jahren, hochschwanger, einen Acrylmalkurs in einer Wiener Volkhochschule besuchte. Als ich mit der Straßenbahn mit einer Zeichenmappe unter dem Arm voller Vorfreude zum Kurs fuhr, dachte ich: Mein Gott, wieso mach ich das erst jetzt? Wieso mach ich das nicht öfter? Und da schnellte es empor, das Bild, die Szene aus Judith Kerrs Roman: Eine junge Frau mit Zeichenmappe auf dem Weg durch die Großstadt.

Der Traum, den ich so lange vergessen hatte.

Ich stand also vor jenem Schild einer Galerie in Lamorna, auf dem „Judith Kerr" stand. Mit einem Schlag wusste ich alles, kombinierte Informationen, die in meinem Gehirn verstreut abgelagert waren. Mit einem Mal wurde mir klar, dass „Als Hitler das rosa Kaninchen stahl" ein autobiografischer Roman gewesen sein muss. Denn Judith Kerr war offensichtlich nicht nur Autorin, sondern auch Malerin, Künstlerin, Zeichnerin. Sie war auch selbst auf eine Kunstschule gegangen, so wie das am Ende des zweiten Bandes ihrer Trilogie ihre Protagonistin tut. Und, wenn dies autobiografisch war, dann war es wohl die ganze Geschichte. Ein *Memoir* im besten Sinne! Klar, die Autorin hieß Judith, das heißt auf Hebräisch „die Jüdin", und sie war als Kind von Deutschland nach England geflüchtet und lebte immer noch hier, als Schriftstellerin und Malerin. Mein Herz schlug rasant: „Sie lebt! Immer noch? Und sie hat hier eine Galerie gemeinsam mit anderen Kerrs! Mit ihrem Mann? Mit ihren Kindern?" Ich rannte die steile Zufahrt zum dem hübschen alten Sommerhaus hinauf. Ein Auto parkte vor dem Haus, ich sah eine Person hinter einem Fenster. Ich klopfte. Auf dem Schild stand, dass die Galerie nur nach Voranmeldung zu besichtigen war. Ich wollte auch gar nicht – in erster Linie – die Galerie besichtigen, nur wissen, ob sie da war. Es war eine Grenzüberschreitung. Doch es machte ohnehin niemand auf. Ich wartete, dann ging ich zurück zu Paul. Ich würde wiederkommen, dachte ich.

Dann gingen wir weiter, endlich wieder auf dem South West Coast Path, endlich wieder direkt an der Küste. Mein Knie schien erstaunlich heil, gut geölt vom vielen Wandern. Die Osteopathin hatte recht gehabt. Ich genoss das leichte Gehen. Gleichzeitig war nun jeder Schritt davon geprägt, dass dies der letzte Abschnitt unserer Wanderung war, der am offenen Meer lag. Ich versuchte, noch den weiten Blick einzusaugen.

Weit draußen sahen wir ein riesiges Boot mit dunkelorangen Segeln. Paul meinte, es sehe irgendwie japanisch aus. Der Wanderweg ging steil bergauf und –ab, schnaufend erzählte ich Paul von Judith Kerr. Und wieder von meinem Traum, Künstlerin zu sein, in eine Kunstschule zu gehen, im englischsprachigen Raum. Ich glaube, er begann langsam zu verstehen, wie ernst es mir war, wie alt dieser Traum war.

Mousehole

In Mousehole, einem touristischen kleinen Hafenstädtchen in der großen Bucht von Penzance, saßen wir in einem urigen Pub mit gratis W-Lan. Während wir auf eine Fischplatte für zwei Personen warteten, googelten wir auf dem Handy „Judith Kerr". Ich hatte in meiner Ahnung von Lamorna in allem recht gehabt. Bis auf einen Punkt. Sie war nicht die Künstlerin, die eine Galerie in Lamorna hat, das musste eine jüngere Frau gleichen Namens sein. Aber meine Judith Kerr, geboren 1923 in Berlin, hatte mehrere Kinderbücher geschrieben und diese tatsächlich auch selbst illustriert. Einige davon waren zu Kinderbuchklassikern geworden, etwa „Mog the Forgetful Cat" oder „The Tiger who Came to Tea". Sie lebte als mittlerweile 88-jährige Dame in London, und – indeed – ihre „Roman"-Trilogie war eigentlich ein *Memoir*. Wieso wurde das – zumindest in der deutschsprachigen Übersetzung – als „Roman" verkauft? Spinnen die Deutschen? Spinnen wir? Oder hatte bloß *ich* die Bücher nicht als autobiografisch erkannt?

Gwithian Beach

Wir fuhren mit dem Bus weiter in die mittelgroße Stadt Penzance, wo wir ein *B&B* reserviert hatten. Für den nächsten Tag hatten wir geplant, uns die Bucht anzuschauen und dann mit dem Zug direkt nach London zu fahren. Doch es zog mich zurück an die westliche offene, raue Küste. Ich vermisste die wilde Natur in der Umgebung von St. Ives, die Klippen und das Wissen um tausende Kilometer Weite hinaus auf den Atlantik. Und den Leuchtturm! So beschlossen wir, gleich nach dem Frühstück mit dem Zug vom Penzance nach Hayle zu fahren, dem kleinen Ort in der Nähe von St. Ives, von wo aus wir entlang des Strandes zum Godrevy Lighthouse wandern konnten. Von Penzance bis Hayle fuhr der Zug 16 Minuten, quer über die äußere Halbinsel von Cornwall, die wir nun fünf Tage lang umwandert hatten. Nach einer knappen Woche gehen, nur gehen, nichts als gehen, ärgerte es mich, wie schnell der

Zug fuhr. Wie respektlos gegenüber der Schönheit dieser Landschaft! Wie schade, die Pflanzen und Steine nicht wahrnehmen zu können! In der Lokalbahn durch Cornwall rasend dachte ich: „Endlich habe ich es geschafft, mich ein bisschen zu verlangsamen. Endlich bin ich einmal ausgestiegen aus dem Alltagsstress als Unternehmerin, Seminarleiterin und Mutter. Und nun muss ich schon wieder zurück?" Mein Herz verlangte, hierzubleiben, weiterzugehen und jetzt einmal alles andere hinzuschmeißen. „Tja, mein Herz", dachte ich, „das geht aber nicht." Ich tröstete es und mich: Wir würden sicher wiederkommen. Irgendwann wollte ich ein noch viel längeres Stück dieses insgesamt 600 Meilen langen South West Coast Path gehen. Oder zumindest ein längeres Stück der 200 Meilen langen Teilstrecke in Cornwall. Ich hatte mir in den letzten Tagen schon Notizen dazu gemacht, wie ich meine nächste Wanderung hier gestalten würde, wo ich starten würde und wo länger pausieren. Oder ich würde mich hier an der Küste irgendwo für längere Zeit in einem Cottage zum Schreiben einmieten, am ehesten in Zennor, bei Gurnard's Head. Und dann auch, wie Virginia, tagelang auf den Felsen sitzen und Ideen fischen.

Wir stiegen in Hayle aus, um zum Leuchtturm zu wandern. Hayle war ein ehemals kleinindustrieller Ort, auch hier war früher Zinn abgebaut worden. Die Bahnstation bestand aus einem lieblichen Wartehäuschen umgeben von blühenden Büschen und Zäunen aus geschlungenem Gusseisen. Eine Bahnstation wie zu Virginias Zeiten. Auf der Hauptstraße von Hayle reihten sich kleine Geschäfte, ein Currylokal und ein Teehaus mit Shop und Backyard, als wäre man hier in Berkeley oder London, so liebevoll, künstlerisch und originell eingerichtet. Doch wir marschierten Richtung Gwithian Beach, der dann so breit vor uns lag wie noch keiner auf dieser Reise. Ein etwa 200 Meter breiter Sandstrand, meilenlang, goldgelb neben ultramarinblauem Rauschen, Salzgeruch, Möwengeschrei – und! Und. Und! Der Leuchtturm, an der Spitze der Landzunge. Kinder – teils in Neoprenanzügen – spielten in den eiskalten Wasserlachen, die die Flut hinterlassen hatte. Draußen auf dem Meer war eine Gruppe von Surfschülern, am Strand Hundespaziergänger und immer sichtbar der Leuchtturm, Godrevy, weiß strahlend, nicht nur nachts, wenn dein Licht leuchtet, auch bei Tag. Er war auf einer winzigen Insel nur einige Meter vor dem Festland platziert. Auf der anderen Seite dieser sehr weitläufigen Bucht war in der Ferne St. Ives zu sehen, die Häuser am Hang aufgefädelt, versammelt, um hier herüber zum Leuchtturm zu schauen. Wir gingen durch den Sand, sprangen über Wasserrinnsale, zogen uns die Schuhe aus, hielten die Zehen ins eiskalte Wasser, der Leuchtturm wirkte immer schon so nah und doch immer gleich weit weg. Nach etwa einer Stunde lag Godrevy immer noch weit entfernt. In der mit hellgrünem hohem Gras bewachsenen Dünenlandschaft waren Parkplätze und kleine Strandcafés. Der Blick auf den Plan bestätigte, wir würden noch mindestens eine Stunde zum Leuchtturm gehen, also zwei Stunden hin und retour. Wir mussten aber schon bald zurück zur Bahnstation Hayle, um in den Zug nach London zu steigen. Also suchten wir uns ein nettes Plätzchen in den Dünen, etwas erhaben über der Strandlandschaft, packten Sandwiches mit dem vom Vorabend übrig gebliebenen Krebsfleisch aus, schauten zu Godrevy und lasen uns schließlich zwischen buschigen Strandgräsern liegend weiter aus „To the Lighthouse" vor. Wir lasen, dass Lily schließlich die Welt um sich herum vergaß und ins Malen eintauchte.

> „Then, as if some juice necessary for the lubrication of her faculties were spontaneously squirted, she began precariously dipping among the blues and umbers, moving her brush hither and thither, but it was now heavier and went slower, as if it had fallen in with some rhythm which was dictated to her (she kept looking at the hedge, at the canvas) by what she saw, so that while her hand quivered with life, this rhythm was strong enough to bear her along with it on its current. Certainly she was losing consciousness of outer things. And as she lost consciousness of outer things, and her name and her personality and her appearance, and whether Mr. Carmichael was there or not, her mind kept throwing up from its depths, scenes, and names, and sayings, and memories and ideas, like a fountain spurting

> over that glaring, hideously difficult white space, while she modelled it with greens and blues."

Virginia Woolf, To the Lighthouse (1927)

Ich schlummerte mit dem Kopf auf Pauls Schulter kurz in der warmen Mittagssonne ein. Als ich aufwachte, fühlte ich mich sehr wohl. Es machte nichts, dass wir diesmal nicht näher zum Leuchtturm hingehen würden. Der erste und letzte Eindruck unseres Cornwall-Aufenthalts war jedenfalls Virginias Leuchtturm gewesen. Der Blick in die Ferne, in die Zukunft. Ich empfand keine Eile, ich konnte auch langsam in die Zukunft gehen und notfalls mit Stöcken. Ich wollte langsamer werden innerlich und Ballast abwerfen, all die überkommenen Vorstellungen von mir selbst, von zu erbringenden Leistungen und Beweisen, die der künstlerischen Arbeit abträglich sind. Ich würde dieses Buch schreiben, das eine Mischung aus *Memoir* und *Travel Essay* werden würde. Ich würde weiter über die Form meines Buches nachdenken und damit experimentieren. Ich wollte gleich in der nächsten Woche beginnen. Das machte mich froh. Dennoch fiel es mir schwer, Cornwall und das Wanderleben hinter mir zu lassen. Ich würde wieder hierherkommen, das wusste ich, ich würde Rückzugsorte finden, hier und anderswo, das wusste ich, und wir würden nicht nach Amerika ziehen, das wusste ich jetzt auch. Ich würde auch wieder malen, so wie Judith Kerr, mein Jugendidol. Schon in ein paar Wochen würde ich in eine Art „Kunstschule" gehen. Denn, wie lange das auch dauern würde, ich wollte meine Version von Welt darstellen, schreibend, malend. Und so irgendwann wie Lily Briscoe am Ende des Romans sagen: „I have had my vision".

> „Quickly, as if she were recalled by something over there, she turned to her canvas. There it was — her picture. Yes, with all its greens and blues, its lines running up and across, its attempt at something. It would be hung in the attics, she thought; it would be destroyed. But what did that matter? She asked herself, taking

up her brush again. She looked at the steps; they were empty; she looked at her canvas; it was blurred. With a sudden intensity, as if she saw it clear for a second, she drew a line there, in the centre. It was done; it was finished. Yes, she thought, laying down her brush in extreme fatigue, I have had my vision."

Virginia Woolf, To the Lighthouse (1927)

Camden Lock

Zurück in London nächtigten wir wieder einmal in einem viel zu teuren und viel zu kleinen Hotelzimmer. Wir hatten noch einen halben Tag Zeit, bevor wir zum Flughafen mussten. Paul wollte zu seinem liebsten Alternativ-Markt, Camden Lock im Norden Londons, schauen. Ich fuhr mit, wollte aber dort schreiben. Ich musste noch jemanden treffen. Auf der Hippie-Punk-Hauptstraße des Stadtteils Camden wählte ich das Pub-Café In 80 Days Around the World. Ich setzte mich in eine ruhige Ecke des Innenhofs, umgeben von hippen Familien, die fröhlich tratschend brunchten. Noch bevor das Frühstück serviert wurde, schrieb ich in mein Tagebuchheft:

„London, Camden Lock Market, im Café ‚In 80 Days Around the World' am Sonntag, 3. Juli 2011:
J: Virginia? Was sagst du: Wie kann ich eine ‚Künstlerin' werden? Ich meine eine richtige Schriftstellerin?
V: Sei es. Tu es. Du bis es doch schon.
J: Aber ich habe bisher kaum je an richtigen Projekten geschrieben. Zumeist wälze ich private Überlegungen, berufliche Fragen hin & her. Komme nie oder fast nie zum eigentlichen Schreiben. Mein Buchprojekt existiert nur in meinem Kopf. Einmal sagte ein *writing teacher* in Amerika, zu viel *journal writing* sei auch nicht gut. Die Energie solle in die Projekte fließen. Man solle nicht allzu viel *über* sie schreiben, sondern ins kalte Wasser springen. Was meinst du?
V: Writing a diary is marvellous! I wrote in one almost every day.
J: How did you cross the bridge to working on your writing projects?

V: Quickly. A quick start. Use the first impulse, however slight it may be. Follow it through. Seize your vision where you can catch it, just don't let go!
J: Was that hard for you, too?
V: Yes. Mostly. Especially when I started. Writing that first novel was dreadful.
J: But you saw through it. And wrote another and another and another.
V: Yes, and I grew stronger and stronger and stronger. Freer. As you know, it's all about practise! Doing it, writing many stories, many novels, many essays, so long until it becomes easy. Or mostly easy. Write a novel, write a screenplay, write an essay, a travel article, do them quickly but with love and inspiration. Don't fret if they are not even close to your vision. They cannot be. They are but shy versions, birds with weak wings. Don't expect them to fly far over the ocean. I tell you plainly, write a lot!
J: Yes, but …
V: Wait! One more point: Use that lock on the door! There is no way around that. The lock stands for time utterly for yourself and for writing. Don't think you can do it just a little on the side.
J: I have tried to apply for stipends. But there aren't many and they are very hard to get. Their standards are very rigid, even elitist. Only for ‚high literature' or whatever they regard as such.
V: No! Don't let yourself be judged by a rigid system, hell no! What you need more than money is your inner freedom, your deep courage. You need to write what you need to write. You need to try everything and anything. Every genre, every level. High art, low art, who is to judge?
J: Yes. That's what I would like to do."

Mitten in Wien

Wieder zu Hause in Wien bei unserem Sohn Beloved und meinem netten kleinen *writers'studio* hatte ich eine neue Idee, wo ich einen neuen Schreibraum für mich einrichten könnte. Wo mein künstlerischer Rückzugsraum sein würde. Mitten in Wien! Ich packte eine große Plastikbox mit meinen Malsachen, Acrylfarben, Pinseln und Zeichenblöcken und brachte sie mit dem Auto ins *writers'studio.* In einer Ecke der Lounge, die bisher vor allem als zweiter, gemütlicher Seminarraum verwendet worden war, hängte ich ein Plakat an die Wand. Es war eine Farbmischpalette, die ich im Acrylkurs angelegt hatte. Alle Farben in allen Tonwerten von gelb bis blau. Darunter stellte ich einen leeren weißen Tisch. Ich setze mich unter die Farbpalette, legte mein Cornwall-Tagebuch auf den Tisch und begann, unsere Wanderung am South West Coast Path zu beschreiben. Die Farben, die Visionen, das Meer.

Zu Hause holte ich Judith Kerrs Bücher aus meinem Bücherregal. Ich hatte die drei gebundenen Bände immer gut aufgehoben, sie über alle Umzüge hinweggerettet. Der erste Band, das „Rosa Kaninchen", war abgegriffen und hatte keinen Schutzumschlag mehr. Ich las den Werbetext auf der Rückseite des Buches. Da stand kein Wort über die Autorin, über Judith Kerr. Auch im Buch nicht. Es war ein Ravensburger „Jugendroman". Die zwei Folgebände, „Warten bis der Frieden kommt" und „Eine Art Familientreffen" sahen weniger abgegriffen aus. Dabei war der zweite Band jener für mich so bedeutsame gewesen. Darin war jene Londoner Straßenszene mit Zeichenmappe. Hinten auf dem Schutzumschlag, in typischem 1970er-Jahre-Design gestaltet, war ein Foto von Judith Kerr und eine Kurzbiografie in drei Sätzen: Tochter des berühmten Theaterkritikers Alfred Kerr. Erhielt den deutschen Jugendbuchpreis. Lebt mit Familie in London.

Kein Wort über ihre Flucht, ihre Vertreibung. Der Klappentext bewarb die lebendige Darstellung dessen, was im Geschichtsbuch dürre Fakten und Daten blieben. Kein Wort von Autobiografie, kein Wort davon, dass die Autorin selbst all dies erlebt und erlitten und errungen hatte. Das hätten wir damals wohl nicht ertragen – bei so einer *lebhaften* Darstellung von Geschichte. Nicht in den 1970er- und 1980er-Jahren! Dabei hätte die autobigrafische Basis dieses Buches offensichtlich sein müssen: Die Protagonistin, die, wie ich nun sah, im Buch Anna hieß, hatte als Kind in Deutschland gelebt. Und Judith Kerr, die Erzählerin, die Tochter des auf dem Cover angeführten berühmten deutschen Theaterkritikers war demnach ein deutsches Kind auf der Flucht gewesen und sie war immer noch ein realer Mensch, eine reale Frau, eine Migrantin in London. Wenn auch nicht in Lamorna.

„Als Hitler das rosa Kaninchen stahl" war, so wurde mir nun bewusst, mein erstes *Memoir* gewesen. Es war ein Buch, das mich als Kind und Jugendliche und im Unterirdischen bis in die Gegenwart tief berührt hatte. Es umfasste Themen, die mich mein ganzes Leben nicht mehr losgelassen haben: Nationalsozialismus, Geschichte überhaupt, Flucht/Emigration, England, Malerei, Schreiben. Autobiografisches Schreiben und die Frage, welche Rolle Kunst – im weitesten Sinne – für das gute Leben spielt.

Die Rolle, die Kunst im Leben und auch in der Geschichte der Menschheit spielt, das hat Virginia sehr interessiert. Sie hatte nicht nur Stonehenge besucht und sicherlich auch die prähistorischen Kultplätze in Cornwall, sie hatte leidenschaftlich gerne in Griechenland vor den antiken Tempelruinen gestanden. In ihrem letzten, unvollendeten Essay schrieb sie:

> „Only when we put two and two together – two pencil strokes, two written words, two bricks do we overcome dissolution and set up stake against oblivion. The passion with which we seek out these creations and attempts endlessly, perpetually, to make them is of a piece with the instinct that sets us preserving our bodies, with clothes, food, roofs, from destruction."

Virginia Woolf, Anon (1940)

Die Kunst – die Schrift, die Musik, die Malerei, die Architektur –, so schrieb Virginia, hat immer schon die Menschen und auch Gesellschaften beschützt und genährt, so wie Kleidung und Essen den menschlichen Körper. So gesehen wurde mir klar: KünstlerInnen arbeiten nicht nur aus einem inneren Bedürfnis heraus und für ihr eigenes Ego, sondern für uns alle. Wir alle brauchen doch die Kunst, die Bücher, die Bilder, die *Memoirs*. Die KünstlerInnen. Die im Idealfall wie die Merry Maidens immer wieder mal in einem Kreis sitzen und sich gegenseitig zuhören, vorlesen und unterstützen.

Im Herbst begann ich, das Zeichnen und Malen ganz neu zu lernen, das genau Hinschauen und allerlei andere Techniken des gegenständlichen Zeichnens. Ich fand es anstrengend und befriedigend wie kaum etwas. Und fragte mich währenddessen, wieso ich das alles jetzt erst lernte. Was war passiert, als ich 18 war und insgeheim Künstlerin hatte werden wollen? Aber nun war ich am richtigen Platz mit den richtigen Leuten, ich war nicht mehr zu stoppen.

In eben diesem Herbst begann ich, im *writers'studio f*ixe Schreibtreffs einzurichten. Ich wollte dieses Buch schreiben und ich wusste, ich würde es alleine nicht tun.

Jeden Donnerstagvormittag traf ich mich nun mit ein paar Kolleginnen im *writers'studio* zum Schreiben. Jede arbeitete für sich an einem Text, davor und danach tauschten wir uns kurz aus. E-Mails und Business-Texte waren für mich an diesen quasi-heiligen gemeinsamen Schreibvormittagen verboten. Hier war der Zeitraum für Textprojekte, für die keine äußere Dringlichkeit bestand, hier konnten innerlich bedeutsame Texte entstehen und wachsen.

Zusätzlich designten wir im *writers'studio* monatliche, öffentliche Schreibtreffs: Ein *Schreibcafé mit Easy Yoga* und eine *Schreibfabrik mit Feedback*. Außerdem veranstaltete ich alle paar Monate – nach einem Londoner Vorbild – einen *1-Day-Writers-Retreat am Sonntag*.

Ich war bei all diesen Schreibtreffs selbst fast immer anwesend und auf diese Weise arbeitete ich nun tatsächlich mehrmals im Monat an meinem Buch. Ich schrieb in eiliger Handschrift alle Erinnerungen an die lange Wanderung in Cornwall entlang der Atlantikküste auf, stets umgeben von anderen Schreibenden, von meinen Merry Maidens.

Wir modernen Merry Maidens mussten uns jedoch diese freien Schreibzeiten hart abringen von unserem übervollen Alltagsleben oder zeitweilig über den Ozean flüchten.

» «

„please think kindly of me. How I depend upon my friends! You wouldn't believe it, either of you."

Virginia Woolf, Letter to Jacques Raverat (1923)

Shakespeare's Sister: „lives in you and me, and in 'many other women who are not here tonight, for they are washing up the dishes and putting the children to bed. But she lives; for great poets do not die; they are continuing presences; they need only the opportunity to walk among us in flesh. This opportunity, as I think, it is now coming within your power to give her."

Virginia Woolf, A Room of One's Own (1929)

4

Virginias Vision für 2028?

Shared Writing Spaces & *Mother Writers* in
New York – Elf Wünsche für unsere Schreibzukunft

„I am a multitasking freak", las ich in meinem *Notizbuch #9* für mein Virginia-Woolf-Buchprojekt. Das war der letzte Eintrag, den ich geschrieben hatte, bevor ich nach New York geflogen war, bevor ich meine jährliche Auszeit in Amerika angetreten hatte. Nun saß ich im altehrwürdigen Lesesaal der New York Public Library. Ich war hier, um an meinem Buch zu arbeiten, doch dieser Satz ließ mich stocken: „I am a multitasking freak."

Ich dachte an mein vollgestopftes, unruhiges Leben zu Hause, während ich in die Weite dieses amerikanischen Lesesaals schaute und seine Ruhe einsaugte. Das Sonnenlicht flutete schräg durch die hohen Fensterbögen, keinerlei Lärm von der 42nd Street drang in den hochkonzentrierten Raum der Schreibenden und Lesenden. Ach, dachte ich, wie ich dieses New Yorker Licht liebe, den New Yorker Himmel, der nie lange von Wolken verhangen ist, die kräftige New Yorker Sonne, die selbst im Winter so hell scheint! Hier konnte ich auftanken. Diese Reise war eine Rückkehr zur Quelle. Ich würde hier wieder Ruhe, Kraft und Fokus zum Schreiben finden. Naomis Mail war zum richtigen Zeitpunkt gekommen. Meine ehemalige WG-Kollegin aus meiner Zeit in New York hatte mir vor ein paar Monaten geschrieben, sie habe eine neue Wohnung, mit Gästezimmer, ich sei *most welcome.*

In New York zu sein, war eine sehr willkommene Pause. *I am a multitasking freak*, geisterte es mir durch den Kopf und mir wurde schwindlig, wenn ich an meinen dicht getakteten Alltag zu Hause als Unternehmerin, Trainerin und Mutter dachte, in den ich auch noch versuchte, Schreibeinheiten hineinzupressen.

Kapitel 4 Virginias Vision für 2028?

„if one wants to compare life to anything, one must liken it to being blown through the Tube at fifty miles an hour – landing at the other end without a single hairpin in one's hair! Shot out at the feet of God entirely naked!"

Virginia Woolf, The Mark on the Wall (1917)

Ich erinnerte mich an die Zeit kurz vor meiner Abreise, als ich ständig in der Nacht aufgewacht war, weil mir die übervollen To-do-Listen keine Ruhe ließen. Und auch noch mit Beloved ins Kino und ins Schwimmbad gehen wollte, weil ich danach länger weg sein würde. Mein Alltag war beständig so voll, dass die Schreibtreffs und Feedbackrunden im *writers' studio* meine einzige Möglichkeit waren, überhaupt je zum Schreiben zu kommen. Aber wie sollte das auf Dauer reichen, um ein ganzes Buch zu schreiben? Ich brauchte auch längere Schreibeinheiten. Ja, ich brauchte diese Schreibzeiträume in Amerika so sehr. Ach, was wir alles brauchen zum Schreiben, dachte ich. Aber, wer ist *wir*? Wir schreibende Frauen! Ich erinnerte mich an ein Gespräch, das ich erst vor ein paar Tagen mit meinen Trainees über Virginia Woolfs „A Room of One's Own" geführt hatte. Wir hatten Joan Bolkers Antwort darauf – „A Room of One's Own is not Enough"– diskutiert. Da war die Frage aufgetaucht: Erleben Frauen heute überhaupt noch Einschränkungen und Nachteile an den Universitäten? Schreiben Frauen anders, möchten sie anders schreiben, dürfen sie das? Brauchen sie, brauchen wir schreibende Frauen andere *structures and settings*, wie Joan Bolker es nannte? Doch ich wollte diese Fragen jetzt mal lieber zur Seite schieben. Ich war doch hier, in diesem schönen alten Lesesaal, um endlich die Rohfassung des Buchkapitels über meine Wanderung in Cornwall fertigzustellen. Endlich hatte ich Zeit dafür. Ich wollte über englische Landschaften, Orte und Reisen schreiben, doch sie schienen mir so weit weg. Akute Virginia Woolf'sche Fragen rumorten weiter in mir: Ein eigenes Zimmer? Hat das heute jede Frau? War ein „Zimmer für sich allein" wirklich, was wir zum Scheiben brauchten? War es gut – genug –, allein zu sein beim Schreiben? War der Essay „A Room of One's Own" überhaupt noch relevant? Waren Virginias Forderungen noch zeitgemäß? Waren sie schon eingelöst? Hatte Virginia weit genug gedacht? Was war mit uns berufstätigen Nebenbeischreiberinnen? Und was brauchen wir schreibende Mütter?

Ich dachte an meinen vierjährigen Sohn, wie schwer es mir gefallen war, ihn zurückzulassen. Ich hatte ihm versprochen, ihm etwas aus einem Disney-Store mitzubringen. „Nein", hatte er gesagt und mich streng angeschaut: „Ich will aber nicht, dass du wegfährst. Bleib da!" Am Abend vor meinem Abflug hatten wir beide bitterlich geweint. Wieso konnte ich ihn nicht mitnehmen? Aber wie sollte das gehen? Wo sollte er sich aufhalten, während ich im Schreibworkshop sein würde? Wann sollte ich schreiben, wenn er bei mir wäre? Nein, ich musste, ich wollte jetzt mal für zwei Wochen alleine wegfahren und konnte darauf vertrauen, dass Paul sich gut um unseren Sohn kümmern würde. Es würde alles gut gehen.

> „You have won rooms of your own in the house hitherto exclusively owned by men. You are able, though not without great labour and effort, to pay the rent. You are earning your five hundred pounds a year."
>
> Virginia Woolf, *Professions for Women* (1931)

So saß ich also gleich am ersten Tag nach meiner Ankunft in dieser stolzen öffentlichen Bibliothek inmitten von Manhattan mit einem Ordner voller Ausdrucke von Rohtexten und mit etlichen Notizbüchern mit handschriftlichen Aufzeichnungen, die ich über den Ozean geschleppt hatte. Manche meiner handschriftlichen Texte hatte ich in den vorangegangenen Monaten auf ein elektronisches Diktiergerät eingelesen und von einer professionellen Schreibkraft abtippen lassen. Zaghaft blätterte ich im Ordner und begann, ein Cluster zu den Texten über Virginia, die ich in den letzten Jahren geschrieben hatte, zu zeichnen. Es strengte mich sehr an, ich war müde. Ich musste, stellte ich fest, mich zuerst mal sammeln, hier ankommen und vor allem so viel schauen, so viel aufsaugen. So nahm ich mir Zeit, die so unterschiedlichen Menschen an den vielen langen Holztischreihen zu beobachten. Sie arbeiteten mit Laptops und dicken Büchern, lasen, schrieben oder ließen, wie ich, den Raum auf sich wirken. Wir saßen alle in den klassisch amerikanischen, breiten Bibliothekssesseln; die altmodischen Tischlampen erinnerten mich an meine Studienzeit in Berkeley. Dort hatte mich die Schreibfee das erste Mal geküsst. Dort hatte ich in verschiedenen Lesesälen geschrieben und am liebsten in der gemütlichen selbstverwalteten Graduate Student Study Lounge, ganz oben im Turm eines älteren Universitätsgebäudes.

Immer waren es die öffentlichen Bauten aus den 1920er-Jahren, die mich in den USA faszinierten. Gleichermaßen edel, mit Marmor und Bronze, wie modern, Art Deco und wagemutige Stahlkonstruktionen. Diese Gebäude strahlten eine radikale Offenheit und Freundlichkeit aus: „Kommt herein, liebe Leute, wir sind stolz auf unsere Bibliothek, auf unsere Universität, auf unseren Bahnhof, auf unser Fährengebäude." Sie waren die Wahrzeichen einer demokratischen Öffentlichkeit, einer zivilen Gesellschaft voller Zuversicht für die neuen Städte der Moderne. Ähnlich wie die Wiener Stadtbahnbauten von Otto Wagner, doch größer, großspuriger, radikaler, amerikanisch eben.

Ich blätterte die letzten Seiten meines *Virginia-Woolf-Notizbuch #9* durch, um mich zu erinnern, woran ich zuletzt geschrieben hatte. Da las ich in einem tagebuchartigen Eintrag: „Ich habe so oft das Gefühl, dass wir in Mittel-Europa in einer gewissermaßen gedrückten Stimmung leben. Hier wird viel unterdrückt an Wut, Depression und auch an Ideen und kreativen Potentialen." Es war seltsam, dies nun im fernen Amerika zu lesen. Amerika als Antipode zu Mitteleuropa, gerade New York als historischer Ort der Emigration, der Freiheit und Kreativität, das waren Themen, die mich schon seit langer Zeit tief berührten. Ich hatte mich als Studentin ohne Vorwarnung in dieses Land und in diese Stadt verliebt und damit meine antiamerikanische Jugend abgestreift wie einen zu engen Mantel. Doch ich wusste auch, was mir hier nicht gefiel. Ein eiskalter Luftzug schien direkt auf mich gerichtet zu sein. Die Sonne, die die Halle zum Strahlen brachte, hatte keine Chance gegen die Lüftung. Ich zog den Mantel an und setzte die Wollmütze auf. Mit Mütze im Lesesaal? „Liebes Amerika, du bist verrückt", sagte ich. Die für den europäischen Geschmack übertrieben gekühlten oder beheizten Räume gehörten zu den amerikanischen Absurditäten, die mich hin- und herrissen in meiner Liebe zu diesem Land. Und ich fühlte mich mit einem Mal komplett überfordert von der Unmenge an halbfertigen Texten und meinem Überblicks-Cluster, das in alle Richtungen wuchs. Brauchte ich nicht einfach mal Urlaub? Ich wollte alte FreundInnen, das hieß vor allem auch geliebte Straßenzüge, in New York wiedersehen, durch die Stadt flanieren. Wieso schon wieder arbeiten? Raus!

> "to escape is the greatest of pleasures; street haunting in winter the greatest of adventures."
>
> Virginia Woolf, Street Haunting: A London Adventure (1930)

Draußen auf der 5th Avenue grüßte mich die in der Sonne glänzende metallische Turmspitze des Crysler Buildings. Schon wieder New York der 1920er-Jahre! Das brachte mich auf eine Idee, ich wollte zur schönen Grand Central Station hinüber spazieren, auch so ein Art Deco Gebäude und dann weiter, immer weiter, wie mir der Sinn stand. Ich lief durch die Straßen Manhattans und war berauscht vor Freude, New York wiederzusehen, wiederzuriechen, wiederzuhören: Die ohrenbetäubende Sirene und das bald danach vorbeischießende Feuerwehrauto voller Chrom und Stolz. Die gelben Taxis und der Kaffeegeruch an jeder Ecke. Ich brauchte keinen Kaffee, ich war *high*, voller Spazierlust und Wiederentdeckungsfreude. Da fiel mir Virginia ein, die regelmäßig ganze Nachmittage lang durch London flaniert war. Die große Spaziergängerin hatte an die Frauen der Zukunft geschrieben:

> „I hope you will possess yourselves of money enough to travel and to idle, to contemplate the future or the past of the world to dream over books and loiter at street corners and let the line of thought dip deep into the stream."
>
> Virginia Woolf, A Room of One's Own (1929)

Ja, antwortete ich Virginia, ja ich flaniere genüsslich durch die Straßen und verstehe dies als Teil meiner Schreibstrategie. Und schon stand ich oben am marmornen Treppeneingang der Grand Central Station, dieser klassisch modernen Kathedrale der Eisenbahn. Ich schaute hinunter auf die gigantische lichtdurchflutete Bahnhofshalle mit hohen Säulen und einer türkisblauen Kuppeldecke mit elektrisch leuchtendem Sternenhimmel. Ich blickte auf die goldene Uhrensäule und begann zu rechnen:

Kapitel 4 Virginias Vision für 2028?

Wie spät ist es jetzt in Wien? Ich dachte an meinen Sohn, Beloved, der wohl gerade ins Bett gebracht wurde. An wie vielen Orten können wir gleichzeitig sein? Ein Thema, das Virginia liebte, war die Gleichzeitigkeit von Vergangenheit, Gegenwart und Zukunft in unserem Denken. Die Gleichzeitigkeit von Amerika und Europa im Herzen war nicht ihr Thema, sondern meines. Ich schaute auf das Gewusel der Leute, die von allen Richtungen kamen, von der U-Bahn, von den Bahnsteigen und von den Eingängen von draußen, der Park Avenue. Die ehrwürdige Halle war erst vor wenigen Jahren renoviert worden, das Gold glänzte, der überdimensionale Kronleuchter in der Mitte strahlte, als wäre er brandneu. Wie im Jahr 1913 nach der Eröffnung. Wie damals, dachte ich plötzlich, als Virginia lebte, schrieb und publizierte! Das ist die Architektur *ihrer* Zeit!

Sie war aber selbst nie hier gewesen. Nie in New York. Nie in Amerika. Obwohl ihre Bücher und Essays auch in den USA schon zur ihren Lebzeiten erfolgreich waren. Dennoch, mir schien, als sei sie doch hier gewesen, als sei sie immer noch da. Wie nur?

Ich hatte im Flugzeug im „Geo Spezial New York" gelesen: „Es war einmal die Zukunft. Und sie sah prächtig aus. Wie keine andere Metropole der Welt repräsentierte New York City zu Beginn des 20. Jahrhunderts den damaligen Fortschrittsglauben. Und nirgendwo sonst ist die Aufbruchsstimmung architektonisch so gut konserviert worden." Aufbruchsstimmung im frühen 20. Jahrhundert? Das klang sehr nach Virginia.

Die Grand Central Station schien durch die Renovierung so neu wie zu Virginias Zeiten. Ich schaute die vorbeieilenden Menschen an und mit einem Mal hatten die Herrn Zylinder auf und die Damen trugen lange, weite Röcke und Schnürschuhe. Auf dem Weg wohin? In den Lesesaal, an die Universität? In den USA durften die Frauen schon in der Mitte des 19. Jahrhunderts studieren, anders als im fernen Europa. Ich hatte gelesen, dass es in den USA nach dem Bürgerkrieg zu einem enormen Aufschwung im Bildungsbereich kam und 1870 bereits über 20 Prozent aller Studierenden Frauen waren! In den späten 1920er-Jahren, als Virginia, die selbst nicht hatte studieren dürfen, „A Room of One's Own" schrieb, waren in Amerika beinahe 45 Prozent der Studierenden weiblich. Cambridge hingegen, die hochheilige englische Universität Cambridge, nahm bis 1948 keine Frauen als vollwertige Studentinnen auf. Sie wurden an niedere Frauencolleges verbannt. Im Jahr 1928 hatte Virginia 46-jährig vor den Studentinnen so eines englischen Frauencolleges gestanden und hatte sie aufgefordert zu schreiben. An das Ende dieses langen Vortrags, den sie später als „A Room of One's Own" veröffentlichte, setzte sie eine Vision: In hundert Jahren, wenn Frauen eine ausreichende Summe Geld für sich haben werden – *500 Guineen im Jahr* –, ein Zimmer für sich, in dem sie gut arbeiten können, und wenn sie dann endlich den Mut haben werden, genau das zu schreiben, was sie denken, dann, ja dann wird *Shakespeares Schwester* lebendig werden. Wer war Shakespeares Schwester? Von der ist nichts in historischen Dokumenten bekannt. Die Frauen der Zukunft, so wollte es Virginia, sollen Shakespeares schreibende Schwestern werden und Namen annehmen.

Ich ging durch die strahlende Bahnhofshalle hinunter zu den muffigen Schächten der New Yorker *Subway*. Leben sie schon, Shakespeares Schwestern? Am Bahnsteig musterte ich die New Yorker Frauen, im *business outfit* mit geföhntem Haar oder Studentinnen mit Turnschuhen oder Mütter mit Kinderwagen und Einkaufstaschen. Frauen aller Hautfarben, *African Americans,* Weiße, *Asian Americans,* Latinas, Frauen, die die Sprachen der Welt sprachen. Ich fühlte mich so gar nicht fremd hier. „Excuse me, ladies! Are Shakespeare's sisters already living?", wollte ich sie fragen. Gewissermaßen ja, antwortete ich mir selbst. Denn heute ist uns vieles möglich, das Virginia und ihre Zeitgenossinnen gewünscht, ersehnt und erkämpft hatten. Es hat sich viel getan seit 1928. Frauen stellen in vielen Fächern die Mehrheit der Studierenden und AbsolventInnen. Sie haben das große I erkämpft, ungeliebt von fast allen und doch so auffällig und wohltuend. Schriftstellerinnen mit kleinem i gibt es heute viele. Wie immer eine Zählung aller, sagen wir mal, publizierten Autoren und Autorinnen vorzunehmen sei. Der Anteil der Frauen ist, so vermutete ich, beträchtlich. Wahrscheinlich gibt es mehr weibliche Kinderbuchautorinnen und dagegen mehr männliche Wissenschaftsautoren. Ob unter den Literatur-NobelpreisträgerInnen Parität herrscht, könnte leicht nachgeprüft werden. Aber es ging mir nicht um solche Zahlenspiele. Von Agatha Christie bis Elfriede Jelinek, Frauen stehen heute als Autorinnen ganz oben und ganz vorne. Juchey! Auch das „Zimmer für sich allein" hat dank des Feminismus der 1970er-Jahre Furore gemacht. Damals wurde Virginias Essay „Ein Zimmer für sich allein" wiederentdeckt.

Doch haben die Frauen von heute tatsächlich ein *Zimmer für sich allein*? Haben sie *500 Guineen* im Jahr, um sich Zeit & Raum zum Schreiben zu schaffen?

Ich kannte so viele Frauen, denen es zwischen den Fingern kitzelte und in der Seele brannte und die dennoch NICHT schrieben oder zu selten, zu mutlos, eingeschüchtert, eingedeckt mit zu viel dies und das. Diese Frauen verdienten zumeist ihr eigenes Geld, hatten einen Beruf und eine Ausbildung – beides war Virginia verwehrt gewesen. Viele Frauen in unserer Gesellschaft haben in ihren Wohnungen mit oder ohne Mann, mit oder ohne Kind, zumeist ein Zimmer oder eine Ecke, einen Schreibtisch für sich allein. Doch viele haben auf der Karriereleiter oder in der aufreibenden Ich-AG ihre kreative Seite verloren. „Was soll's?", denken sie: „S'war halt nur ein naiver Jugendtraum, ich könnte was schreiben. Was soll's? Es war nur ein Albtraum, ich könnte aufschreiben und rausschicken, was mich zur Weißglut bringt oder zermürbt. Was soll's?" Wir haben uns eingerichtet im kleinen Leben. Und den Traum vom Schreiben den wenigen „großen Talenten" da oben auf den Bestsellerlisten oder Long und Short Lists für Literaturpreise überlassen. Wir da unten schauen zu. Diese Selbstaufgabe machte mich traurig, wenn es um so Elementares wie kreativen Ausdruck ging.

In der *Subway* auf dem Weg zurück nach Brooklyn schrieb ich in mein Notizbuch:

„Was brauchen wir Frauen von heute, um zum Schreiben zu kommen? Was bräuchte ich, um wirklich-wirklich loslegen zu können?"

Am nächsten Tag saß ich um vier Uhr früh auf dem hohen *boxspring bed* in Naomis Gästezimmer und schrieb meine Morgenseiten. Ich war so gut ausgeschlafen wie lange nicht. Jetlag sei Dank. So viel Ruhe und Zeit zum Schreiben hatte ich ewig nicht gehabt. Ich schrieb und schrieb und dann klappte ich mein Notizbuch zu, zog mich an und schlich leise aus der Wohnung, um niemanden zu wecken. Ich fuhr zum Frühstück in meine geliebte Tea Lounge im hippen Brooklyner Stadtteil Park Slope.

Die Tea Lounge war in einem tiefen, langgestreckten loftartigen Raum platziert. Als ich eintrat, in diese ebenerdige Höhle, in die kaum Tageslicht kam, musste ich die Augen umstellen auf das sanfte Licht. Erst nach einer Weile konnte ich die vielen alten Couchen, Lehnsessel, Tische und Sessel aller Art sehen. Hier war es gleichermaßen *funky* wie gemütlich. Dort und da saßen Männer und Frauen, viele mit Laptops, manche mit der riesigen New York Times oder einem Buch oder einem *Yellow Pad*, dem klassisch amerikanischen, knallgelben Schreibblock.

Geredet wurde kaum in diesem Arbeitsraum voller kreativer Energie. Die leise Musik schien durch die altmodischen Ventilatoren auf der Decke im Raum hin und her bewegt zu werden. Es roch nach frischem Kaffee, nach Chai Tee mit Zimt, nach getoasteten Bagles und nach Omelett. Ich hatte einen Wolfshunger und bestellte an der Bar.

Als ich genüsslich meinen *mixed seed bagel with cream cheese and tomatoe* in einem roten Samtlehnstuhl verspeiste, saugte ich die Atmosphäre rund um mich auf. Dann las ich in meinem Notizbuch die am Vortag notierte Frage und formulierte sie neu:

„Was brauche ich, was brauchen wir eigentlich, um unser Schreibpotential voll entfalten zu können?"

Und die Antworten begannen aus mir herauszupurzeln:

„**1. Wunsch für unsere Schreibzukunft: Ungestörte Zeit zum Schreiben, Denken, Lesen. Am besten jeden Tag einmal und jede Woche einmal länger, und mehrmals im Jahr für mehrere Wochen am Stück.**
Ich möchte weiterhin Erwerbsarbeit betreiben, da ich anders als Virginia keine Erbschaft habe, die mich nährt. Abgesehen davon finde ich diese Verbundenheit mit der ‚normalen' Arbeitswelt spannend und fruchtbar, wenn sie mich nicht auffrisst, wenn ich trotz oder neben der Erwerbsarbeit ausreichend Zeit zum Schreiben finde.

2. Wunsch für unsere Schreibzukunft: Diese ungestörten Schreibzeiten sollen an schönen, inspirierten und inspirierenden Orten stattfinden:
In einer *tea lounge,* in schönen Lesesälen, in Parks, auf dem Land, am Meer, oftmals auch weit weg von Europa, in den USA auf Hawaii, in Indien oder sonstwo.

3. Wunsch für unsere Schreibzukunft: Die ungestörten Schreibzeiten dürfen zum Teil offline und unplugged sein, um mal unterzutauchen, einzutauchen in den kreativen Fluss."

Ich schaute von meinem Notizbuch auf und sah in einer Mauervertiefung der Tea Lounge die Brooklyn Bridge, mit dicken Pinseln schematisch aufgemalt. Dahinter die *skyline* von Manhattan. Die Twin Towers des World Trade Centers thronten hier, als wäre nie etwas passiert. Auf der gemalten Brooklyn Bridge hing eine elektrische Lichterkette. Hier, in der Tea Lounge, war immer Weihnachten und die Zeit dehnbar, sie konnte stillstehen, so wie die aufgemalten Twin Towers, oder schnell davongaloppieren, wie die Gäste hier auf ihren Laptops, eingeloggt von dieser kreativen Höhle aus in die schnelle globale Welt.

> „Give her another hundred years, I concluded […] give her a room of her own and five hundred a year, let her speak her mind […] She will be a poet, I said […] in another hundred years' time."

Virginia Woolf, A Room of One's Own (1929)

In hundert Jahren hatte Virginia 1928 geschrieben. Hundert Jahre – das ist eine lange Zeitspanne. Wäre es mir möglich zu sagen, wie wir leben und schreiben werden oder sollten *in hundert Jahren?* Also im 22. Jahrhundert! Nein, ich machte mir über die ferne Zukunft keine Gedanken; ich war zu beschäftigt mit meinem eigenen Leben, was ich am nächsten Tag und im nächsten Jahr machen würde, wie ich meine Ideen unterkriegen könnte, ohne mich zu überfordern. Worüber ich aber nachdenken wollte, war, was wir heute bräuchten für unser Schreiben. Wir Frauen im deutschsprachigen Raum oder in Europa.

So schwer kann das ja nicht sein. Sternmomente hatte ich bereits erlebt, in denen es war, wie es sein könnte, wenn die Angst, die Einsamkeit und die Mutlosigkeit, die so viele Schreibende plagen, wegfallen. In hundert Jahren, hatte Virginia geschrieben – *hey*, dachte ich plötzlich, *hey*, diese Jahreszahl fällt ja in mein, in unser Leben! In unser Schreiben! Virginia hatte also eine Vision für 2028. Virginias hundert Jahre sind schon bald vorbei.

Ein paar Tische weiter saß eine Frau mit Kinderwagen, das Kind schlief, die vermutliche Mutter schrieb am Laptop. Sie erinnerte mich an J. K. Rowling, die die ersten Entwürfe für Harry Potter im Studentencafé Elephant House in Edinburgh geschrieben hatte, eine Hand am Kinderwagen, den sie sanft auf und ab schaukelte, damit ihr Kind ruhig weiterschlafen würde und sie noch eine Seite schreiben konnte. Ich hatte einmal Rowlings früheres Schreibcafé in Schottland besucht. Die Wände waren mit Harry-Potter-Artikeln vollgehängt. Das Café hatte ein großes Fenster mit fantastischem Blick auf die mittelalterliche Burg von Edinburgh. Diese thront mitten in der Stadt auf einem Hügel, mystisch, die Fantasie anregend: „Was, wenn das eine Zauberschule wäre?", hatte J. K. Rowling vielleicht gedacht. Die Tatsache, dass Rowling ihren Roman neben ihrer kleinen Tochter geschrieben hatte, gefiel mir. Ich schaute von meinem weichen Lehnsessel in der Tea Lounge auf die Twin Towers und die in knalligen Farben aufgemalte und beleuchtete Brooklyn Bridge und schrieb in mein Notizbuch:

„Wo werden unsere Schreibzauberschulen sein? Wohin wird uns Virginias Vision für 2028 führen?
In 100 Jahren, hatte Virginia geschrieben, wenn Frauen *500 Guineen* im Jahr haben werden und ein Zimmer für sich, wenn sie den Mut haben werden, genau das zu schreiben, was sie denken, wenn sie eine Sprache gefunden haben werden für ihre spezifisch weibliche Sicht der Welt, und nicht nur Räume haben, sondern auch den Himmel. Sich draußen wie drinnen ebenso wohl wie frei fühlen werden. Wenn sie schnellen Schrittes gehen in der Natur und in den Städten herumflanieren, wenn sie in allen vorhandenen und in neuen Genres schreiben werden, dann ... Was ist aus Virginias Vision geworden? Amerika, sage es mir. Amerika, zeige es mir."

Als hätte ich einen Zauberspruch geflüstert, ging ein Fenster in eine neue Welt vor mir auf, als ich kurz nach dem Schreiben die Flyer auf einer Pinnwand der Tea Lounge studierte. Ich hatte gerade Angebote für Babyfotografie, Computer-Hilfe, Yoga-Stunden überflogen und ein Konzert-Poster angeschaut. Und dann. Auf einem schlichten Blatt Papier stand unter dem Foto einer Schreibmaschine in großen Buchstaben: WORKSHOP ON WRITING ABOUT MOTHERHOOD: *For Mothers Who Love to Write (and Eat).*

Ja, ich! Ja, hier bin ich! Ich hätte gerne aufgezeigt, auf mich gezeigt. „Hallo! Ich bin so eine Mutter, die gerne schreibt." Ich schmunzelte. *Mütter, die gerne essen?* Bezog sich das auf Essprobleme? Nein, eher nicht. Der Workshop begann in zwei Tagen. Er dauerte acht Wochen, jeweils Dienstagabend von 18 bis 21 Uhr. Schade, dachte ich, dass ich nur für eine Woche in New York bin. Ich notierte dennoch die Telefonnummer und rief an.

„Yes. Sure, why not? You can come to just the first evening of the workshop", sagte die Frau am anderen Ende der Leitung.

Meine Vorfreude auf den *Workshop for Mothers Who Love to Write (and Eat)* war enorm, denn ich war süchtig nach amerikanischen Schreibworkshops. Sie hatten mich alles gelehrt, mehr noch, sie hatten mir die Erlaubnis gegeben, überhaupt zu schreiben. Begonnen hatte alles, als ich im Jahr 2000 nach New York gezogen war und anfangs in einem kleinen Independent Bookstore in Brooklyn gearbeitet hatte. Nachdem ich ein Dutzend Male „The Artist's Way" von Julia Cameron über den Ladentisch geschoben hatte, hatte ich es mir schließlich für mich selbst gekauft. So hatte ich zu schreiben begonnen, mich bald danach an der *New York University* für den Einsteiger-Workshop *Can I really write?* angemeldet und nie mehr aufgehört zu schreiben.

> „[...] a writer has to be taught. For the art of writing is at least as difficult as the other arts. And though, perhaps because the education is indefinite, people ignore this education, if you look closely you will see that almost every writer who has practised his art successfully had been taught it."
>
> Virginia Woolf, The Leaning Tower (1940)

Zurück in Naomis *living room* mit den haarigen Angorakatzen blätterte ich eine New Yorker Programmzeitschrift durch. Ich fand just für diesen Abend eine Lesung im Book Court, in der kleinen Buchhandlung, in der ich, als ich in New York gelebt hatte, anfangs gejobbt hatte. Nur so lange, bis ich eine besser bezahlte Stelle in einem Verlagsbüro gefunden hatte, mit der ich meine astronomisch hohe New Yorker Miete hatte zahlen können. Doch im Book Court zu arbeiten, hatte mir viel mehr Spaß gemacht. Book Court war eine Buchhandlung wie aus dem Bilderbuch, in einem kleinen Holzhäuschen an einer pittoresken, kleinstädtisch wirkenden Geschäftsstraße in Brooklyn. Ich las also in der Programmzeitschrift, dass am Abend AbsolventInnen eines privaten Schreib-Workshops dort ihre frisch publizierten Bücher präsentieren würden. Nichts wie hin, dachte ich.

Eine freundliche Welle von altbekannten Gerüchen und leiser klassischer Musik hieß mich willkommen, als ich im Book Court eintrat. Dies war mein Traum von einer Buchhandlung, sie hatte das liberal-intellektuell-künstlerische Flair amerikanischer Universitätsstädte. In einem großen *back room* mit langen Buchregalwänden standen etwa hundert Sessel, vorne ein Pult. Noch standen die Leuten bei den Regalen und in Grüppchen. Was war das für ein *writing workshop*, der sich hier präsentierte? Etwa ein Dutzend Universitäten in New York boten Creative-Writing-Lehrgänge an und die größte private Schreibschule Amerikas *Gotham Writers' Workshop* war omnipräsent mit ihren dicken Programmheften. Ich suchte nach Infos und fand schließlich an der Kasse Bleistifte und Stofftaschen mit dem Aufdruck *Sackett Street Writers' Workshop* und eine Postkarte, auf der kaum mehr als die Website stand. Auf der Rückseite der Karte stand *Fiction Writing Non-fiction Poetry*. Wer oder was war dieser *Sackett Street Writers' Workshop?*

Dann stand Julia Fierro am Pult. Eine Frau mit extrem kurzen Haaren und strahlenden Augen, die Gründerin jenes Workshop-Programms, ursprünglich in ihrem Wohnzimmer, eben in der namensgebenden Sackett Street: Julia erzählte, dass die Besitzerin des Hauses, eine ältere, senile Dame, sich gewundert hatte, warum so viele Leute bei Julia aus- und eingingen, und vermutete hatte, Julia würde ein Bordell betreiben. Nicht nur deswegen war der Workshop längst umgezogen und feierte in diesem Jahr sein zehnjähriges Bestehen. Es folgten vier Lesungen von AbsolventInnen der *Sackett Street Writers' Workshops.* Romane, Kurzgeschichten und Sachbücher. Das war New York, dachte ich, hier geht alles schneller. Das war Amerika, hier hatten Schreibworkshops schon eine lange Tradition. Nach der Lesung ging ich vor zu Julia, stellte mich vor und gratulierte ihr zu ihrem Erfolg. Sie sagte: „I was surprised how fast the program grew. There are so many people here in New York who want to write. It has become in fact getting a little too much for me. I have two small kids now."

„I have a child, too!" Wir lächelten uns wissend an.

„It's all great. I just don't know anymore when to write myself."

„Young women […] the plays of Shakespeare are not by you […] What is your excuse? […]

> We have had other work on our hands. [...]
> We have borne and bred and washed and taught,
> perhaps to the age of six or seven years, the one
> thousand six hundred and twenty-three million
> human beings who are according to statistics, at
> present in existence, and that [...] takes time."

Virginia Woolf, A Room of One's Own (1929)

Wie sollen wir das schaffen, fragte ich mich, als ich sehr müde durch das abendliche Brooklyn zurück zur U-Bahnstation Borough Hall ging. Erwerbsarbeit und Schreiben zu verbinden, ist schon schwer genug. Das betrifft auch Männer, die schreiben, und die meisten Menschen, die künstlerisch tätig sind. Aber Erwerbsarbeit, Muttersein und Schreiben – wie sollen wir das machen?

Darauf hatte ich keine Antwort. Aber ich notierte zwei weitere Wünsche auf meiner Liste, als ich unten am alten, etwas heruntergekommenen Bahnsteig mit alten Mosaikaufschriften auf die *subway* wartete:

„4. Wunsch für unsere Schreibzukunft: Als Basis für eine starke Entwicklung des Schreibens von Frauen braucht es qualitätsvolle Schreibworkshops in bunter Vielfalt.
Der amerikanische Zugang zu Schreiben als erlernbares Kunsthandwerk und die lange und reiche Tradition an inspirierender, bestärkender, lustvoller Lehre auf allen Ebenen kann nur Vorbild sein. Von der Grundschule bis zum Altersheim, von kleinen privaten Anbietern bis zu Universitätslehrgängen braucht es andere, freundlichere, kreativere Angebote. Virginia hat Schreibenden empfohlen sich in allen Genres zu probieren. Experimentieren, üben, spielen wir! Und gönnen wir allen, die sich dafür interessieren, leistbare Handwerksbasis."

> „If you would please me
> and there are thousands like me –
> you would write books of travel and adventure,
> and research and scholarship, and history and

> biography, and criticism and philosophy and science."
>
> Virginia Woolf, A Room of One's Own (1929)

Und weil ich an die ganz andere Tradition und Haltung zum Schreibenlernen zu Hause, in Europa dachte, fügte ich hinzu:

„**5. Wunsch für unsere Schreibzukunft: Eine Absage an schnelle äußere Erfolgskriterien.** Nicht nur die sollen, dürfen, können künstlerisch sich entfalten, die Bestseller schreiben; nicht nur die brauchen Förderung, die *Hochkultur* produzieren. Es liegt ein weites Feld zwischen monetär verwertbaren Texten und Preisverleihungsliteratur, viel ungenütztes, unerkanntes, nicht gefördertes Potential! Ich habe die Nase voll vom hochnäsigen Geniekult. Von der Vorstellung, dass die wahren Talente von selbst schreiben lernen oder immer schon alles können, keine Workshops oder Unterstützung brauchen. Dieses Genie-Phantom ist nicht nur hinderlich, es ist auch männlich. Jedenfalls sicher keine berufstätige Frau oder Mutter.
Nein, wir dürfen alles schreiben und müssen dabei nicht auf Geld und Literaturpreise schielen."

> „All this claiming of superiority and imputing of inferiority, belong to the private-school stage of human existence where there are ‚sides', and it is necessary for one side to beat another side, and of the upmost importance to walk up a platform and receive from the Headmaster himself a highly ornamental pot. As people mature they cease to believe in sides or in Headmasters or in highly ornamental pots."
>
> Virginia Woolf, A Room of One's Own (1929)

Am nächsten Abend suchte ich lange das Haus, in dem der ominöse *Workshop for Mothers Who Love to Write (and to Eat)* stattfinden sollte. Ich rannte die vielspurige Flatbush Avenue in der Dämmerung auf und ab, entlang von supermodernen Banktürmen und heruntergekommenen Shopping Malls, blinkenden Neonzeichen altmodischer Fast-Food-Ketten und suchte vergeblich die Hausnummer. Schließlich stand ich verdutzt vor einem ehemaligen Fabriksgebäude. Im Eingangsbereich befanden sich jede Menge Schachteln, Räder und Krimskrams. Ich hatte mir vorgestellt, der Workshop mit Dinner würde in einer Wohnung stattfinden. Der riesige Industrielift raste nach oben und brachte mich in ein Großraumbüro der anderen Art. Dutzende verschiedenartige Schreibtische standen chaotisch im Raum herum, viele Computer, Schachteln, Räder, peppige Poster, Kaffeegeruch. Dies war offenbar ein gemeinsames Büro von Selbstständigen, vermutlich Grafikern und Programmierern. *Cool.* Sehr New York. *Very inspired.* Doch, wo sollte hier ein Workshop stattfinden und ein Abendessen? Ich marschierte durch den Urwald an Schreibtischen auf einen jungen Kerl zu. Workshop? Nein. Dann seine Frage: „Are you a writer?" Ich nickte, er sagte: „Cool. It's on the third floor." Ja, dorthin hatte ich gewollt und mich verfahren. Ich war fast eine halbe Stunde zu spät, schimpfte ich mich. Doch dann öffnete der Aufzug, nun endlich im dritten Stock.

Wieder ein riesiger Raum, ein Loft, wieder voller Schreibtische, wieder chaotisch. Doch anders als das Grafikerbüro, heimeliger, ja, weiblicher. Es wirkte ein bisschen wie eine Altwarenhandlung. Perserteppiche am Boden. Hier ein Lehnsessel, dort eine Couch. Eine große, bunte, dreidimensionale Collage an der Wand. Und dann um die Ecke, endlich: eine Gruppe von Frauen an einem langen ovalen Holztisch, Teller mit Quiche und Salat, Wassergläser, Schreibblocks. Es war ein Freudenschock. War ich im Himmel für Schreiberinnen gelandet? „Welcome! Just take a seat", sagte eine Frau etwa in meinem Alter. „We are just telling the story how we got the idea for this workshop. Just chatting a little while everyone is arriving." Ich setzte mich dazu, aß, genoss den Rucola-Salat mit Nüssen, getrockneten Kirschen und Ziegenkäse. In einer Redepause, als Sharon, die Workshop-Leiterin, die letzte Teilnehmerin vom Aufzug abholte, fragte ich voller Dringlichkeit: „And what is this here?" – ich zeigte dabei auf den Raum mit all den verschiedenen Schreibtischen, jeder ganz anders, jeder interessant auf seine Weise. Die meisten ganz abgeräumt. „Oh, it is a shared writing space for women."

Wow, ein gemeinsamer Schreibraum für Frauen. Und so riesig und so cool! Sie sprach weiter: „Each woman owns a desk here and also rents it out to others." Frauen mieteten hier also einen Schreibplatz, mein Herz hüpfte und rief: „Bitte ich mag auch!"

Noch bevor der Workshop startete, war ich high. In Gedanken schrieb ich Punkt sechs zu meiner Wunschliste für das Schreiben von Frauen:

„6. Wunsch für unsere Schreibzukunft: Um unsere Schreibpotentiale zu entwickeln, brauchen wir positiven Kontakt zu anderen Schreibenden, eine community of writers. Wir wollen, können gemeinsam schreiben, nebeneinander bei Schreibtreffs und *writer's retreats*, in Schreibseminaren oder gar in dauerhaften gemeinsamen Schreibräumen wie diesem hier. Und uns gegenseitig angenehmes, stärkendes Feedback geben."

Dann ging der Workshop los. Für die Schreibübungen durften wir uns irgendeinen Schreibplatz im ganzen Raum aussuchen. Ich wählte einen Ohrensessel. Während ich schrieb, schaute ich mich immer wieder um. Besonders gut gefiel mir ein alter Sekretär mit vielen kleinen Fächern. Es waren keine Computer zu sehen, die Mieterinnen hatten wohl ihre Laptops mit nach Hause genommen und ihre Unterlagen weggeräumt. Die Plätze waren bereit für andere, um sie einzunehmen, um weiterzuschreiben. Und plötzlich fiel mir ein, dass Virginia nicht nur die – berühmt gewordene – Frage nach dem eigenen Zimmer für das Schreiben formuliert hatte, sondern auch eine Zusatzfrage gestellt hatte, die bisher zumeist übersehen worden ist:

„the room is your own [...]
With whom are you going to share it, and upon what terms?"

Virginia Woolf, Professions for Women (1931)

Die Betreiberinnen dieses Frauen-Schreibraums hatten eine geniale Antwort auf diese Frage gefunden. Sie hatten Virginia geantwortet, kein Zweifel. Virginias Spirit durchdrang diese luftigen Räume. Sie war hier, keine Frage. Sie saß in einer Ecke, in einem Lehnstuhl mit einem Schreibbrett auf ihren überschlagenen Oberschenkeln, mit einer langen Schreibfeder in der Hand und kritzelte lautstark. Sie schaute auf, ihre

Augen durchdrangen mich, sie lächelte und nickte mir zu: Schreib weiter! Das tat ich. Als ich wieder aufschaute, sah ich an eben dieser Stelle Andrea, eine andere Teilnehmerin des Workshops mit ihrem Laptop. Sie tippte schnell und aufgeregt. Dann pausierte sie und ließ ihren Blick genüsslich über den Raum gleiten.

In der Pause erklärte mir Sharon, dies sei ein *quiet office space,* also keine Gespräche, keine Telefonate, um sich gegenseitig nicht zu stören. Alles in mir lächelte. Weiter hinten gab es noch eine Küche mit einem runden Stehtisch aus den 1950er-Jahren mit witzigen Plastikbarhockern. Hier aßen, tratschten, telefonierten und kochten offenbar die Frauen in den Schreibpausen. Auf einem Glas voller selbst gebackener Kekse stand auf einem handgeschriebenen Schild *Cookies for Writers.*

Ebenso inspirierend und *uplifting* wie dieser wunderbare Wunderraum, auf den ich per göttlichem Zufall gestoßen war, just an dem Tag, an dem ich überlegte, wie Virginias Vision für 2028 umgesetzt und neu gedacht werden könnte, war der Workshop. Sieben Teilnehmerinnen und zwei Leiterinnen, neun *Mütter, die schreiben, mother writers* also, sprachen über ihre Schreiberfahrungen – manche hatten bereits Bücher und Artikel publiziert, andere hatten an Lesungen, Theaterstücken und Performances teilgenommen, eine Frau erzählte, sie habe seit ihrer Dissertation vor vielen Jahren nichts mehr geschrieben. Die Frauen waren zwischen dreißig und fünfzig Jahre alt und hatten ein oder mehrere Kinder. Die Schreibaufgaben trafen mitten ins Mutterherz der Schreiberinnen. „How has becoming a mother affected your relationship with your own mother?" Fünf Minuten *Freewriting* an einem Platz der Wahl, dann eine Leserunde am runden Tisch, dann die nächste Schreibaufgabe mit sieben Minuten *Freewriting* an einem anderen Platz, und noch mal zehn Minuten *Freewriting* zur Frage „Who were you before you became a mother?"

Die Texte waren voller Kraft, voller Liebe und Wut, rhythmisch, persönlich, erstaunt. „When I was six, my parents forgot me in a gas station", schrieb Anja in ihrem Text. Ich lachte und weinte, als ich ihr zuhörte. Die Jüngste unter uns, Andrea aus Mexiko, eine Schauspielerin, deren Kind erst 15 Monate alt war, schrieb über ihren Schlafmangel, ihre nächtlichen Gedanken, wenn sie hellwach neben ihrem bereits wieder eingeschlafenen Baby lag, dem sie um drei Uhr früh ein Fläschchen gemacht hatte. Soll ich, darf ich, muss ich ihn schreien lassen eines Nachts, vielleicht schon morgen? Wird er je lernen durchzuschlafen? „I am most afraid to become like my mother. In fact I have already become like her."

Sätze wie dieser trafen mich, die Dringlichkeit der Mutterthemen meiner Generation war spürbar, die heiße Energie beim Schreiben, Vorlesen und Diskutieren.

Müde und aufgedreht schrieb ich nach dem Workshop auf dem Weg zurück zu Naomis Wohnung noch Wunsch Nummer sieben in mein Notizbuch:

„**7. Wunsch für unsere Schreibzukunft: Schreibende brauchen eine Einbettung in eine writers' community, aber auch eine Integration des Schreibens in Lebensläufe der Fülle. Mutter zu sein und kreativ zu sein, brauchen sich nicht zu widersprechen.** Viel mehr halte ich die tendenzielle Abwertung von Mutterschaft des Feminismus der 1970er-Jahre, die Warnungen vor einem Leben mit Kindern, für *menschlich* problematisch und der kreativen Entwicklung gegenüber hinderlich. Wir dürfen *alles* leben, was wir leben wollen und uns dennoch auch beizeiten – regelmäßig – daraus zurückziehen. Es geht um eine Integration des Kreativen in unser Leben. Gegebenenfalls auch in ein Leben mit Kindern."

Berauscht, entzückt, beglückt von dem Workshop klappte ich am nächsten Tag noch vor Morgengrauen den Laptop auf und besuchte die Website dieses Frauenschreibraums, in dem mir am Vortag Virginia begegnet war: brooklynpowderkeg.org. Ich konnte meinen Blick nicht abwenden von dem Foto des magischen Raums, den sie kreiert hatten. Und hier stand es! Gleich im ersten Absatz der Website: „Drawing inspiration from Virginia Woolf's exhortation that we all need a room of our own." – Ich lachte laut auf. Ich war nicht überrascht, ich war bestätigt. Ich hatte ihre Anwesenheit gespürt, ganz deutlich. Mehr noch, jetzt wurde es mir klar: Virginia und ihre Vision leben. Sie leben hier, in Amerika!

Ich dachte zurück. Nicht nur hatte ich in Berkeley in einem Seminar Virginia Woolf gelesen, auch als ich später in New York gelebt hatte, auf das Schreiben gestoßen war und begonnen hatte, viele amerikanische Bücher über Schreiben zu lesen, war Virginia plötzlich überall aufgetaucht. Hier ein Zitat von Virginia, dort ein Verweis auf sie. Überall hier konnte die aufmerksame Beobachterin Zitate und Verweise auf Virginia finden. Nein, nicht bloß Verweise, ein genialer realer gemeinsamer Schreibraum ging auf ihre dringliche Frage nach geeigneten Räumen für das Schreiben von Frauen zurück. Insgesamt wird in Amerika Virginia

Woolf sehr viel stärker rezipiert als bei uns, und zwar als große Ahnin und Theoretikerin des Schreibens von Frauen. Eigentlich, so dachte ich, ist sie hierher emigriert, im Geiste zumindest.

Bevor ich mich weiter durch die Website des Frauenschreibraums klickte, suchte ich die Übersetzung des Wortes *powder keg,* wie sich diese Frauen nannten. *Powder keg* heißt? Pulverfass! Ich musste wieder lachen und las dann genüsslich alle Texte der Website der Pulverfassfrauen:

```
PowderKeg provides work space and support to professional
and emerging women writers. Located in the BAM Cultural
District in Brooklyn, PowderKeg is an urban writers' re-
treat offering writers respite from the demands of city life
as well as camaraderie and community.
```

Community, ja klar. Schreiben braucht *community*, das Schreiben von Frauen ganz besonders. *Professional and emerging women writers,* auch diese Formulierung berührte mich. An dem Workshop am vorangegangenen Abend hatten so unterschiedliche Frauen teilgenommen. Frauen, die vom Schreiben lebten, und solche, die den zarten Wunsch hegten, endlich wieder einmal was zu schreiben, sich in diese Richtung zu entwickeln. Ich las weiter:

```
Drawing inspiration from Virginia Woolf's exhortation that
we all need a room of our own and from Hedgebrook, a rural
writers' residency in Washington State - we've gone about cre-
ating a workspace for women journalists, fiction writers, poets,
essayists, screenwriters, playwrights and performance artists.
```

Wow, so einfach könnte es sein! Die Pulverfass-Frauen haben sich einfach einen *workspace* für sich geschaffen. Sie warteten nicht bis man(n) sie einlädt, sie vergammelten nicht allein zu Hause. Und sie kapselten sich nicht voreinander ab, gar gegeneinander. Weder stiegen die, die ganz oben auf der Leiter standen, denen weiter unten auf die Finger, noch war die Journalistin der Dichterin fremd. Alle Genres auszuprobieren, das hatte Virginia empfohlen! Und das heißt auch mit Menschen, Frauen in Austausch zu sein, die ganz etwas anderes schreiben.

Ich las weiter:

> We are located in a large, sunny loft. Each writer gets permanent office space in the quiet main area, including her own desk, chair, lamp, and filing cabinet. She also has wireless Internet access and use of a conference room, roof deck, cozy napping area, and a fully equipped kitchen.

A sunny loft … ich hatte es nur bei Nacht gesehen. Eine Dachterrasse gab's auch noch? Ja, gemütliche Entspannungsecken, die Couchen waren damit wohl gemeint, waren ebenso wichtig wie eine Küche! Vielleicht brauchen Frauen stärker als Männer eine Einbettung des Schreibens in das Leben? Vielleicht liegt der Beginn des gemeinsamen Schreibens im gemeinsamen Kochen? In vielen Kulturen sind Küchen die Räume, in denen ausschließlich Frauen sich austauschen. Die Küche als traditioneller Machtbereich der Frauen? Und die Vermischung der Lebensbereiche, des Kochens, Schlafens, Schreibens, des Redens über Kinder, Männer und die Welt, das, so schien es mir jetzt, ist wohl etwas, was – vielen – Frauen entgegenkommt.

> We have a writers' group that meets every few weeks in the evenings and are planning more amenities in the future: a cook to make us all lunch, a ‚reporters" room, and – perhaps most importantly – a bottomless cookie jar.

Oh my … sie waren echt witzig. Oft war es dann doch besser, die üblichen Frauenaufgaben auszulagern, um tatsächlich zum Schreiben zu kommen. Ein Koch! *Yes please.* Und ein Einmachglas mit Keksen, das sich immer wieder auffüllt. Weil, Diät halten wir nicht.

Drawing inspiration from Virgina Woolf – ich las nochmal voller Genuss die ersten Sätze der Website. Powderkeg bezieht sich also auf Virginia Woolf und setzt ihre Forderung nach einem „Room of One's Own" auf eine ungewöhnliche Weise um. Das Buch hieß in einer Neuübersetzung auf Deutsch „Ein *eigenes* Zimmer". Im Kontext von Powderkeg, dieses *gemeinsamen* Schreibraums von Frauen in New York, begann ich erstmals zu verstehen, warum diese neue Übersetzung des Titels besser ist als das frühere „Ein Zimmer für sich allein". Frauen brauchen ein *eigenes* Zimmer, d.h. einen eigenen Raum, der ungestört ist von der Mutterrolle, Haushaltspflichten, dauernden Gesprächen, auch von (anderwärtiger) Erwerbsarbeit; ein *eigenes* Zimmer *für das Schreiben* also. In dem nicht telefoniert, nicht gequatscht wird, in dem eine betriebsame, freundliche Ruhe herrscht. Aber in dem frau nicht *alleine* sein muss. Auch eine Gruppe kann zusammen ein *eigenes* Zimmer zum Schreiben haben. In diesem gemeinsamen Schreibraum wird frau getragen von der kreativen Energie der Gruppe, dem Klappern der Tastaturen und Teetassen, dem Blättern, Kritzeln, Atmen, dem Kaffeegeruch. Die anderen schreibenden Körper, aktiven Köpfe, kreativen Seelen im Raum schaffen eine Anwesenheit, Gemeinsamkeit, die über so manche Ausflucht oder Selbstzweifel hinwegträgt. Dadurch stellt sich die innere Klarheit ein: Jetzt bin ich hier in diesem *Schreib*raum, also schreibe ich.

Aber Moment mal, ich las „Drawing inspiration from Virginia Woolf [...] and from Hedgebrook, a rural writers' residency in Washington State". Hedgebrook? Ich klickte den Link an. Das Bild einer sonnigen Holzhütte inmitten eines Gartens begrüßte mich und der Satz „Every woman needs to write her own truth ...writing together." Virginias Spirit wehte mich schon wieder an. Ich dachte an *the courage to write exactly what we think.* Die kleinen Holzhütten erinnerten mich sofort an Virginias berühmte Schreibhütte im Garten des Monk's House. Ein ehemaliger Holzschuppen, umgebaut, in dem sie ein Buch ums andere und viele, viele Tagebuchseiten geschrieben hatte. Und nun, Schreibhütten für Frauen auf einer amerikanischen Website!

Ich traute meinen Augen kaum, als ich las, was in Hedgebrook seit 25 Jahren angeboten wurde: *A Writer's Retreat for Women.* Jede Frau wohnt als Stipendiatin für zwei bis sechs Wochen in einem kleinen hübschen Holzhäuschen. Laut Beschreibung ist unter dem Dach der Hütte jeweils eine Bettstatt mit Blick in die Bäume und unten ist ein Schreibraum. Die Fenster liegen so, dass sowohl viel Licht und Natur als auch eine andere Schreibhütte sichtbar ist:

```
to ensure that the writer can see the lights of another cottage through the trees at night, so she'd be in solitude, but not alone.
```

Abends treffen sich alle Schreiberinnen im alten Farmhaus zum gemeinsamen Abendessen. Sie reden über ihren Schreibtag, nach dem Essen lesen sie sich in bequemen Lehnsesseln und Couchen sitzend Ausschnitte ihrer Texte vor.

Ich las auf der Website, dass Hedgebrook auf einer Insel im Pazifik lag, in der Nähe von Seattle. Nancy Nordhoff hatte im Jahr 1985 auf jener Insel eine alte Farm gekauft und gemeinsam mit der Autorin Sheryl Feldman diese *writers colony* gegründet und aufgebaut. Ein Paradies. Ich will da hin, dachte ich.

Doch nein! Die Deadline für dieses Jahr hatte ich schon verpasst und im nächsten Jahr, im 25. Jubiläumsjahr wurden nur Alumnaes aufgenommen.

Aber. Aber. Wie sollte das mit Beloved gehen? Zwei Wochen könnte ich es ja schaffen, meinen kleinen Sohn bei Paul zu lassen. Aber vier oder sechs Wochen? Nicht nur wollte ich ihm in seinem jungen Alter nicht zumuten, so lange ohne Mama zu sein, nicht nur hätte er mir sehr gefehlt, nicht nur wäre es eine große Aufgabe, seine Betreuung, die doch zumindest zur Hälfte bei mir lag, umzuorganisieren: Ich würde ihn einfach gerne bei mir haben!

Die Bilder auf der Website von Waldhütten und Sitzplätzen im Garten verstreut, machten mich ganz *high*. Ich wollte dorthin. Was war bloß los mit mir? Jetzt war ich endlich nach langer Zeit wieder in New York und eine neue rastlose Sehnsucht feuerte mich an.

Ich fuhr nach Coney Island, zum Stadtstrand von Brooklyn, nur wenige *Subway*-Stationen entfernt. Hier lebten vor allem russische Emigranten und ein nostalgisch schräger Jahrmarkt zog Touristen, Fans und Kinder an. Als ich in New York gewohnt hatte, war ich oft mit meinem Babysitter-Kind dort hingefahren und oft auch alleine zum Spaziergehen. Die Aura dieses Retro-Stadtstrandes fand ich magisch, selbst im Winter. „Wonderwheel" stand in riesigen Lettern aus Glühbirnen auf dem winterlich verpackten Riesenrad. Auch die Imbissbuden mit altmodischen handgemalten Schildern in pink und gelb am Boardwalk hatten großteils zu. Kinder liefen Möwen nach, hüpften in Pfützen, spielten Ball im Sand. Ein *writers' retreat* mit Kinderbetreuung braucht es, dachte ich plötzlich.

Während die Erwachsenen schreiben, so stellte ich mir das vor, sind die Kinder gut betreut auf der anderen Seite dieser Schreibinsel. Sie spielen untertags am Strand oder in einer Kinderhütte im Wald. Vier Wochen lang. Sechs Wochen lang. Am Ende des Tages gibt es ein gemeinsames Abendessen mit den Kindern und dann Bettgehrituale in jeder Hütte.

Warum gibt es sowas noch nicht?

Im englischsprachigen Raum, vor allem in den USA, gab es schon seit langem viele *writer's retreats*, viele hatten gesponserte Gratisplätze, manche waren nur für Frauen, wie eben Hedegbrook, alle fanden in herrlichen Naturlandschaften statt. Doch ich hatte noch nie von einem gehört, in dem auch Platz für Kinder war. Warum? Müssen Autorinnen doch am besten kinderlos sein? Oder dauert die Babypause für Autorinnen zehn und mehr Jahre, bis es für Kinder zumutbar, mit gutem Gefühl machbar wird, wenn ihre Mütter für vier, sechs oder gar acht Wochen verschwinden?

Ich setzte mich auf eine windgeschützte und sonnige Bank am Boardwalk, nahm mein Notizbuch zur Hand und formulierte den Schreibwunsch acht:

„8. Wunsch für unsere Schreibzukunft: Es braucht writers' retreats mit Kinderbetreuung! Ich stelle mir eine hübsche Anlage im Grünen vor, vielleicht mit kleinen separaten Häuschen, für jede Familie. Für die Kinder gibt es tagsüber lustiges Programm in Wald und Wiesen und Freewriting-Übungen von Anfang an. Damit die Angst vor dem Schreiben gleich gar nicht aufkommt. Das wäre eine Welt, die mir gefällt."

Dann stand ich auf und ging schnellen Schrittes den feucht-kühlen Sandstrand entlang mit einem Feuerwerk von Ideen und Fragen im Kopf. Vorbei an der Achterbahn mit der riesigen Aufschrift „Cyclone" und am „Parachute Jump"-Turm.

Die Möwen über mir kreischten: Gibt es auch Männer in diesem *writers' retreat* mit Kinderbetreuung? Ich lächelte. Ja, dies wäre zu diskutieren. *Writers' retreat* für schreibende Mütter und Väter und ihre Freundinnen und Freunde? Klingt doch nett.

Andererseits ist es gerade beim Schreiben auch mal gut für Frauen, unter sich zu sein, um auch heikle Frauenthemen rauszulassen. Auf der Website von Hedgebrook hatte ich gelesen:

```
We call the care and nurturing, writers receive in residence,
‚radical hospitality', since it enables a woman writer to go
to the places she needs to go, however dark or challenging,
to tell her story.
```

Dunkle Frauengeschichten gibt es viele, so ist es leider. Traumata über Generationen weitergegeben, diffuse oder direkte Erfahrungen von Gewalt, physisch, psychisch und geistig, und die kollektive Erfahrung von Ausschluss und Minderbewertung.

Und dann dachte ich, überrascht über mich selbst: *Writers' retreats* mit Kinderbetreuung wären schon wichtig, aber naturgemäß wären gerade auch für Mütter *writers' retreats* ohne Kinder zwischendurch angenehm. Und erst recht für Frauen ohne Kinder. Wir brauchen beides, vieles.

Ich ging und ging, spürte die kalte Meeresluft in meinen Lungen und gelangte zum Aquarium, ein etwas in die Jahre gekommenes Haus für Meeresbiologie, in dem in riesigen Becken Haie und Seepferdchen und alles dazwischen zu besichtigen waren. Hier war ich damals oft hineingegangen. Diesmal ging ich weiter und weiter am Strand entlang. Wo, fragte ich mich, könnte diese wundersame Anlage für unsere *writers' retreats* sein? Auf einer österreichischen Almhütte oder auf einer deutschen Nordseeinsel? Oder weiter weg von zu Hause? In einem toskanischen Landhaus oder an der Küste von Cornwall. Mit Schreiberinnen aus aller Welt? Welche Sprachen werden dort gesprochen? Geschrieben? Eine europäische Institution? Gefördert von der Europäischen Union? Das wäre was, Leute!

Denn, das ist naturgemäß eine Kernfrage: Wer wird dieses Paradies finanzieren? Die ewige Frage seit Virginia Woolf: Womit zahlen wir unsere Brötchen und die Miete für das passende Zimmer zum Schreiben – oder eben die gemeinsamen Schreibräume, die Auszeiten vom Broterwerb? Denn wenn so ein mehrwöchiges *retreat* privat oder privatwirtschaftlich organisiert würde, wäre es für kaum eine Frau leistbar. Wir bräuchten *retreats* mit geförderten, für die Schreibenden kostenlosen Plätzen. Geld muss her! Virginia forderte für Frauen, die schreiben wollen, *500 Guineen* im Jahr zur freien Verfügung. Das wären etwa 3500 Euro im Monat. Das hatte Paul aus in der Biografie von Hermonie Lee angeführten Zahlen überschlagsmäßig errechnet. Das dicke Buch lag in meinem Zimmer bei Naomi. Wie war eigentlich Virginias Finanzsituation? Ich wusste, dass sie lange Zeit sehr sparsam von ihrem Erbe gelebt und häufig in ihren Tagebüchern über Geldnöte geschrieben hatte. Sie hatte von sehr jung an Artikel publiziert, was ihr lange kaum mehr als ein Taschengeld einbrachte.

Ich fuhr zurück in die übermäßig warm geheizte Wohnung von Naomi und machte es mir mit der Biografie bequem. Im Kapitel „Money & Fame" las ich, dass Virginia in ihren späteren Jahren sehr gut

Virginia, portraitiert vom US-amerikanischen Fotografen Man Ray für die Zeitschrift Vogue (1934)

verdient hatte, an ihren Büchern, ihren Artikeln, die dann auch in amerikanischen Magazinen wie Vogue erschienen.

Auch die Hogarth Press, die sie gemeinsam mit Leonard betrieb, in der auch alle ihre Bücher – mit zunehmendem ökonomischen Erfolg – erschienen waren, brachte irgendwann reichlich Geld ein. Wie wichtig das Startgeld, die Erbschaft ihrer Tante gewesen war, war ihr sehr bewusst und die Grundidee für „A Room of One's Own".

Mit dem Schreiben von Büchern lässt sich nur im Idealfall wirklich gut Geld verdienen. Und wenn, dann dauert es sehr lange, wie an Virginia sichtbar ist. Elfriede Jelinek sagte, nachdem sie den Nobelpreis erhalten hatte, dass sie nun das erste Mal in ihrem Leben keine Geldsorgen mehr haben werde. Die Möglichkeit – neben dem Schreiben – in einem anderen, möglichst interessanten Beruf Geld zu verdienen und sich damit Raum und Zeit zum Schreiben zu finanzieren, fand ich angesichts der mühsamen Geschichte der Frauenerwerbsarbeit gar nicht so übel. Virginia war sehr hoffnungsvoll und neugierig auf die Zukunft, in der Frauen alle Berufe ergreifen können, was zu ihren Lebzeiten Zukunftsmusik war.

> „The whole position, as I see it--here in this hall surrounded by women practising for the first time in history I know not how many different professions--is one of extraordinary interest and importance."

(Virginia Woolf, Professions for Women, 1931)

Die Frage war aber, wie und ob es die reale Situation – die Erwerbsarbeit, vielleicht wenig abgesichert, das Gehalt, vielleicht zu wenig, und unsere privaten Lebenskontexte, vielleicht geprägt von Kinderbetreuung, Pflege und Erschöpfung – uns überhaupt erlaubt, Zeiträume für das Nebenbeischreiben zu finden? Insofern wären Stipendien und kostenlose *retreats* eine wichtige Strategie, um Schreibende zu fördern.

Naomis Angorakatze sprang auf meinen Schoß und schnurrte. Schon damals, als ich mit Naomi in einer WG an einer anderen Adresse in Brooklyn gewohnt hatte, war diese Katze dabei gewesen. Damals war es mir möglich gewesen, einfach so alleine nach New York zu ziehen. Jetzt war ich eine leidenschaftliche Mutter und so hatten sich meine Möglichkeiten und Wünsche gewandelt. Wie bei vielen Frauen. Deshalb waren die vorhandenen Stipendienkulturen und -möglichkeiten für viele Frauen einfach nicht ausreichend und sinnvoll. *Stadtschreiberin* für mehrere Wochen in einem anderen Ort können Mütter mit kleineren Kindern und auch Frauen mit fixer Anstellung zumeist nicht sein. Kinderbetreuung inklusive habe ich noch nie bei einer Stipendienausschreibung gelesen.

Ich vermute, dass viele Stipendien eher von Männern konzipiert, beantragt und in Anspruch genommen wurden, weil sie sich eher in die Rolle des *lonesome artists,* des Einzelkämpfers, des Stadtschreibers von Hintertupfing begeben wollten und konnten. Und schließlich scheiterten viele potentielle Anwärterinnen, wie ich, schon an diversen Grundkriterien der Stipendien: Alter (oft maximal 30 Jahre alt), Genre (zumeist nur Kurzgeschichten, Romane und Lyrik, keine Sachbücher, *Memoirs* u.ä.), Umzug (alleine!) in einen anderen Ort und sehr enge Vorstellungen von förderbarer *hoher* Literatur.

So schrieb ich wieder mal in mein Notizbuch.

„9. Wunsch für unsere Schreibzukunft: Es braucht eine neue gendergerechte Kultur der Schreibstipendien, in der reale Lebens- und Schreibsituationen von Frauen als Nebenbei-Schreiberinnen, die hauptberuflich anderes tun (müssen und/oder wollen), als Mütter oder Pflegende oder anderwärtig stärker Eingebundene in soziale Netzwerke, als Spät-Starterinnen etc. unterstützt werden. Und es braucht auch eine großzügige Haltung der Fördergeber gegenüber verschiedenen Genres, Zwecken und Umsetzungsarten von Schreibprojekten."

An meinem letzten Tag in New York wollte ich noch zwei alte Freundinnen treffen. Die eine war meine Kollegin aus dem Memoir-Schreib-Workshop, den ich im Vorjahr auf Maui besucht hatte, die andere war Ms. Liberty herself.

Ich traf Jen im Café Think. Sie versuchte seit einiger Zeit ein *Memoir* über ihre Erfahrungen als *Mixed-Race-Child* zu schreiben, nachdem sie seit zehn Jahren Diskussionen und Workshops in dem von ihr gegründeten Verein Swirl zu diesem Thema leitete. Sie selbst war halb Asiatin, halb Weiße, ganz und gar New Yorkerin. Sie schrieb gut und gerne, und schob dennoch ihr Projekt immer auf. Deshalb hatten Jen und ich uns für ein *Writer's Date* verabredet. Wir saßen uns gegenüber im Café Think. Sie hatte ihr Apple Notebook aufgeklappt. Ich schrieb mit Füllfeder in einem altmodisch-amerikanischen *Composition Notebook* mit marmoriertem Umschlag.

Ich dachte darüber nach, was und wie ich schreiben würde, wenn ich – wieder – hier leben würde. Rein theoretisch. Ich wollte ja zurück in mein Leben in Wien, zu meinem Sohn, meinem Mann, meiner Firma. Es tat weh und es war gleichermaßen wunderbar, in zwei so verschiedenen Welten zu Hause zu sein. Irgendwie war ich auch ein *mixed-race child,* wie Jen. Ich erinnerte mich an eine Szene, die sie damals im Workshop vorgelesen hatte, von sich als Schulkind. Sie musste ein Formular ausfüllen und ihre Ethnizität ankreuzen. *White/Caucasian* oder *Asian.* Sie wusste nicht, wo sie hingehörte und brach in Panik aus. Was, wenn sie das Falsche ankreuzte? Ich schaute auf und sah, dass Jen gerade nicht schrieb. Ich sagte zu ihr: „I will never forget the scene you wrote about not knowing what to check: *White* or *Asian?*"

Sie freute sich, dass ich mir die Geschichte gemerkt hatte. Sie sagte: „I wish I'd find more time to write this book. But I know, time is a weak excuse."

„So, why don't you write it?"

„You know it's complicated to write about one's childhood. It's not just the mixed race stuff, there is a divorce story, my Mom's depression. It was all very, very complicated."

Sie lachte, ich lachte. Das war wohl typisch für *Memoirs,* alles war sehr komplex. Gelbe New Yorker Taxis fuhren an der 8th Avenue vor unserem Fenster vorbei, riesige *trucks* mit glänzenden Chromrohren und breiten Gesichtern, die mich an Beloved denken ließen. Wie er diese modernen Dinosaurier lieben würde. Dann erinnerte ich mich an die Powderkeg Women, die Pulverfassfrauen. „Juicy stuff", hatte eine Frau im *Workshop for Mother Writers* zu meinem Text gesagt, in dem so viel Wut, Verzweiflung, Schrecken war. „Go there!" „Really?" „Yes, we need to know. We need to share these experiences."

So sagte ich nun zu Jen: „The more complicated and complex your story is, the more you should write it! I really would like to read it. Take that freedom, Jen!"

„Ok. But you should, too. Promise?"

Nachdem wir uns verabschiedet hatten und sie in ihr New Yorker Business-Leben zurückgekehrt war, fuhr ich mit der *Subway* zur

Fährstation an der Südspitze Manhattans. Etwas verdutzt stand ich vor einem nagelneuen Chrombau mit riesigen Neonlettern „Staten Island Ferry". Das alte Fährengebäude aus grünlich angestrichenem Holz war leider nicht mehr in Betrieb. Am Eingang des neuen Gebäudes hingen Schilder über aufwendige *security*-Maßnahmen. Die Gratisfähre nach Staten Island fuhr nämlich bei der Freiheitsstatue vorbei, nicht allzu nah, aber doch. Mussten die Bewunderer der Freiheitsstatue, der Freiheit Amerikas, der Freiheit vor terroristischen Angriffen geschützt werden so wie die Statue selbst, die seit 9/11 nicht mehr bis zur Fackel hinauf betreten werden durfte?

Die Sonne, die in der Früh noch in das Café Think geschienen hatte, war nun verdeckt, der Wind war frostig. Dennoch drängten die Touristen – so wie ich – auf das offene Deck; mit ihren Kameras, mit ihren Nasen, die die kalte Meeresbrise einatmeten, mit ihren Köpfen, die sie über die Reling der riesigen Fähre hinunter zu den Wellen beugen wollten und hinauf zu den Dutzenden Möwen, die die Fähre kreischend umkreisten. Als ich in New York gewohnt hatte, war ich alle paar Monate nur zum Spaß mit dieser Fähre nach Staten Island und gleich wieder zurück nach Manhattan gefahren. Bei Sonne, bei Nebel, sogar bei Regen war ich immer draußen an Deck gestanden. Mit jedem Gast aus Österreich war ich zum Ellis Island Museum of Immigration auf der kleinen Insel gleich neben Liberty Island gefahren. Für mich das berührendste Museum der Welt. Nie vergesse ich den Berg von Koffern in der Mitte der riesigen Eingangshalle und die Stimmen der EmigrantInnen, Kinder, Frauen, Männer in allen Sprachen Europas auf dem Audio-Tour-Kopfhörer.

Ich schaute auf die Freiheitsstatue, an der wir gerade vorbeifuhren. Sie präsentierte sich an diesem Tag in matten, nebeligen Farben.

Virginias Formulierung *the habit of freedom* fiel mir ein. In hundert Jahren, so hoffte sie, werden Frauen nicht nur Geld und Räume haben, sondern die Freiheit gewohnt sein. The habit of freedom …

„For my belief is that if we live another century or so – I am talking about the common life which is the real life and not the little separate lives which we live as individuals – and have five hundred a year each of us and rooms of our own; if

> we have the habit of freedom and the courage to write exactly what we think [...] then the opportunity will come"
>
> Virginia Woolf, A Room of One's Own (1929)

Haben wir diese Freiheit erlangt? Sind wir die Freiheit schon gewohnt? Nutzen wir sie?

Haben die amerikanischen Autorinnen, Schreiberinnen, *poets and writers* die Freiheit zu schreiben eher erlangt?

Haben alle, die das gerne hätten, ein eigenes Schreibzimmer, ein inspirierendes, ein gemeinsames oder eines für sich allein? Dort in Europa und hier in Amerika? Ich dachte an Jen.

Nein.

Doch hier war es leichter, es gab die *writers' retreats,* für Männer und Frauen oder nur für Frauen, es gab großartige Schreibworkshops in jedem größeren Ort, an jeder Uni und es gab diesen *spirit* des Mutes, der in der Luft lag. In den Menschen hier, in ihren selbstverständlichen Worten der Ermutigung und Ermächtigung: „Good story! Go ahead!"

Bei der Rückfahrt nach Manhattan standen wieder neben, hinter und vor mir Touristen mit Kameras, die die Statue of Liberty in einigen hundert Meter Entfernung im nebeligen Licht einfingen, „Schau ich war da"- Fotos schossen. Sie wirkte jetzt klein und grau, die Frau Freiheit. Es fröstelte mich, ich ging hinein. Setzte mich auf eine Bank zu den Einheimischen, für die diese Fähre ein normales Transportmittel war, auf dem Weg nach Hause oder zu Freunden, an diesem Samstagnachmittag.

Plötzlich erinnerte ich mich an meine Einsamkeit hier, damals, als ich in New York gelebt und gearbeitet hatte. Ich hatte einige Freunde und Freundinnen, doch war ich am Wochenende oft allein gewesen. Allein in ein Museum oder in den Prospect Park gefahren oder eben mit dieser Fähre hinaus in die Meeresbucht zwischen Manhattan, Brooklyn, New Jersey und Staten Island. Ich hatte damals die Paare, die Familien beobachtet und beneidet, auch wenn ich wusste, dass New York eine Stadt der Singles war. Die urbane Freiheit in dieser hippen, schnellen Metropole konnte rau sein, das hatte ich zur Genüge ausgekostet, als ich dreißig Jahre alt gewesen war. Ich war froh, nun eine eigene kleine Familie zu haben und in Wien zu leben, auch wenn das alles nicht immer leicht war.

Ich schaute nun gar nicht mehr hinaus auf das graue Meer, ich beobachtete eine junge Familie, Emigranten aus Mexiko oder Puerto Rico. Die Mutter zog dem Kind im Kinderwagen noch eine Jacke an, strich ihm die schwarzen Haare aus dem Gesicht, gab ihm einen Keks in die Hand. Fuhr sie hier jeden Tag? Sie schaute nicht aus dem Fenster, nicht auf die dramatische Skyline von Manhattan, der wir uns nun wieder näherten, nicht auf die graugrüne Lady mit der Fackel. Doch auch sie war wohl hier in diese Stadt, in dieses Land gekommen, um eine Freiheit zu suchen, die sie zu Hause nicht finden konnte. Vielleicht die Freiheit zu arbeiten, selbst Geld zu verdienen, sich einen kleinen Luxus zu leisten und ihrem Kind ein besseres Leben zu bieten?

Der Lautsprecher sagte nun, wir werden in wenigen Minuten in Manhattan anlegen. Ich ging noch einmal hinaus an die Reling, schaute den Hudson River hinauf, zur Brooklyn Bridge und Manhattan Bridge. Ich vermisste meine Familie, ich hätte auch gerne meinem Kind die Haare aus dem Gesicht gestrichen, ihm die Möwen gezeigt, mit ihm dieses riesige Fährentier erkundet. Ich schrieb in Gedanken:

„Ich möchte frei sein und verbunden. Ich möchte schreiben – in Freiheit – und eingebunden sein als Mutter, als Tochter, als Künstlerin, als Autorin, als Schreiberin. Ich möchte neben und mit anderen Müttern, Töchtern, Kindern, Männern, KünstlerInnen, AutorInnen, SchreiberInnen sein."

Manhattan kam immer näher, ich drehte mich nochmal um. Lady Liberty hielt den Arm hoch, immerzu hoch mit der Fackel und begrüßte alle. Sie, selbst Einwanderin aus Frankreich, hat uns alle begrüßt. Die mexikanische Mama neben mir, Jens Vater, als er aus China kam, und mich, auf der Suche nach einer intellektuellen Freiheit, die ich zu Hause nicht kannte.

Mit einem Mal schoss mir ein Bild in den Kopf. Ich sah vor meinem inneren Auge einen großen Überseedampfer, wie sie im frühen 20. Jahrhundert den Atlantik überquerten. Mit Emigranten und Flüchtlingen aus Europa. Reichen und armen, aus dem Stetl und aus sizilianischen Dörfern, Intellektuellen und Bäuerinnen. Hannah Arendt fiel mir ein, die als junge Philosophin 1941 ausgewandert war. Und mit einem Schiff hier eingefahren war nach wochenlanger Überfahrt. 1941, das wurde mir jetzt bewusst, das war genau das Jahr, in dem Virginia Suizid beging, nämlich als die Wehrmachtsflugzeuge über ihrem Sommerhaus kreisten. Wieso war sie nicht hierhergekommen? Aber eigentlich war sie doch hierhergekommen! Das Bild in meinem Kopf vervollständigte sich: Virginia im Jahr 1941 auf diesem Überseedampfer, der gerade in der weiten Bucht von New York City einfuhr.

Wie selbstverständlich sich die Pulverfass-Frauen auf Virginia bezogen! Ich dachte an das Loft mit den schönen alten Schreibtischen und Couchen. Sie waren dabei sich *the habit of freedom* anzueignen, mehr noch, wunderbar zu gestalten. Wie bekannt und beliebt Virginia in Amerika war, sie war so präsent hier. Auch in all den amerikanischen Büchern über Schreiben, in denen sie zitiert wurde. Virginia war hierher emigriert, mit welchem Schiff auch immer. Lady Liberty hatte sie empfangen.

Ich hielt meinen Kopf in den erfrischenden Wind. Es braucht uns nicht zu verstören, dass sie Suizid begangen hat, dachte ich. Sie lebt hier in Amerika und sie hat uns ein wunderbares Geschenk hinterlassen. Eine Vision für schreibende Frauen.

Ich sagte in die Meeresbrise hinaus: „Thank you, Virginia!"

Danke, dass ich hier auf dieser fabelhaften Fähre sein konnte. Ich hatte die Freiheit nach New York zu kommen, wann immer ich wollte. Ich hatte – im Gegensatz zu Virginia – studieren dürfen, einen Beruf ergreifen, ich konnte mein eigenes Geld verdienen, um mir diese Freiheit, zu reisen und zu schreiben irgendwie zu leisten. Nicht zuletzt war dies das wunderbare Erbe der frühen Feministinnen. Auch meine Mutter hatte wie alle Feministinnen der 1970er-Jahre, Virginia Woolfs Credo im Kopf, als sie mich aufzog: Eine Frau braucht ein Zimmer für sich allein, eine ausreichende Summe Geld, eine Ausbildung, einen Beruf. Ich schaute auf die Freiheitsstatue und sagte halblaut: „Danke, Mama!"

Freiheit heißt nicht, einfach losgelassen zu werden, lose zu sein, allein gelassen. Auf Gedeih und Verderb. Freiheit heißt, Unterstützung zu bekommen. Sodass junge Frauen echte Entscheidungen treffen können. Freiheit heißt eine gute Ausbildung, finanzielle Förderung solange frau sie braucht, und einen *spirit of support and growth.*

Ich hatte viel davon bekommen, hier in Amerika und auch zu Hause. Meine Eltern wollten für mich mehr als alles andere, dass ich frei sein konnte, und wussten, dass Bildung die Basis dafür war. Sie finanzierten mir ein WG-Zimmer für mich allein und ließen mich studieren, was immer ich wollte, egal ob es später unmittelbar beruflich verwertbar sein würde. Geschichte und Wissenschaftstheorie waren alles andere als der Weg zu finanziellem Reichtum. Aber zu innerem Reichtum, zu komplexem Denken, zu einem gewissen Verständnis dafür, wie die Welt sich entwickelt hat und was Macht ist. Und wie Frauen für Ermächtigung und Freiheit gekämpft haben.

Und es immer noch tun müssen.

Ich schaute zur Treppe, die auf das obere Deck der Fähre führte. Da stand Virginia. Ich ging zu ihr hinauf. Sie sagte:

„But this freedom is only a beginning."

Virginia Woolf, Professions for Women (1931)

Ich nickte. Ja, es war erst ein Anfang. Sie fuhr fort, in Worten, die ich gut kannte:

„--the room is your own, but it is still bare. It has to be furnished; it has to be decorated; it has to be shared. How are you going to furnish it, how are you going to decorate it? With whom are you going to share it, and upon what terms?"

Virginia Woolf, Professions for Women (1931)

Ich sagte: „Ja, das ist eine wichtige, eine elementare, eine revolutionäre Frage. Ich habe begonnen, für mich solche *shared writing spaces* zu schaffen, aber da ist noch viel zu tun. Ich trage deine Frage zurück nach Hause und werde gemeinsam mit meinen Schreibkolleginnen Antworten finden."

Die Fähre hatte bereits in Manhattan angelegt. Ein Fährbediensteter lächelte mich an und zeigte hinunter zur Treppe Richtung Ausgang. Ich folgte seiner Hand, stieg hinunter, schritt über die breite Brücke, die die Passagiere in das nagelneue Hafengebäude führte. Virginia ging hinter mir und sagte eindringlich:

„These, I think, are questions of the utmost importance and interest. For the first time in history

> you are able to ask them; for the first time you are able to decide for yourselves what the answers should be."
>
> Virginia Woolf, Professions for Women (1931)

Ja, dachte ich, dazu sind wir imstande. Im Hafengebäude warteten hunderte Menschen auf die nächste Fähre zurück nach Staten Island. Virginia war jetzt neben mir und sagte:

> „Willingly would I stay and discuss those questions and answers--but not to-night."
>
> Virginia Woolf, Professions for Women (1931)

„Nein, nicht heute. Wir haben noch ein wenig Zeit. Bis 2028."
 Plötzlich sagte sie:

> „My time is up"
>
> Virginia Woolf, Professions for Women (1931)

und verschwand in der Menge.
 „Nein Virginia, deine Zeit ist noch nicht um. Wir brauchen dich noch."
 Doch sie war weg.
 „Danke für deine Fragen", rief ich ihr nach und schaute auf die Menschen aus aller Welt, die darauf warteten auf der Fähre ein Foto oder zwei von der hellgrünen Lady Liberty zu machen, mit sich selbst drauf und im Hintergrund die verwundete Skyline von Manhattan, aus der gerade zwei neue Türme wuchsen.

Los Angeles

Ich flog weiter nach Kalifornien zu einer lieben Freundin, die mich schon öfter zum Schreiben und Wintersonnetanken zu sich als Gast eingeladen hatte. Im Flugzeug dachte ich an das spannende *womens' writers retreat* auf dieser Insel in der Nähe von Seattle. Amerikanischen Frauen ging es offenbar leichter von der Zunge, sich als „Feministinnen" zu bezeichnen. Frauen jeden Alters, auch ganz junge, ob Schauspielerin oder Universitätsprofessorin, wie meine Freundin in Los Angeles. Der Feminismus war hier nie so gebrandmarkt worden, nie in ein so uncooles, unsexy, unweibliches Eck verschwunden. Und es gab längst einen breiten *Third Wave Feminism*, der in Europa in den Kinderschuhen bzw. in hochtheoretischen Enklaven der Wissenschaft stecken geblieben war. In Amerika gab es hingegen einen starken neuen, undogmatischen und lebensfreundlichen Feminismus. Einen, auf dessen Banner nicht Gleichheit mit allen männlichen Standards und Lebensformen, sondern Vielheit stand. Gleichberechtigte Vielheit, versteht sich. Feminismus heißt, so dachte ich, darauf zu achten, was Frauen brauchen, um sich aus ihrer historisch gewachsenen Benachteiligung zu befreien und sie speziell zu unterstützen, strukturell und individuell. Was soll daran unsexy sein? Auch für Männer?

Und so nahm ich mein Notizbuch und schrieb eingeklemmt im engen Flugzeugsitz meinen Schreib-Wunsch Nummer zehn auf.

„**10. Wunsch für unsere Schreibzukunft: Wir brauchen einen neuen expliziten feministischen Spirit beim Schreiben.** Wir wollen darauf achten, was wir Frauen brauchen und wie wir uns gegenseitig unterstützen können. Wir wollen unsere speziellen Hindernisse beim Schreiben und Publizieren erforschen und unsere speziellen Themen und Schreibweisen bestärken."

In einem Vorort von Los Angeles genoss ich einige Tage lang das Schreiben in der Sonne. Ich saß auf der Terrasse des erdfarbenen Arts & Craft Bungalows meiner Freundin Carina, die an einem College europäische Geschichte lehrte, und schrieb über meine Begegnung mit Virginia in New York.

Anschließend besuchte ich wieder einmal ein Schreibseminar an der University of California in Los Angeles. Als ich mich im Seminar vorstellte und sagte, dass ich ein Buch schreiben wolle über meine Reisen auf Virginia Woolfs Spuren in England, hörte ich von mehreren Seiten des Raumes Ausrufe: „Wow!", „I wanna read that!" „I love her, too."

Wieder bestätigte sich: Allen Schreibenden hier war Virginia Woolf und ihr Essay „A Room of One's Own" ein Begriff. Und noch dazu liebten die AmerikanerInnen England und so jubelten sie meinem obskuren Schreibprojekt zu.

Nur Lisa Cron, die Kursleiterin ließ sich nicht so leicht zufriedenstellen: „I am sure you will find out in this class what your book is *really* about …"

Sie lächelte mit ihrem knallroten Lippenstift und ihre blauschwarzen langen Haare wippten frech. In diesem Seminar ging es weniger um das Schreiben oder ein bestimmtes Genre, wie in den anderen Seminaren, die ich hier an der *UCLA* in den Jahren zuvor besucht hatte. Es ging um das Phänomen der *story per se* und wie diese funktionierte. Wie sich herausstellte, ein beinharter analytischer Blick auf bereits geschriebene oder geplante Texte, auf Geschichten aller Art, an denen die Teilenehmerinnen arbeiteten. Fragen über Fragen stürmten auf mich ein. Als ich eine Szene vorlas, waren alle – wie in allen Schreibseminaren, die ich in Amerika besuchte hatte – voller Begeisterung. Wollten wissen, wo jener Wanderweg in Cornwall sich befinde und freuten sich, Details über Virginias Lebensorte zu erfahren.

Doch Lisa fragte: „Who is the main protagonist of this book? It is you, it is a memoir, isn't it."

Ich nickte.

Sie fuhr fort: „It will be an exciting memoir. But you need to ask yourself: What's the protagonist's main urge?"

Worum geht es eigentlich in diesem Buch? Was treibt die Protagonistin, also mich als Figur in diesem *Memoir* an? Wo steht sie an? Wo muss sie durch? Was lernt sie? Was gibt sie auf? Vier Tage lang hallten mir Lisas Fragen durch den Kopf: What is at stake? Also: Was steht für die Protagonistin auf dem Spiel?

„What is the protagonist's goal?", bohrte Lisa nach.

„To find the courage to write exactly what she thinks", sagte ich.

„Why is that so important?"

Wozu brauchen wir, nein, wozu brauche ich denn diese verdammte Freiheit und all die Zeit und den Raum zum Schreiben? Wozu überhaupt Schreiben? Warum ist das wichtig? Ich seufzte. Ach, davon hängt doch alles, alles ab. Wo sollte ich bloß beginnen?

„What can no longer go on, so she is forced to change?"

Ich dachte zurück an den Film „The Hours" und wie unsicher ich in meinem eigenen Schreiben damals gewesen war.

„What lies in the protagonist's past that brought up this issue, this problem, this desire, that she cannot deny any longer?"

Und dann war ich wieder dort, wo ich in jedem Schreibseminar in Amerika landete: bei meiner tiefsten und dunkelsten Geschichte, bei der tiefen und dunklen Geschichte meiner Herkunftsfamilie, meines gesamten Landes. Dort, wo das Schweigen herrscht. Dort, wo mir der Mut fehlte – und die Erlaubnis – zu schreiben. Und zu publizieren, was ich dachte. Und wie hing das nochmal alles mit Virginia Woolf zusammen?

Ich hatte mich während des Schreibseminars an der Universität Los Angeles in einem altehrwürdigen *Bed & Breakfast* im Stadtteil Venice Beach eingemietet. „Venice Beach House anno 1911" stand am Eingang der völlig mit Efeu umwucherten Villa. Innen dunkle antiquarische Möbel, Teppiche, Sofas, in Gold gerahmte Bilder und einer Frühstücksveranda mit Blick in einen blühenden Garten. Venice Beach war am Beginn des 20. Jahrhunderts eine mondäne Feriensiedlung gewesen, nicht unähnlich Coney Island in New York. Jetzt war dieser Stadtteil am langen Sandstrand mit Blick auf den Pazifik ein Post-Hippie-Reich mit historischen Schmuckkästchen, wie dieses *Bed & Breakfast*.

Am Abend nach dem letzten Workshop-Tag saß ich auf meinem Riesendoppelbett, schaute durch die dunklen Film-Noir-artigen Holzjalousien, die die breite Fensterfront bedeckten und sah dahinter jede Minute ein Flugzeug in die Höhe steigen. Der riesige Flughafen L.A.X. war nur wenige Meilen entfernt.

Hatte ich den Mut, mein Buch fertigzuschreiben und zu publizieren? Die Fragen, die Lisa im Seminar gestellt hatte, hatten mir wieder klargemacht, dass es in meinem Buch nicht in erster Linie um Virginia Woolf und meine Reisen gehen würde, sondern um den Urmotor hinter dem Schreiben. Und der lag in der Geschichte und in den Wunden und Verwirrungen, die sie hinterlassen hatte. Wozu brauchten wir denn diese Freiheit, genau das zu schreiben, was wir denken? Freiheit wovon? Und wo sitzen unsere Dämonen? *Go there!* Mir wurde ganz heiß. Meine Geschichte und diejenige vieler rund um mich aufzuschreiben, das kostete Mut. Ja, Amerika hatte mir wieder mal viel Mut gemacht, mich inspiriert, fokussiert. Es war wieder mal unendlich produktiv gewesen, hier zu sein. Aber ich musste und wollte zurück. Und einen Weg finden, zu Hause diese Geschichte zu schreiben.

Ich schaute auf die Flugzeuge am weiten Himmel vor meinem *B&B*-Fenster und dachte, ich muss meinen Kopf beruhigen, sonst kann ich nicht einschlafen. Ein heißes Bad! Ich ging in das Gemeinschaftsbadezimmer. Kindisch begeistert legte ich mich in die antiquarische, freistehende Email-Badewanne mit Löwenfüßen und bestaunte die Kredenz mit der Wasserschüssel. Wer hätte das gedacht? In der neuen Welt suchte und verehrte ich Gebäude und Gegenstände aus der Vergangenheit, im fernen Amerika begegnete mir Virginias Spirit auf Schritt und Tritt.

Und da tauchte sie wieder auf, Virginia. Sie setzte sich auf den Korbsessel neben die Badewanne und fragte mich: „When will you write your story?"

Ich überlegte, was sollte ich ihr sagen? Was sollte ich mir sagen, was konnte ich noch glauben? Meine Geschichte aufzuschreiben, die meiner Familie, die von so vielen Frauen in diesem geschundenen, traumatisierten Land? Stand mir das zu? Da fiel mir ein, dass *sie* es *nicht* wirklich getan hatte.

„Du hast über deine Missbrauchsgeschichte nie geschrieben, außer …"

Sie unterbrach mich.

„Ja, ich weiß. Es waren verdeckte, versteckte Notizen, zu meinen Lebzeiten nie publiziert. Nur einmal las ich in unserem Memoir Club – als die Bloomsbury Group schon aus alten Damen und Herren bestand – eine Geschichte über die Übergriffe meines großen Bruders vor. Ich habe schon damals, 1931, in meinem Essay ‚Professions for Women' geschrieben:

> „Telling the truth about my own experiences as a body, I do not think I solved."
>
> Virginia Woolf, Professions for Women (1931)

„Eben. Es ist schwer", sagte ich.

„Aber fast hundert Jahre nachdem Erscheinen von ‚A Room of One's Own' sollte das doch anders sein", sagte sie. „Wenn Frauen Geld haben und Räume, die sie teilen, und sich gegenseitig unterstützen, wenn sie die Freiheit gewohnt sind …"

„Wir haben schon viel davon, aber ich glaube, uns fehlt der Mut."

„You mean, you still don't have *the courage to write exactly what you think?*" Sie lachte laut auf. Das ärgerte mich, provozierte mich. „Virginia, jetzt hör mal zu, wir haben viel Mut. Und Frauen heute denken, schreiben und sprechen viel offener als zu deiner Zeit. Durch die neuen Medien gibt es auch viele Möglichkeiten, die eigenen Gedanken zu publizieren. Aber!"

„But?" Sie schaute mich durchdringend an.

„Wenn es ans Eingemachte geht, herrscht viel Angst. Viel Tabu. Viel Schweigen. Viel Depression. Kopfschmerzen. Erschöpfung. Psychodramen und Traumata aller Art. Hinter all dem schnellen Bloggen und Plaudern."

Sie unterbrach mich und fragte voller Empörung: „You mean a woman

,has still many ghosts to fight, many prejudices to overcome'?

And she cannot yet

,sit down to write a book without finding a phantom to be slain, a rock to be dashed against'?"

Virginia Woolf, Professions for Women (1931)

Ich nickte.

„Anders als zu deiner Zeit. Aber wir haben noch einiges zu tun bis 2028. Ich wünsche mir, dass wir Frauen endlich über unsere *eigene Erfahrung als Körper die Wahrheit schreiben können*, auch über die traumatischen Geschichte(n), die in unseren Körpern über Generationen hinweg eingeschrieben sind, die weitergegeben werden, solange wir sie nicht loswerden, uns nicht darüber (auch schreibend) austauschen, uns nicht solidarisieren. So unsexy und uncool das ist, da sind leider viele Erfahrungen von Gewalt und Kränkung in den Seen des weiblichen Unbewussten, in denen die schreibenden Frauen heute fischen."

Das Wasser in der Wanne war kühl geworden. Ich stand auf.

Virginia reichte mir das Badetuch und sagte: „Write these experiences down, please."

Ich nickte und sagte:

„Und das ist mein Wunsch Nr. 11: Trauen wir uns doch über unsere Erfahrungen als Körper die Wahrheit zu schreiben, über die in unseren Körpern abgespeicherte Geschichte! Weil wir diese Geschichten voneinander brauchen, um befreit weiterzugehen."

Ich trocknete mich ab, ging zurück in mein Zimmer und starrte wieder durch das breite, außen dicht mit Efeu umwachsene Fenster. Ich saß in einer Pension von 1911 und wollte in die Zukunft. Morgen, dachte ich, steige ich in eines dieser Flugzeuge, die ich vom Bett aus unentwegt beobachte. Zurück zu meiner Familie! Zurück zu den Schreibhungrigen von Wien. Wird die Zukunft auch in der alten Welt ankommen?

Virginia saß nun auf dem Sessel mit hoher Lehne beim Sekretär, auf dem ich in der Früh geschrieben hatte. Nach einer Weile des gemeinsamen Schweigens sagte sie laut und beinahe feierlich:

„Ihr werdet noch viel weiter denken, als uns damals möglich war. Eure eigene Vision für die Zukunft schreibender Frauen finden. Du weißt schon, Shakespeares Schwester wird kommen."

Und dann zitierte sie sich selbst:

„Shakespeare's sister will put on the body [...] She will come if we work for her."

Virginia Woolf, A Room of One's Own (1929)

„Ich weiß, Virginia. Ich hab mir diese schöne Arbeit längst auf die Fahnen geschrieben. Wir werden daran arbeiten! Wir werden deine Fragen diskutieren, wir werden gemeinsame Räume fürs Schreiben schaffen & erhalten & bespielen. Und auch unsere Kinder mitnehmen auf die neuen *writers' retreats*. Und uns gegenseitig Mut machen. Und viel Freude haben beim Schreiben."

Sie nickte zustimmend, stand auf und reichte mir ihre dünne Hand mit den langen Fingern. Dann rückte sie ihren Hut zurecht und ging großen Schrittes aus dem Zimmer, ihr langer Rock wippte und sang: „Indeed. It's your turn now, to continue."

Wien

Im zweiten Jahr an meiner kleinen privaten Wochenend-Kunstakademie malte ich ein Ölbild, das Virginia in New York darstellt. Die Aufgabenstellung hatte gelautet, eine neue Interpretation von Historienmalerei zu probieren: „Finde einen für dich bedeutsamen historischen Moment und stelle ihn als Szene dar." Mein Bild nannte ich „Hannah Arendt erreicht im Mai 1941 den New Yorker Hafen". Die deutsche Philosophin steht auf meinem Ölbild an der Reling eines Überseedampfers; neben ihr ihr Mann und ihre Mutter, die sie mit in die Emigration nahm. Hinter Hannah Arendt befindet sich auf meinem Bild eine unbekannte jüdische Familie aus einem osteuropäischen Stetl, vor ihr thront nicht mehr so weit weg die Freiheitsstatue, zu der ihr Blick hinführt. Beim Skizzieren des Ölbilds fiel mir wieder ein, dass genau in jenem Jahr, als Hannah Arendt nach New York geflohen war, Virginia Suizid begangen hatte. Virginias Asche war über die Blumenwiese im Garten ihres Sommerhauses in Sussex verstreut worden, aber ihr Geist, ihr Spirit, ihre Ideen und Worte, die waren nach Amerika emigriert. So malte ich auch Virginia auf dieses altmodische und doch schräge Gemälde eines historischen Moments, Hannah Arendts und Virginia Woolfs Emigration nach Amerika. Virginia sitzt in meinem Bild auf einer Leiter im Hintergrund. Sie raucht eine Zigarette, in Ruhe und Frieden. Ich malte diesen Frieden, diese Erleichterung, dieses Ankommen im Hafen von New York. Ich sog während des Malens die Ruhe des Meeres in der Hudson Bay auf und fühlte mich gegrüßt von Lady Liberty.

Sie zeigte mir, dass Freiheit auch wehtun kann.

» «

„face the fact, for it is a fact, that there is no arm to cling to, but that we go alone and that our relation is to the world of reality"

Virginia Woolf, A Room of One's Own (1929)

„I thought how unpleasant it is to be locked out; and I thought how it is worse, perhaps, to be locked in."

Virginia Woolf, A Room of One's Own (1929)

5

Feministin sein?

Neue Manifeste in Weimar &
neue Schreibräume in Wien

Paul und ich schauten vom Parkplatz des Cobenzl hinunter auf die Großstadt. Ein Samstagvormittag im Januar, an dem es auch viele andere hinauf in die Hügel des Wienerwalds gelockt hatte. Die frische Luft und der weite Blick über das Wiener Becken taten der Seele gut. Wir schauten hinunter auf die Donau, wie sie mächtig und gemächlich ihre Bahn durch die Stadt hindurch zog. Wir sahen die Türme, die aus dem urbanen Raum aufragten, den Stephansdom, die goldene Hundertwasser-Zwetschke, die FLAK-Türme aus Beton, die die Nazis hinterlassen hatten. Und auf der anderen Seite der Donau die Wolkenkratzer rund um die UNO-City.

„Komm, gehen wir", sagte Paul. Wir hatten unsere Strecke durch den Wald.

Der Boden des Wienerwaldes war matschig, als wir die schmalen Wanderwege hügelauf und hügelab spazierten. Paul und ich waren nicht allein im Wienerwald, aber jeder von uns in einer Kapsel. Wir schwiegen eine Weile, dann sagte ich ihm, dass es besser wäre, wenn wir uns trennen würden: „Ich kann einfach nicht mehr."

Meine Schuhe waren voller feuchter Erde, die Bäume kahl. Ein wenig Wintersonne drang durch die Säulenhalle der hohen Buchen. Wir redeten lange und Paul gab mir recht, dass unsere Beziehung in einer Krise war, und fügte hinzu: „Auch dieses alte Familientrauma hat unsere Liebe in den letzten Jahren schwer belastet, diese Missbrauchsgeschichte, die Klage, der ganze Wahnsinn." Ich nickte, er hatte recht. Bei der Jägerwiese drehten wir um. Wie immer.

Wir waren in den vergangenen elf Jahren, seit wir ein Paar waren, zu jeder Jahreszeit hier gegangen. Im Hochsommer, den kühlen Schatten der Buchen und Eichen genießend oder an Winterabenden durch den leuchtenden Neuschnee. Wir waren zu zweit gegangen oder mit unserem Sohn, Beloved, in der Babytrage und später auf dem Laufrad. Und wir waren mit Freunden und Freudinnen und deren Kindern hier unterwegs gewesen. Cobenzl, Kreuzeiche, Jägerwiese, zurück zur Kreuzeiche und hinunter zu der Wiese namens Am Himmel.

Der Wienerwald, diese weitläufige grüne Schutzzone, die die halbe Großstadt umrundet, wurde seit Jahrhunderten geliebt, gepflegt und aufrechterhalten, dem Sturm der Zeiten zum Trotz. Am Beginn des 20. Jahrhunderts wurde für Ausflugsgäste eine Serpentinenstraße, die Höhenstraße, hinauf zum Kahlenberg gebaut. Paul und ich waren Dutzende Male mit dem Auto über jenes alte Kopfsteinpflaster bis zum Parkplatz beim Schlösschen Cobenzl hinaufgefahren und von dort in den Wald spaziert.

Als wir diesmal am Himmel beim achteckigen Café aus Glas ankamen, fühlte ich mich komplett erschöpft, im Kopf und im Herzen. Ich setzte mich an einen Tisch und schaute auf die vielen glücklichen Familien, die hier lustig brunchten. Da kamen mir die Tränen. Das würde alles vorbei sein, die Spaziergänge im Wienerwald, die Familienurlaube, die Englandreisen zu zweit, das gemeinsame Wohnen im großzügigen Dachbodenausbau. Pauls Liebenswürdigkeit und sein Interesse. Meine Liebenswürdigkeit und mein Interesse.

Paul reichte mir eine Serviette, um die Tränen abzuwischen. Ich sah vor mir nur dunkle Wege. Ich wollte, ich musste, aus dieser Beziehung gehen, aber die Traurigkeit war lähmend.

Ich sagte: „Vielleicht muss ich einfach allein sein. Vielleicht werde ich irgendwann in einem Yogi-Kloster oder so was leben. Meditieren, wandern, schreiben. Es fühlt sich einsam an, aber vielleicht ist das, wer ich bin?"

Einige Wochen später war ich über den größten Berg der Angst, ich wusste, ich würde überleben. Mein ganzes Leben war ich vorbereitet worden auf solche Momente, in denen es wichtig war, unabhängig zu sein. Gebildet, ehrgeizig in der beruflichen Entwicklung und gut verbunden in der Welt. Aber war ich wirklich so gut verbunden? Mit wem? Mit wem würde ich mich verbinden? Vieles war unklar.

Im Frühling begann ich, Bananenkisten mit Büchern und Kleidern und einen Teil der Spielsachen von Beloved zu packen. Ich freute mich auf meine neue, supersonnige Altbauwohnung und war doch ganz wund. Kein Mann hatte mich je so geliebt. Kein Mann hatte mit mir so viel geteilt. Aber ich war schon über den Berg einer Ehe, die nicht mehr atmete. Ich war schon auf dem Weg, ich diskutierte mit Paul, wie wir die Verantwortung, das Sorgerecht und die Zeit mit Beloved teilen würden. Meine Kollegin Johanna hatte mir Tipps gegeben für das Leben als getrennte Eltern. Mit Jutta hatte ich überlegt, wie wir mehr TeilnehmerInnen für unsere Seminare gewinnen könnten, so dass ich mir die teure Miete für meine neue Wohnung würde leisten können. Meine Mutter sagte, du wirst das schaffen.

Da waren so viele Verbindungen, so viele Frauen, die mich unterstützten. Und auch einige Männer. Und gerade da, als ich dieses neue Leben als frisch getrennte Ehefrau und alleinstehende Mutter begann, fuhr ich mit dem Zug nach Weimar, wohin mich eine Frauengruppe von Dissertantinnen und Postdoktorandinnen eingeladen hatte, um ein Seminar über wissenschaftliches Schreiben zu halten.

Weimar

Im Zug nach Weimar war ich ein wenig nervös. Ich fragte mich: Was bitteschön habe ich, die ich keinen Doktortitel habe, Frauen zu sagen, die an einer Dissertation oder einem Postdoc-Projekt schreiben? Ich hatte zwar schon ein paar HabilitandInnen im Einzelcoaching unterstützt, aber ein Seminar auf dieser Ebene?

Am Vorabend des Seminars besuchte ich das Bauhaus-Museum im Zentrum von Weimar. Da gab es Schwarzweißfotos und -filme der wilden Kunst-Happenings der Weimarer Bauhaus-Phase um 1920. Ich bewunderte die berühmten Bauhaus-Designs, die die Möbel und Kleider des 19. Jahrhunderts so radikal versachlicht, befreit und vereinfacht hatten. Vor allem die Bauhaus-Studentinnen faszinierten mich. Sie lachten von Gruppenfotos mit ihren Professoren, zu einer Zeit, als Virginia Cambridge nicht hatte betreten dürfen. Für immer musste sie außerhalb der Unis bleiben und von außen hineinschauen, manchmal wütend, manchmal neidisch und oft sehr kritisch. Ich war gewissermaßen auch so eine Außenstehende, allerdings *by choice.* Ich war eine, die in den Wissenschaftsbetrieb lieber mal auf Besuch kam und mit ihren Publikationen und Seminaren von außen hineinfunkte.

Am nächsten Tag fühlte ich mich augenblicklich wohl unter den Weimarer Studentinnen des 21. Jahrhunderts. Sie schienen mir sehr jung angesichts dessen, dass sie bereits Dissertationen und darüber hinaus wissenschaftliche Arbeiten schrieben. Ihre offenherzige, explizite und frische feministische Haltung berührte mich. Und ich war überrascht und auch entsetzt, dass die Fragen, Unsicherheiten und Probleme des wissenschaftlichen Schreibens sich mit höheren Hierarchieebenen nicht wesentlich änderten. Die Ängste blieben die gleichen, vielleicht nahmen sie sogar zu. Die Angst, nicht wissenschaftlich genug zu schreiben, die Angst vor Kritik, die Angst vor Ablehnung, die Angst, zu versagen.

Zu Mittag aßen wir am langen Resopaltisch der Kantine Studentenessen. Die Dissertantin Lisa erzählte mir, dass diese Kantine im DDR-Stil unter Denkmalschutz stehe, ebenso wie das Hauptgebäude der legendären Kunstgewerbeschule aus dem frühen 20. Jahrhundert, das sich gleich nebenan befand. Mich sprach die Architektur des stolzen Bauhaus-Kunstschulbaus ungleich mehr an. In der Aula war der berühmte Itten-Farbkreis an einer Wand aufgemalt, im Nebengebäude gab es das Arbeitszimmer des Bauhaus-Gründers Walter Gropius mit dem berühmten kubischen, knallgelben Polstersessel zu besichtigen. Bauhaus, das war eine deutsche Moderne gewesen, deren Innovationskraft und Kreativität um die Welt gegangen war. Die Bauhaus-Kunstschule war auch bekannt geworden durch ihre revolutionäre Didaktik, verbunden mit ihrem umfassenden neuen Verständnis von Kunst, Kunsthandwerk, Design, Architektur und Lebensformen. Das Leben als Gesamtkunstwerk. All dies hatte hier in Weimar begonnen. Und war nicht so unähnlich zu der Designwerkstatt der Bloomsburys.

Als ich in der Kantine ein zu weich gekochtes Birnenkompott als Nachspeise aß, auf die denkmalgeschützten DDR-Leuchter schaute, da sagte die Postdoktorandin Silke, die etwas älter und ruhiger war als manch andere in der Gruppe: „Du hast im Seminar erwähnt, dass du dich mit Virginia Woolf beschäftigst, ein Buch über sie schreibst." Ich nickte. „Du meintest, wir Frauen können von ihr viel über Schreiben lernen. Das klingt spannend. Was können wir denn von ihr lernen?"

Die Birne flutschte runter, sie blieb nicht stecken, aber ich wusste dennoch so schnell keine Antwort. Mein Gehirn schien blank. Ich stammelte etwas von Virginias regelmäßigen Spaziergängen. Vom Tagebuchschreiben. Und ich erzählte, dass ihre Missbrauchsgeschichte gewissermaßen ein Motor ihres Schreibens gewesen war. Und fragte mich, während ich sprach, was dies nun Silke für ihr Postdoc-Projekt bringen sollte. Doch sie blieb interessiert. Ich erzählte von meinen Reisen, von der Bloomsbury Group in London, die quasi zeitgleich mit und gar nicht so unähnlich zur Bauhaus-Bewegung Kunst, Kunsthandwerk und Leben neu gedacht und praktiziert hatte. Und dann fiel es mir ein, was relevant sein könnte für Lisa, Lena, Silke, Sarah, Christiane und die anderen:

„Die Feministinnen der 1970er-Jahre hatten den Titel von Virginias berühmtem Essay ‚A Room of One's Own' sehr gemocht. Ein Zimmer für sich allein! Juchey, das braucht jede Frau. Und das stimmt ja auch. Aber ich glaube, es war damals wenigen bewusst, dass dieses Buch vom Schreiben handelt, von Schreibräumen für Frauen."

Silke nickte zustimmend, auch die anderen Frauen am Kantinentisch rückten näher. Das spornte mich an, weiterzusprechen. War ich dabei, ein Seminar über Virginia Woolf zu halten?

Ich fuhr fort: „Es gab einen Übersetzungsfehler beim Titel. Das Buch wurde jahrzehntelang im deutschsprachigen Buchhandel als ‚Ein Zimmer für sich allein' verkauft."

„Wieso ist das falsch?", fragte Lisa.

„Falsch nicht, aber irreführend. Die Neuübersetzung von 2001 trägt den Titel ‚Ein *eigenes* Zimmer' statt ‚Ein Zimmer für sich *allein*'. Es ist wichtig, dass Frauen Rückzugsräume für sich haben. Aber das Alleinsein ist wahrscheinlich gar nicht so gut für das Schreiben."

„Ja, genau. Das Alleinsein als Ideal entspricht doch wieder dem klassisch-männlichen Genie-Mythos", warf die Postdoktorandin Lena ein.

„Ich sehe das auch so. Der Geniegedanke ist kein brauchbarer, menschenfreundlicher Ansatz! Ein *eigenes* Zimmer könnte auch als ein Raum *eigens fürs Schreiben* verstanden werden, den wir mit anderen teilen können, wenn wir es wollen. ‚With whom will you share it?', hatte Virginia in einem anderen Essay gefragt".

„Spannende Frage", sagte Lena und die anderen nickten zustimmend.

Was ist feministische Schreibpraxis?

Einige Monate nach diesem Gespräch in der Kantine bekam ich wieder ein Mail von meiner liebgewonnenen Weimarer Frauengruppe. Ich jubelte, denn ich fand ihre Ansätze und Themen so frisch und frech. Ich hatte den Eindruck, dass es für Frauen an deutschen Unis bessere Möglichkeiten gab, als im kleinen Österreich. Sie waren so *outspoken* feministisch orientiert, auf eine suchende, fragende und lebensfrohe Weise, die mich anzog. Es tut sich was in Deutschland. Ich fühlte mich geehrt, diese Frauen ein Stückchen begleiten zu dürfen. So weit ich das eben konnte. Ihr E-Mail war kurz und schlug ein.

„Liebe Judith, wir haben wieder ein Budget für eine Fortbildung und möchten dich einladen im Frühling wieder zu uns zu kommen. Wir möchten gerne zu feministischer Schreibpraxis arbeiten. Liebe Grüße aus Weimar."

Bum. Feministisch? Ja, schon, das war ich. Immer schon gewesen. Aber konnte ich dazu ein Seminar halten? Durfte ich das? Was heißt eigentlich für mich *feministisch sein?* Und für sie?

Schreibpraxis? Ja, dazu hatte ich viel zu sagen, aber was ist eine *feministische Schreibpraxis?*

Ich antwortete: „Ja, sehr gerne komme ich. Ich habe ein paar Ideen dazu, aber schreibt mir mal, was ihr konkret unter *feministischer Schreibpraxis* versteht bzw. welche Fragen und Wünsche ihr für das Seminar habt. Liebe Grüße aus Wien."

Das Seminar wurde für die Osterwoche des folgenden Jahres fixiert. Diesmal in Berlin, in Lenas Wohnung, weil ihr Baby dann schon auf der Welt sein würde und sie so nicht nach Weimar reisen musste. Den Winter verbrachte ich damit, mich als vom Ehemann getrennte Frau und Mutter neu zu definieren und zu organisieren. Mitten in einem Strudel aus extremen Emotionen stellten sich mir glasklare Fragen über mich, meine Zukunft, meine Vergangenheit. Wer war ich geworden? Was hatte ich verloren? Wer könnte ich werden?

Ich erinnerte mich nun stärker an politische, historische und philosophische Themen, für die ich mich interessiert hatte, bevor ich Unternehmerin, Ehefrau und Mutter geworden war. Die Mamagespräche auf dem Spielplatz, die Fragen, wie es sich jede für sich selbst und ihre Familie besser einrichten könnte, reichten mir nicht mehr. Ich hatte mich in meinem Studium mit Frauengeschichte beschäftigt und mich immer als Feministin verstanden. Ich war als Tochter und Nichte von Feministinnen groß geworden. Und meine imaginäre Mentorin, Virginia, war genau das, ein feministisches Vorbild. Ja, dachte ich, ich kann mir zutrauen, ein feministisches Seminar zu halten.

Doch Lisa, Lena und Silke schickten mir Fragen über *queeren Schreibstil,* die ich nicht hätte beantworten können. Und einen schwierig zu lesenden feministischen Essay von Donna Haraway, der mich wenig erheiterte. Ich bekam Angst. War ich die falsche Referentin? Wollten sie mit mir über feministische Theorie diskutieren? *Gender*

Theory? Queer Theory? Ich hatte mich mit all dem beschäftigt, vor, so schien es, 100 Jahren, in Berkeley. Doch was bitte hatte das mit Schreib*praxis* zu tun? Dennoch, ich las zwei Bücher über *Queer Theory*, um mich auf den neuesten Stand zu bringen. Es bereitete mir Kopfweh. Ich empfand die Sprache sehr anstrengend und hatte ständig das Gefühl, *ich* sei *nicht* gemeint, ich sei offenbar nicht intelligent genug, um das zu verstehen, bei diesem Feminismus dabei zu sein. Leise dämmerte mir die Frage: Wie geht es anderen Frauen, Leserinnen, wenn es mir so geht? Mir, die ich eine wissenschaftstheoretische Magisterarbeit geschrieben habe, mir, die ich Sprachtheorien in Berkeley aufgesaugt habe? Wer waren die Adressatinnen und was wollten diese Texte von ihnen? Wie sollte, durfte, musste ich also nun selbst schreiben, um den *Queer Theories* gerecht zu werden? Wie wären diese Theorien in meiner Schreib*praxis* umsetzbar? Und sind die Herausforderungen als wissenschaftlich schreibende Frau heute nicht auch ganz andere? So flog ich in der Osterwoche nach Berlin mit einer Menge ungelöster Fragen.

„Behind us lies the patriarchal system; the private house, with it nullity, immorality, its hypocrisy, its servility. Before us lies the public world, the professional system, with its possessiveness, its jealousy, it pugnacity, its greed."

Virginia Woolf, Three Guineas (1938)

Berlin

Ich traf meine Weimarer Frauen in Lenas Wohnung im Stadtteil Neukölln. Lenas erst wenige Monate altes Baby wurde während des Seminars von ihrem Partner betreut. Er brachte es immer wieder zum Stillen in das Wohnzimmer, in die Frauenrunde, die an der Frage tüftelte: Was ist feministische Schreibpraxis? Welche Art von feministischer Schreibpraxis wollen wir?

Zu Beginn des Workshops sagte ich: „Ich hab euch nichts zu lehren. Ich habe Fragen mitgebracht, Paradoxien und Texte und bin außerordentlich gespannt, auf welche Antworten wir gemeinsam kommen werden. Dies ist ein Workshop im eigentlichen Sinne, wir stellen hier ein Werkstück her. Am Schluss schreiben wir Manifeste."

Die Angst war weg. Ich schaute mich in dem Wohnzimmer mit wuchernden Pflanzen, witzigen 1950er-Jahre-Retro-Couchtischen, Bücherregalen und einer breiten Fensterfront um. Berge von Snacks, Kokossaft, Kaffee. Bunte Stifte, eine auf einer Holzplatte befestigte Papierrolle als improvisierter Flipchart-Ständer. Strahlende Augen, Wortwitz und Neugier. Jede von uns wollte ganz da sein, hier und jetzt. Wir waren gespannt und froh.

Zuerst lasen wir meinen Lieblingstext von Joan Bolker „A Room of One's Own is not Enough". Ein amerikanischer Essay, der sich unentwegt auf Virginia Woolf bezieht. Jede Teilnehmerin fasste ein paar Seiten des Aufsatzes in wenigen Sätzen und als Abschnitt einer Bildgeschichte zusammen. Auf unserem improvisierten Flipchart zeichneten wir mit Strichfiguren eine Geschichte von einer Frau, die alleine in einem Zimmer schreibt und der die Decke auf den Kopf fällt. Im *boys club* Universität fühlt sie sich fremd. Joan Bolker hatte in ihrem Text die Universität Harvard, an der sie Professorin und Leiterin des Writing Centers gewesen war, als *boys club* bezeichnet. Denn lange Zeit waren Frauen aus vielen Bereichen in Harvard vollkommen ausgeschlossen gewesen, und auch danach wurde es Frauen schwergemacht, aufzusteigen und sich an dieser Elite-Universität wohlzufühlen. Bolker nannte die Wissenschaftssprache eine *Vatersprache,* eine entsubjektivierende, entkörperte *father tongue.* Keine Muttersprache, sondern eine Fremdsprache. Bolker schreibt auch von den Gewalterfahrungen, individuellen und kollektiven, gegenwärtigen und historischen, die unbewusst über schreibenden Frauen hängen. Sie kämpfen häufig mit jedem Wort, mit jedem Text, auch noch, wenn sie weit oben in der Hierarchie stehen, gerade da. Die Lösung, die Bolker vorschlägt, ist *structures and settings* für *connectedness* zu schaffen, in denen Frauen sich über Schreibprozesse austauschen können. Orte, an denen sie sich gegenseitig zuhören, unterstützen und applaudieren. In diesem Essay, den ich schon so oft gelesen hatte, geht es um Vereinzelung, Konkurrenzkampf und die Frage, warum so viele hochgebildete, zumeist auch *privilegierte* Frauen ganz weit oben in der Wissenschaftshierarchie mit dem Schreiben so hadern.

Bisher hatte ich, wenn ich diesen Text mit Trainees las, so viel Widerstand dagegen zu spüren bekommen: „Aber das ist ja heute nicht mehr so!" Doch hier an diesem sonnigen Frühlingstag in Berlin in diesem Frauen-Zimmer mit improvisiertem Flipchart und süßen Snacks im Jahr 2014 ist dieser Text angekommen, mit voller Wucht. Und mit ihm

Virginia Woolfs „A Room of One's Own", das für das Schreiben eigene Zimmer. *Mit wem willst du es teilen und unter welchen Bedingungen?*, hallte es im Raum. Hier waren wir und teilten diesen Schreib- und Denkraum unter ziemlich guten Bedingungen. *Virginia, can you see us?*

Als nächsten Schritt des Workshops schlug ich vor, jede solle einen Satz aus dem Text von Joan Bolker aussuchen, der sie besonders anspricht und dazu über eigene Erfahrungen an der Universität schreiben. Dann lasen wir vor. Die Texte waren traurig. Traurig und wütend. Meine strahlenden, superwendigen, supergescheiten Nachwuchswissenschafterinnen, so merkte ich jetzt erst, standen jede für sich an einer Grenze. Bleib ich? Geh ich? Kann ich, will ich hier, an dieser Uni, in diesem System, in diesem kämpferischen Hickhack, mit diesen befristeten Arbeitsverhältnissen, mit dieser wagemutigen Dissertation weitermachen, eine Habilitation überhaupt anstreben?

Wenn ja, unter welchen Bedingungen? Bin ich bereit, weiterhin eine Assistentenstelle ausführen, mit unterdurchschnittlicher Bezahlung und übermäßigem Lehraufwand, der mir kaum erlaubt, meine Dissertation zu schreiben?

Ich kannte so viele frustrierte Geschichten von Jungwissenschaftlerinnen, auch aus Wien. Eine Kollegin hatte mir erzählt, dass ihr Professor tatsächlich ihre Forschungsarbeit in einem Artikel unter ausschließlich seinem Namen publiziert hatte. Manch andere fragte sich: Will ich mir weiterhin ein Kolloquium geben, in dem es nichts als grundsätzliche und verunsichernde Kritik an den Konzepten der DissertantInnen hagelt? *The story goes on and on.*

" 1928
- 1832
96

Father's Birthday. He would have been 96, yes, today; & could have been 96, like other people one has known; but mercifully was not. His life would have entirely ended mine. What would have happened? No writing, no books; - inconceivable."

Virginia Woolf, Diary (1928)

Am zweiten Tag drehten wir den Spieß um. Was wollen wir, was brauchen wir? Wie soll die Universität sein, was wollen wir darin und außerhalb sein und werden? Wie gehen wir mit unseren Schreibprozessen um und welche Schreibräume und Verhaltensweisen wollen wir schaffen für uns und für andere? Auch für Studierende, besonders für nachrückende Frauen, die wir fördern wollen.

Und dann am letzten Halbtag des Workshops purzelten famose Manifeste, Pamphlete, Stellungnahmen hervor.

Pamphlet für eine Freiheit des Schreibens

Von Silke Martin

01 Voraussetzung für freies Schreiben ist, einen fairen Sprechraum zu schaffen.
02 Ich muss meine eigene Position markieren.
03 Ich habe das Recht zu schweigen.
04 Ich muss nicht sichtbar werden.
05 Ich schliesse andere aus meinem Schreiben aus.
06 Ich lade andere zu meinem Schreiben ein.
07 Ich suche mir selbst meine Leser_innen.
08 Ich rede nur dort, wo ich mich wohlfühle.
09 Ich schätze das Schreiben anderer und ermutige sie.
10 Ich verletze keinen Menschen aufgrund dessen, was er schreibt.
11 Ich muss Wertschätzung erfahren.
12 Ich muss Unterstützung bekommen.
13 Ich habe eine Stimme, die gehört werden muss.
14 Ich schreibe immer weiter, auch wenn ich aus dem System gehe.
15 Wir müssen gemeinsam gegen verletzende Strukturen arbeiten.

16 Ich unterstütze andere in ihrem Tun und Schreiben, ich setze mich für sie ein und schütze sie.
17 Ich gehe kreativ mit Theorie um.
18 Ich eigne mir Theorie selbstbestimmt an.
19 Ich darf Bruchstellen und lose Enden produzieren.
20 Ich muss herausfinden, was ich erzählen will und warum.
21 Ich schreibe für mich, lasse aber andere daran teilhaben.
22 Ich habe eine Gemeinschaft, ich verbinde mich.

Landen in Wien

„Bin zurück in Wien", tippte ich als SMS zurück nach Berlin. Und weiter: „Ich bin so *high* von unseren Manifesten. Ich hätte gar kein Flugzeug gebraucht zum Fliegen." Ich ging die *Gangway* hinüber in das nagelneue Gebäude des Flughafens Wien Schwechat. In meinem Kopf hallte das Echo der weisen Worte der jungen Weimarer Wissenschafterinnen. Ich schwebte durch die unbesetzte Grenzkontrollstation.

„Ich schließe andere aus meinem Schreiben aus", das hatte Silke, die promovierte Medienwissenschaftlerin, deren Wortwahl so klar und stark war, tatsächlich in ihrem Manifest geschrieben. Andere ausschließen? *How naughty!* Wie unartig! Sie hatte auch geschrieben: „Ich lade andere zu meinem Schreiben ein." Und: „Ich rede nur dort, wo ich mich wohlfühle." Darf frau so etwas sagen? Schreiben? Manifestieren? Praktizieren? Wie wäre das, wenn wir nur mehr in Räumen reden, schreiben, handeln, in denen wir uns wohlfühlen? Nur mehr in den von uns geschaffenen angenehmen Schreibräumen schreiben und nach unseren Regeln? Es kribbelte mir zwischen den Fingern.

In diesen letzten zwei Tagen hatte sich mir durch den Workshop eine Frage beantwortet, die ich unbewusst lange herumgetragen hatte: Was heißt es heute, Feministin zu sein und wo ist da mein Platz? Dahinter hatte die Angst gelauert: Bin ich denn eine *echte*, eine *richtige* Feministin? Darf ich überhaupt als solche sprechen? Noch dazu im wissenschaftlichen Kontext?

Ich nahm am Flughafen Wien Schwechat den Gang Richtung CAT-Train, der mich in die Wiener Innenstadt bringen würde. Ein weiterer Punkt aus Silkes „Pamphlet für eine Freiheit des Schreibens" fiel mir ein: „Ich habe eine Gemeinschaft, ich verbinde mich." Es hallte fröhlich unter meinen Flügeln: „Ich habe eine Gemeinschaft, ich verbinde mich." Ich verbinde mich, ich bin verbunden, ich werde mich weiter verbinden. Ich jubelte innerlich. Ein wohliges Bild erfüllte mich: Ich sah vor mir Lisa, Lena, Silke, Sarah, Christiane und die anderen, wie sie mit mir noch vor wenigen Stunden in Lenas flippiger Post-Studentenwohnung in Berlin konzentriert und feurig geschrieben hatten. Wie wir einander scharf zugehört und unsere Texte beklatscht hatten. Wie wir schreibend die Wunden des Wissenschaftlerinseins in unseren Unisystemen offengelegt, Wut rausgespuckt und dann neue Möglichkeiten an die Wand gemalt hatten: die Weimarer Manifeste zur Feministischen Schreibpraxis vom Karfreitag 2014.

In Wien Mitte stieg ich um, von der Schnellbahn in die U-Bahn, und rollte dann mein Köfferchen den Hügel zu meiner Wohnung hinauf. Müde und beglückt fiel ich in mein Bett. Eigentlich war es nur eine breite Matratze auf dem Boden. Das Ehebett hatte ich in der alten Wohnung gelassen. Die Wogen des Lebens hatten mich hin- und hergeschleudert und auf diesem schönen, alten Holzparkettboden ausgespuckt. Ich lag gut und warm auf meiner Matratze und war zuversichtlich. Und voller Fragen. Würden wir, Paul und ich, eine gute Elternfreundschaft hinkriegen? Würde es unserem Sohn Beloved gut gehen? Würde ich dieses Buch über Virginia und mich je fertigstellen? Würde ich eines Tages selbst als Feministin sprechen?

Alles kommt mit der Zeit, antwortete ich mir. Alles braucht Zeit. Alles ist in der Zeit. Die Dissertantin Lisa hatte vor einigen Stunden an unserem Berliner Tisch geschrieben: „Schreiben ist in der Zeit […]. Auch Denken ist in der Zeit. Ich kann nicht vorher schon Bescheid wissen."

Ich kuschelte mich in das weiche Bettzeug und dachte an Lisas Text über langsames Lesen und Schreiben.

> „but a single text cannot be everywhere at once.
> It cannot do everything all the time nor tell all."
> (Annemarie Mol und John Law)

Lasst uns anders schreiben (und lesen)

VON LISA CONRAD

Lasst uns aufhören Texte zu schreiben, die überall gleichzeitig sein wollen, alles gleichzeitig tun wollen und ALLES erzählen wollen. Lasst uns Texte schreiben, die immer an einem Ort sind, an einem ORT und an EINEM Ort.

Lasst uns Texte schreiben, die die Dinge hintereinander sagen. Eins nach dem anderen; eine Szene nach der anderen; eine Beobachtung nach der anderen; eine Aussage nach der anderen.

Lasst uns konkret sein, an einem konkreten Ort, von dem aus wir schauen. Wir schauen von ihm aus auf einen anderen konkreten Ort (auch wenn das ein anderer Text ist). Wir benennen beides.

(Ich schreibe jetzt gerade über nicht-abstraktes Schreiben. Ich mache das, weil diese Art von Texten, die konkreten und die verorteten, mich berauschen. Ich will mehr davon lesen und mehr davon schreiben. Ich will beschwingt und berauscht schreiben. Und das geht besser, wenn ihr auch so schreibt. Dann kann ich wissen, dass wir eine Gemeinschaft sind.)

Abstraktion ist der Versuch, viele Bilder, viele Situationen und viele Aussagen durch eine einzige Aussage zu ersetzen. Ich denke, das ist in Ordnung. Aber ich denke, das sollte der letzte Schritt sein und nicht der erste.

Lasst uns auch anders lesen. Lasst uns die Texte weglegen, die uns mit Abstraktion auf Distanz halten; die uns die Geschichten hinter ihrer Geschichte versagen; die ihre Quellen nicht offenlegen, obwohl der Text vor Fussnoten strotzt. Lasst uns die Texte weglegen, die ihre eigentliche Positionierung, also den Ort, von dem aus sie beobachten und urteilen, verschleiern.

Lasst uns geduldig lesen. Lasst uns mehrmals lesen, alle Jahre wieder. Lesen kann sich nicht beschleunigen. Lasst uns noch langsamer lesen. Und weniger. Vielleicht können wir dann verstehen, was die andere Stimme sagt. Was hat sie gesagt und wie hat sie es gesagt? Wir können versuchen, das so gut wie möglich herauszufinden.

Lasst uns dann selbstständig lesen und im Text wildern. Wir fragen dann: Was gefällt mir? Was brauche ich davon? Wir brauchen nur das, was nötig ist, um selber schreiben zu können. Den Rest können wir getrost ignorieren. Niemand wird danach fragen.

Texte sind linear. Man schreibt ein Wort nach dem anderen. Ein Satz reiht sich an den anderen. Das Blatt füllt sich von links nach rechts und von oben nach unten. Schreiben ist in der Zeit. Einen Satz zu schreiben dauert vielleicht 30 Sekunden. Eine Seite zu schreiben dauert irgendwas zwischen 5 und 15 Minuten.

Auch Denken ist in der Zeit. Ich kann nicht vorher schon Bescheid wissen. Und es reicht auch nicht, wenn man mir etwas mal schnell erklärt. Erst nachdem ich gelesen, geschrieben, geschlafen, gegessen (#nomnomnom), gesprochen, gezweifelt und etwas erlebt habe, kann ich etwas wissen. Dieser Prozess kann bis zu 5 Jahre (+ x) dauern.

Ja, wir dürfen uns Zeit lassen, dachte ich mir auf meiner Bodenmatratze. Irgendwann werde ich mir wieder ein echtes Bett kaufen. Alles ist in der Zeit. Wir schreibende Frauen wollen bewusst als ganze Menschen agieren, die essen, schlafen, lieben, zweifeln, reden und alles Mögliche erleben wollen. Auch, wenn wir Wissenschaftlerinnen sind. Wir wollen das Leben als Teil unserer Arbeits-, Schreib- & Denkprozesse verstehen. Wir sind keine reinen Kopf- bzw. Vernunftwesen, die am Fließband normierte, erwartete Produkte ausspucken!

Ja, dachte ich auf meiner Matratze, ich muss jetzt mal schlafen und essen und reden und dann kann ich weiterdenken. Weiter planen. Doch jetzt war schon klar: Ich bin dabei zu landen, anzukommen in meinem Leben, in Wien, in Europa. In einem Feminismus, der mir Freude macht. Übermorgen würde ich meinen Sohn von seinem Papa abholen und mit ihm unser kleines Osterfest vorbereiten.

> „One cannot think well, love well, sleep well, if one has not dined well."
>
> Virginia Woolf, A Room of One's Own (1929)

Am nächsten Tag wachte ich sehr früh auf. Ich war aufgedreht, gleich nach dem Frühstück schaltete ich meinen Computer ein und las begierig die Manifeste, die sie mir bereits per E-Mail geschickt hatten. Christianes Manifest hieß: „Ich. Jetzt. Hier. Mit Euch. Darum!" und trommelte geradezu. Es war ein Aufruf an „Schwestern und Alliierte!":

ICH. JETZT. HIER. MIT EUCH. DARUM!
Manifest zur feministischen Schreibpraxis

Von Christiane Lewe

Schwestern und Alliierte!
Wir wollen schreiben. Wir haben viel zu sagen.
Wir wollen uns lesen.

Der boys club tut alles, um unser Schreiben strukturell zu verhindern. Deshalb müssen wir structures & settings aufbauen, die uns eigene Räume eröffnen. Eigene Räume, in die wir einander einladen, in denen unser Schreiben möglich wird.

Unser Schreiben ist anders. Es findet andere Formen. Es ist situated & limited. Es ist ehrlich. Genau wie unsere Leser_innenschaft. Text und Leser_in bilden eine Kollaboration, die gelingen oder scheitern kann. Dafür trägt die Autor_in keine Verantwortung.

Die Kollaboration mit dem Text ist der Ausgang für konkretes, positives Feedback. Daran wächst der Text.

Im Prozess steten Schreibens, Lesens, Feedbackgebens gedeihen Texte von lokaler, begrenzter Wirkung. Ihre ephemere Zahllosigkeit überschwemmt den Planeten. Nicht mehr zu ignorieren. Nicht mehr kleinzureden. Aus Produktivität wird Evidenz, während exkludierende Diskurse mit Universalitätsanspruch an ihrer Doppelzüngigkeit krepieren.

Schreiben, schreiben, schreiben. Ich. Jetzt. Hier. Für mich. Für euch. Mit euch. DARUM!

„Unser Schreiben ist anders", hatte Christiane geschrieben. Sie wolle keine entkörperten, pseudo-objektiven wissenschaftlichen Texte mehr schreiben, die den wahren Grund ihres Entstehens verwischen, ihren spezifischen Blickwinkel aufblähen zu einem scheinbaren allwissenden *Gottesblick*. Silke hat es so formuliert: „Ich muss herausfinden, was ich erzählen will und warum." Die Autorin darf spürbar sein, anwesend im Text, auch im wissenschaftlichen und sie „darf Bruchstellen und lose Enden produzieren". Sie darf Widersprüche öffnen, auch im eigenen Denken, muss sie nicht zukitten. Feministisches Schreiben sei, so waren sich meine Weimarer Frauen in Berlin einig – und folgten damit Donna Haraway – *situated and limited*. Also ortsgebunden, zeitgebunden, limitiert in Wissens- und Machtanspruch. Und damit ehrlicher, angreifbarer und auch näher am Leben. Ja, sie schienen mir alle so angreifbar, verletzlich, meine starken, coolen Weimarer Frauen. In ihrer Lebendigkeit.

Ich hatte sie noch so klar vor Augen. Wie sie am gedeckten Tisch saßen und lachten, wie Lena sich immer wieder mal zum Stillen zurückzog und über ihren bald auslaufenden Lehrvertag redete, und wie Silke, die überlegte, eine Habilitation zu schreiben, in ihrem Pamphlet schon mitdachte, wie es außerhalb des Systems weitergehen würde: „Ich schreibe immer weiter, auch wenn ich aus dem System gehe."

Was würde sich nun verändern in meinem Leben und Schreiben nach diesem besonderen Workshop in Berlin? Ich würde in der kommenden Woche wieder meine Schreibfreundinnen treffen, wie jeden Donnerstag. Und ich würde ihnen von den Manifesten erzählen und auch mein Buchprojekt über Virginia wieder aus der Schublade hervorholen. Es war wieder mal viele Monate lang auf dem Abstellgleis gestanden. Ein fertig überarbeitetes Kapitel und etwa hundert Seiten Rohtext im Pausenmodus. Irgendetwas, vieles, das Leben, die Liebe, die Familie, die Arbeit, kleinere Texte, die ich publizieren konnte, hatten mich davon abgehalten, weiterzuschreiben, es fertigzustellen. Ich war zu müde gewesen, zu abgelenkt, zu traurig und es hatte mir Angst gemacht.

Doch, jetzt wusste ich wieder, wo der Schlüssel lag: „Ich habe eine Gemeinschaft, ich verbinde mich", klang das Echo in meinem Kopf. Und spürte das Wohlgefühl im Bauch, dass ich schon längst diese Gemeinschaft gefunden hatte und ein paar Antworten auf die bange Frage, die ich mir vor ein paar Jahren in Los Angeles gestellt hatte: Wird die Zukunft in der alten Welt ankommen? *Yes! Virginia, you have said, it's our turn now. I can proudly present: Here are our first replies.*

WISSENSCHAFT SUCKS!

MANIFEST FÜR EINE BESSERE WISSENSCHAFT!

WELCHE WISSENSCHAFT SUCKS?

SOLCHE, die denkt sie verändert nicht die welt
denkt sie wäre theorie ohne praxis
denkt sie wäre für alle interessant
denkt sie produziert ergebnisse
denkt sie denkt anstatt zu komponieren

WELCHE WISSENSCHAFT IST BESSER?

JENE, die aus der welt kommt und das weiss
ein anderes schreiben probiert und produziert
schön und unschön ist
sich ihrer macht bewusst ist

WARUM?   DARUM!

WIE MACHEN WIR DAS?
SO: immer wieder neu versuchen,
was queer-feministisch sein könnte
uns gegenseitig kritisieren und irritieren
uns gegenseitig bestärken und bekränzen
unsere verbundenheit aktivieren
unsere sprache dekonstruieren und
neu erfinden
uns neu erfinden
die welt neu erfinden

WER IST WIR/UNS?	wir schwisterngang, die wir uns zusammenrotten – wir sind gefährlich –
WIE LANGE?	so lange wir zeit haben und nicht das recht in anspruch nehmen auch zu schweigen
FÜR WEN?	für alle, die sich verschwistern wollen und alle, die interessiert sind. alle anderen sollen was anderes lesen!

MIT WELCHEM ZIEL? EINE BESSERE WELT!

(lena eckert, bauhaus-universität weimar)

Am Abend dieses ersten Tages nach meiner Rückkehr aus Berlin traf ich in einer amerikanischen Cocktailbar in der Nähe des Stephansdoms Simon, einen Freund, der wie mein Vater und auch wie Paul, selbstverständlicher feministischer *Alliierter* war. Lena hatte ihr Manifest an *Schwestern und Alliierte* gerichtet. Der Begriff *Alliierte* gefiel mir ausgezeichnet. Ich fand ja gar nicht, dass Feminismus nur Frauen zu interessieren hatte, und er war auch per se nicht männerfeindlich. Genauso wie ich mich als Alliierte von Anliegen anderer Gruppen empfand, ohne dazuzugehören. Ich war keine Schwarze, keine Lesbierin, keine JüdIn und keine MigrantIn, konnte aber deren Blickweisen gut annehmen, ja sie bereicherten mich.

Ich erzählte also Simon, dem Alliierten, überschwänglich von meinem historischen Berliner Ereignis. Mein Bericht endete aufgebracht: „Sie sind so klug, so engagiert, so am Puls, jede Universität müsste ihnen den roten Teppich ausrollen! Aber, weißt du was? Sie denken alle darüber nach, das universitäre System zu verlassen!"

„Das überrascht mich nicht so sehr. Prekäre Arbeitsverhältnisse treffen Frauen besonders stark", sagte er.

„Genau! Stell dir vor, du hast wie Lena ein Baby, da kannst und willst du beim besten Willen nicht alle drei Jahre einen befristeten Vertrag in einer anderen Universitätsstadt annehmen! Doch auch die, deren Stellen noch länger nicht auslaufen, fühlen sich einfach nicht wohl. Der normative Druck, wie nun welche Art von Wissenschaft zu betreiben sei, und die Angstfrage, welche Art von Texten und Schreibweisen denn nun wirklich-wirklich *wissenschaftlich* ist und was alles nicht. Das macht einfach keinen Spaß."

Ich nippte an meinem Drink, sog an einer Zigarette. „Letztlich war es genau das, was auch mich dazu gebracht hatte, nicht an die Uni zurückzukehren, keine Dissertation zu schreiben, auch wenn ich mir das immer wieder mal überlegt hatte."

„Ja, aber du arbeitest dennoch wissenschaftlich. Lehrst ja auch an Universitäten."

„Ich? Wissenschaftlich?"

„Klar!"

Ich lachte: „Ja, aber nicht wirklich-wirklich, richtig-richtig wissenschaftlich. Ich halte das Korsett nicht aus!", ich lachte und fuhr fort: „Gleichzeitig ist mir bewusst, dass diese Normierungen *per se* nicht Wissenschaftlichkeit definieren. Aber ich habe mich auch bis vor Kurzem als nicht *richtige* Feministin gefühlt. Und kenne so viele andere Frauen, die mit der Selbstbezeichnung *Feministin* ein Problem haben. Ist das nicht absurd? Dabei können wir doch selbst definieren, was das alles sein kann: *Feminismus. Wissenschaft. Universität.*"

„Genau. Und genau das hast du mit dieser Frauengruppe in Berlin gemacht. Großartig!"

„Ich finde das auch phänomenal. Es wäre nämlich schade, wenn genau diese Frauen von der Uni weggehen würden!"

„Vielleicht finden und erfinden sie ja andere Räume, bessere, neue? Ich finde es gut, wenn sie sich dem System nicht zum Fraß hinwerfen."

„Eine meiner Weimarer Frauen, Silke, hat in ihrem Manifest geschrieben: ‚Voraussetzung für freies Schreiben ist, einen fairen Schreibraum zu schaffen.' Ein fairer Schreibraum sind unsere Universitäten sicher nicht. Da herrscht so viel Neid, verletzende Kritik und ja, ein Dauerkampf. Vielleicht geht es jetzt genau darum, neue, eigene Systeme zu kreieren. Solche, in denen sie sich, wir uns, wohlfühlen. „Ich rede nur dort, wo ich mich wohlfühle", dieser Satz von Silke haut mich fast um."

Ich trank meine Margaritha, lauschte der leisen Jazzmusik und sagte schließlich: „Ich rede nur mehr dort, wo ich mich wohlfühle – das ist eine Art freiwilliger Rückzug aus dem System. Eine Verweigerung. Das klingt irgendwie nach Nonnendasein!" Ich lachte kurz auf, dachte aber dann an die lange Geschichte der Frauen, die sich im Mittelalter und auch danach in Klöster zurückgezogen hatten, um sich dort der Bildung, den Büchern, dem Schreiben widmen zu können. Was ihnen überall sonst verwehrt worden war. Plötzlich rief ich: „So wie Virginias Tante!"

Simon fragte: „Wer? Was ist mit der?"

„Virginia Woolf hatte eine Erbtante. Das Erbe von dieser Tante war die Basis für ihr relativ unabhängiges Leben und Schreiben. Jedenfalls war da irgendwas mit dieser Tante!"

„Was denn?"

„Sie war, glaub ich, so eine Art Nonne. Keine katholische. Ich weiß es nicht so genau."

Ich blickte genussvoll im den dunklen Raum der klassisch amerikanischen Bar mitten in der Altstadt von Wien. Menschen aus aller Welt tranken hier bunte Cocktails, rauchten, redeten, flirteten, hörten Jazz. Hinter der Bar war ein mehrere Meter langes Aquarium, dessen blaues Licht die Hauptlichtquelle in dem ansonsten dunklen Raum war. Dies war ein Ort, der denkbar weit entfernt von einem katholischen Kloster war. Mit Katholizismus hatte ich nicht viel am Hut. Ich sprach weiter über Virginias Tante, die sicher keine Katholikin gewesen war, aber, so vermutete ich, sehr religiös und zurückgezogen gelebt hatte: „Sie lebte im 19. Jahrhundert unverheiratet in Cambridge in irgendeiner spirituellen Gemeinschaft und schrieb. Wie und was, würde ich gerne wissen."

Schreibtreffs in Wien

Schon seit einigen Jahren veranstalteten wir im *writers'studio* jeden Donnerstag einen internen Schreibtreff. Meine Trainer-Kollegin Johanna und ich waren immer da, komme was wolle, das war unser Schreibvormittag. Manchmal kamen andere hinzu. Wir plauderten kurz und stürzten uns danach gleich ins Schreiben. Die Seminarräume des *writers'studio*, die gemütliche Lounge mit den breiten Leder-Fauteuils ebenso wie die Factory mit großem weißen Tisch und orange gestrichener Wand. Wir machten uns Kaffee oder Tee, aßen Kekse, schrieben, tauchten jede ganz ein in ihre Schreibwelt.

Am diesem Donnerstag beim Schreibtreff mit Johanna und zwei anderen Kolleginnen sagte ich bei unserer Blitzlichtrunde um Punkt neun Uhr: „Ich mache mich heute auf die Suche nach Virginias Tante."

Johanna wollte an ihrem *Memoir* arbeiten, Miki einen Flyer für eine Ausstellung texten und Chris schrieb an ihrer Dissertation. Wir teilten uns auf die zwei Seminarräume auf, die einmal pro Woche zu unserem gemeinsamen stillen Schreibraum umfunktioniert wurden. Ich holte mehrere Biografien über Virginia aus dem Regal, setzte mich an meinen Tisch in der Lounge und suchte im Index Verweise auf die Tante.

Sie hieß, wie ich nun erfuhr, Caroline Emelia Stephen, kam aber in meinen Büchern nur ansatzweise vor. Sie wurde vor allem als Virginias Erbtante angeführt. Als Virginia ein Kind war, war ihre Tante Caroline in der Familie belächelt worden. Ihr Vater hatte oft Witze über „the nun" oder, wie er sie auch nannte „Silly Milly" gemacht. Vor allem, so wurde in den Biografien beschrieben, hatte Caroline in der Familie die Rolle der geduldigen Pflegerin in schweren Krankheitsfällen und an Sterbebetten. Dafür war Caroline ihrem Bruder, Leslie Stephen, Virginias Vater, offenbar gut genug: Als pflichtbewusste viktorianische Tochter und Schwester hatte sie ihre gemeinsame Mutter viele Jahre lang als Kranke bis zu deren Tod gepflegt. Danach hatte sie sich um ihn, ihren Bruder Leslie, gekümmert, als dessen erste Frau verstorben war. Und nach Leslies Tod wohnte seine Tochter Virginia einige Monate bei Caroline in Cambridge, um sich von ihrem psychischen Zusammenbruch zu erholen.

Aber Caroline hatte auch geschrieben und publiziert. Ich fand jedoch kaum Details über ihr Leben und Schreiben. So stürzte ich mich ins Internet, etwas, das ich normalerweise gleich in der Früh unterlasse. Zuerst eigenes Schreiben, dann erst das wirr machende Worldwide Web. Doch ich war neugierig. „Caroline Emelia Stephen" gab ich auf Google ein.

Und da fand ich, was ich suchte. Einen Link zu einem wissenschaftlichen Essay mit dem Titel „Caroline Emelia Stephen (1834–1909) and Virginia Woolf (1882–1941): A Quaker Influence on Modern English Literature."

„*Wow!*" rief ich und rollte meinen roten Drehsessel ruckartig nach hinten. Mir gegenüber auf dem Sofa saß Miki, sie schaute kurz auf, nickte mir zu und schrieb weiter. Wir waren jede ganz in ihrer Denkwelt versunken. Und doch miteinander. Ich drückte auf Print, holte mir Kaffee und den Ausdruck dieses zehnseitigen Artikels von Alison M. Lewis, erschienen im Fachmagazin „Quaker Theology". Ein Quäker-Fachmagazin? Wie bunt und weit die Welt doch ist!

Mit Kaffee und Leuchtstift ließ ich mich in einen der schokobraunen Lederfauteuils der Lounge fallen und las und staunte.

Der Text handelte vom Einfluss der berühmten Quäker-Publizistin auf ihre berühmte Nichte Virginia Woolf. Die berühmte Quäker-Publizistin? Ich las, dass Carolines Buch „Quaker Strongholds", erstmals 1891 erschienen, bis heute, mehr als 100 Jahre nach seinem ersten Erscheinen, ein Klassiker der Quäker-Literatur sei. Ich erwischte mich dabei, diese religiöse Publikation ein wenig zu belächeln. Doch dann las ich in dem Artikel, dass die Quäker immer schon eine relativ starke Geschlechtergerechtigkeit und von Anfang an offenbar flache Strukturen gepflegt hatten. So gab es etwa keine Priester. Die Quäker waren eine ziemlich egalitäre spirituelle – christlich und pazifistisch orientierte – Gemeinschaft, die sich eigentlich *Religious Society of Friends,* kurz *Friends* nannte. Laut Wikipedia waren die *Friends* im 17. Jahrhundert in England von einem Mann und einer Frau gegründet worden. Religiöse Wahrheit wurde im Inneren gesucht. Die Quäker bevorzugten einen einfachen Lebensstil. Im 19. Jahrhundert traten sie in Amerika gegen Sklaverei auf.

„Ole, Caroline! Right on!", wollte ich rufen. Doch ich wollte meine Schreibkolleginnen nicht stören.

Ich las weiter und erfuhr, dass Caroline als 35-jährige Frau, nach dem Tod ihrer Mutter, den Quäkern beigetreten war. Sie engagierte sich stark in der *community* und lebte alleine in einem Haus in Cambridge. Sie war Vortragende und Autorin mehrerer Bücher. Sie hatte sich in eine Welt zurückgezogen, in der sie sich wohlfühlte, in der sie agieren, schreiben, reden und publizieren konnte. In die sie auch immer wieder ihre Nichte Virginia reinholte, aufpäppelte, bestärkte, ermutigte zu schreiben und unabhängig zu sein. Auch finanziell.

Virginia wurde erst im Laufe ihres Lebens zunehmend bewusst, wie wichtig die Erbschaft von Tante Caroline als Basisfinanzierung für ihr Leben als werdende Autorin gewesen war. Diese Erkenntnis brachte sie in „A Room of One's Own" zu der Forderung nach einer bestimmten Summe Geld pro Jahr gebracht. Virginia setzte mit diesem Essay auch ihrer Erbtante Caroline ein Denkmal. Jede, die „A Room of One's Own" aufmerksam liest, weiß, woher in Virginias Fall das Geld kam, das sie sich für jede schreibende Frau wünschte. Auch wenn wir sonst nicht viel über die Tante erfahren.

> „Indeed my aunt's legacy unveiled the sky to me, and substituted for the large and imposing figure of a gentleman [...] a view of the open sky."
>
> Virginia Woolf, A Room of One's Own (1929)

Carolines Erbschaft hat Virginia den Himmel sichtbar gemacht, den freien Blick in die Ferne ermöglicht, anstatt ehrfürchtig zu einem Mann aufzublicken, von dem sie finanziell abhängig war. Die Erbschaft ermöglichte ihr freies Denken und Schreiben. Aber auch Carolines spezifischer spiritueller Rückzug vor der Ehe und vor der Anglikanischen Kirche, so die Autorin des Essays im Quäker Fachmagazin, habe Virginia bestärkt, für sich einen offenen, weiblichen Raum zu schaffen, in dem sie ihrer inneren Stimme anstatt der eines Priesters oder Vaters folgen konnte und in dem auch weibliche Stille besonderen Wert hatte. Alison M. Lewis schreibt: „Caroline's money gave her financial security and independence from the domination of any larger than life ‚gentleman' playing god."

Ich lachte beim Lesen laut auf. *Playing god!* Das erinnerte mich an den *Gottesblick*, den meine Weimarer Frauen – der amerikanischen Feministin Donna Haraway folgend – an der üblichen wissenschaftlichen Schreibe kritisierten. So wollten sie nicht schreiben. Sich als Wissenschaftlerin aufspielen als Quasi-Gott, in dem sie durch den üblichen wissenschaftlichen Diskurs den Eindruck erwecken, als wäre Wissen objektiv, eindeutig, allgemeingültig. Sie wollten stattdessen eine Sprache finden, die Bruchstellen, Erkenntniswege, Entstehungshintergründe, Zweifel, Brüche und die ureigene Motivation sichtbar macht.

Ich las, ich strich herum. Dann schlug ich mein Virginia-Woolf-Notizbuch Nr. 16 auf. Ich war mitten im Thema. Meine Fragen über mögliche Scheidungsvereinbarungen und unglückliche Liebe waren für diesen Vormittag weit weg. Ich schrieb meine Gedanken und Ideen über Caroline und wie ich sie in mein Buch einbauen könnte in Form eines zügellosen *Freewriting* auf:

„Die Autorin dieses Essays über Virginias Quäker-Tante urteilt ziemlich scharf über Leslie Stephen. Sie schreibt über ihn:
[...] he makes every effort to denigrate Caroline's writing. Her work is ‚little' he says, perhaps in contrast to his own ‚big' work. He misnames Quaker Strongholds in his memoir as Strongholds of Quakerism, and calls it ‚another little work of hers'.
Autsch, das tut weh; ich spüre das richtiggehend körperlich. Unglaublich: Caroline hat ein Buch geschrieben, dass hundert Jahre später noch aufgelegt wird. Aber kaum jemand weiß darüber, wahrscheinlich auch, weil ihr Bruder, der Herr Professor, es in seinen Memoiren als „another little work of hers" festgeschrieben und abgewürgt hatte. Das kommt mir bekannt vor: Das Unwohlsein „meiner Weimarer Frauen" an Universitäten hat auch damit zu tun, dass immer wieder direkt und indirekt ihre Arbeit, ihre Texte, ihre Denkansätze gering geschätzt, massiv in Frage gestellt oder einfach ignoriert wurden!"

Ich hielt inne beim Schreiben und schaute auf Miki. Auch sie kannte die Geringschätzung ihrer wissenschaftlichen Arbeit nur zu gut. Ich hatte sie beim Verfassen ihrer Habilitation als Textcoach begleitet. Sie war eine der Ersten, die an der Universität für Angewandte Kunst eine künstlerische Habilitation schrieben, was erst einige Jahre zuvor offiziell möglich geworden war. Sie hatte Jahrzehnte als Designerin dort gelehrt und dies war eine Möglichkeit, ihre Lehrbefugnis abzusichern. Als Künstlerin hatte sie wenig Erfahrung mit klassisch-wissenschaftlichem Schreiben, so kam sie zu mir. Ihre Habilitation schrieb sie über nachhaltiges Design, stellte ihre Objekte aus Glas, Wolle, Holz vor, beschrieb Kontexte, Hintergründe und Möglichkeiten für die Lehre. Wunderbar. Doch als sie schließlich einreichte, kam keine Reaktion. Wochenlang nicht, monatelang nicht, ein Jahr lang nicht. Dann hieß es, die Kriterien für die Einreichung einer Habilitation hätten sich nun geändert, das müsse abgewartet werden. Und außerdem müssen Habilitationen nun in Englisch eingereicht werden. Sie ließ ihren Text übersetzen. Sie wartete, sie fragte nach, sie erkundigte sich. Es vergingen Jahre, in denen es immer wieder bürokratische Gründe gab, warum die Kommission nicht einberufen werden könne. Jahre! Irgendwann sagte sie: „Ich setze ohnehin meine

Lehre fort und bin weiterhin aktive Designerin. Ich schreibe jetzt ein Buch über nachhaltiges Design, das ich selbst verlege. Ich verschwende meine Energie, meine Nerven, meine Contenance nicht mehr an dieses System. Sie wollen mich offenbar nicht habilitieren." Fassungslos hatte ich über Jahre diese Geschichte mitverfolgt. Und unterstützte Miki bei ihren eigenen Schreib- & Buchprojekten, die sie nun, finanziell wie organisatorisch, unabhängig vom Universitätssystem verfolgte.

Ich trank einen Schluck Kaffee, schaute auf Miki mir gegenüber auf der Couch. Sie schrieb flüssig und zufrieden in einem Notizbuch. So schrieb auch ich weiter:

„Immer wieder erzählen mir Frauen, auch meine Weimarer Frauen, wie groß der Druck ist, angepasste, *normalere* Wissenschaft zu betreiben. Wer mitspielen will, muss sich halt an die Regeln halten, sich unterordnen, demütig Verletzungen ertragen.
Wirklich? Müssen wir das?
Ja, vielleicht schon, angesichts dessen, dass viele Frauen, die heute in den Universitäten versuchen, die Karriereleiter zu erklimmen, sehr lange keine gesicherten Positionen bekommen. Jahre oder Jahrzehnte lang quälen sie sich mit der Frage, wann sie wohl rausfallen, anstehen oder selbst gehen werden. Viele erleben Ignoranz, gar Mobbing oder ertragen nur schwer den beständigen ganz *normalen*, Druck – besser! mehr! weiter! – und den üblichen Konkurrenzkampf. Erst recht, wenn sich eine hinauslehnt mit ihrer Themenwahl, ihre Thesen oder ihren wissenschaftlichen Ansätzen. Gar feministische Fragen aufwirft. Jedes Wort, jeder Text, jede Seite, jeder Artikel ist dann prekär. Auch das Privatleben wird anstrengend in so einem Kontext. Lehraufträge an mehreren Unis, Umzüge von Stadt zu Stadt. Kein Wunder, dass viele aufhören. Caroline Emelia Stephen hatte geschrieben:
‚What I felt I wanted in a place of worship was a refuge […] from doubts and controversies […] It seems to me that nothing but silence can heal the wounds made by disputations in the region of the unseen.'"

Was für ein schönes Zitat. Ich lächelte, ich stand auf, ging eine Runde durch die Räume. „A refuge vom doubts and controversies": Vielleicht war das *writers' studio* genau das, ein Rückzugsort von Zweifeln und Kontroversen.

Caroline war, so wurde mir nun klar, gar keine *Nonne i*m engeren Sinn gewesen! Dieser Begriff war eine feindselige, abwertende Bezeichnung ihres patriarchalen Bruders, Virginias Vaters, gewesen. Mitten im frauenfeindlichen, viktorianischen 19. Jahrhundert, über das Virginia sich ihr ganzes Leben lang empörte, entschied Caroline sich für ein Leben als alleinstehende Frau, für ein spirituelles Leben abseits der religiösen Dogmen und eingefahrenen Diskussionen, die sie in ihrem Elternhaus erlebt hatte. Als Mitglied der *Friends* kommunizierte und agierte sie intensiv nach außen – sie war etwa Gesprächspartnerin der berühmten Pazifistin Florence Nightingale. Aber Caroline zog sich – wie es für Quäker angeblich üblich zu sein schien – auch gerne und oft bewusst in die Stille zurück. A retreat! Rückzug kann genussvoll sein. Nicht das fahle strenge reglementierte Nonnendasein.

> „‚I want to write a novel about Silence,' he said; ‚the things people don't say.'"
>
> Virginia Woolf, The Voyage Out (1915)

Ich hatte *writers' retreats* von der hektischen Alltagswelt immer als immens produktiv erlebt. Deswegen baten wir im *writers'studio* neben unseren vielen verschiedenen Schreibtreffs auch mehrtägige *writers' retreats* in Maribor und Piran an. Einmal hatte ich sogar ein kleines *Writers' Retreat mit Kinderbetreuung im Burgenland* organisiert.

Ich schaute um mich, ich hörte von der Factory durch die hohe offene Doppeltür Johanna wie wild auf ihrem Laptop tippen. Chris kam gerade von einem kleinen Pausenspaziergang im umliegenden Servitenviertel zurück in unser Schreibreich. Der Sessel quietschte, als sie ihn vom Tisch wegzog, der Computer surrte, als sie ihn hochfuhr. Ich hörte genau hin, wie sich diese angenehme Stille anhörte. Wie sie roch, wie sie sich anfühlte. Es war, als läge ein leises Schnurren in der Luft.

Silke hatte in ihrem Pamphlet geschrieben: „Ich habe das Recht zu schweigen." Das heißt: Ich muss nicht immer kämpfen, mich nach außen erklären, mit und gegen andere argumentieren. Ich spreche nur dort und dann, wenn ich mich wohlfühle.

Genau deswegen saß ich in diesen gemütlich eingerichteten Schreibräumen, umgeben von gescheiten und lieben Frauen und manchmal auch männlichen Schreibkollegen und las und schrieb seit Jahren zu

Virginia Woolf. Wie eine Privatgelehrte. Mit eigenen Spielregeln. Und langen Pausen, in denen so viel anderes zu erledigen und erleben war.

Virginia hatte sich immer wieder für ein paar Tage oder Wochen im Haus von Caroline in Cambridge einquartiert, auch wenn sie ihre Tante altmodisch und schrullig fand. Sie muss sich dort wohl gefühlt haben. In einem Brief bezeichnete sie Carolines Haus als „ideal retreat for me".

Und sieh an: Im Laufe ihres Lebens ist Virginia zu *der* Philosophin und Praktikerin für Schreibräume geworden. Sie liebte ihre *retreats,* ihre – vielen – eigenen Zimmer, in denen sie sich zum Schreiben zurückzog. Ihr Sommerhaus in Sussex mit dem Cottage Garden und der Schreibhütte, ihre langen Spaziergänge alleine, die Aufenthalte in Cornwall bis ins Alter. Allein zu sein, zu sich zu kommen, sich selbst zuzuhören und zu schreiben, das hatte Virginia auch von Caroline gelernt. Doch Virginia war ebenso wie Caroline keine einsame Einzelkämpferin. Für beide war die andere Seite des gelungenen Rückzugs die Verbundenheit, die *commumity* mit Gleichgesinnten, mit UnterstützerInnen, vor allem aber nicht ausschließlich Frauen. Sie hatten beide auch männliche Alliierte.

Ich hatte Feuer gefangen für Caroline, ihre gegenläufige selbstbestimmte Schreibkultur und ihre selbstverständliche Art, ihre Nichte massiv zu fördern. Und die Art, wie sowohl Caroline als auch Virginia einen sehr anspruchsvollen Diskurs außerhalb der Universitäten geführt und großartige Publikationserfolge erreicht hatten.

Um 11:45 Uhr rief ich in die beiden Schreibräume, verbunden durch eine hohe, klassisch Wienerische Doppeltür: „So, meine Lieben, machen wir dann bald unsere Schlussrunde?"

Als wir wieder, wie um neun Uhr, um den großen weißen Tisch in der Factory saßen, vier Frauen, erzählte Johanna von den handgeschriebenen Seiten ihres *Memoirs,* die sie eingetippt hatte und von Kindheitserinnerungen, die sie neu dazu geschrieben hatte. Wir alle hatten es klappern gehört.

„Unglaublich wie schnell du mit zwei Fingern tippen kannst!"

Johanna, deren Blick noch abwesend vom vielen Schreiben war, lachte: „Ja, mein Adlersystem ist unschlagbar."

Als ich dran war kurz zu berichten, erzählte ich aufgebracht von Caroline Emelia Stephen und all den Verbindungen, die ich plötzlich sah. „Darf ich euch kurz was vorlesen?"

Ich schlug eine Seite meines Notizbuchs auf und las vor:

„Silke Martin schreibt: ‚Ich habe das Recht zu schweigen' und ‚ich rede nur dort, wo ich mich wohlfühle'. Die Stimme dieser deutschen Medienwissenschaftlerin des 21. Jahrhunderts vermischt sich mit der der englischen unabhängigen Quäker-Publizistin des 19. Jahrhunderts, Virginias Tante Caroline Emelia Stephen. Und die Schreibtreffs und Schreibgruppen, die im *writers'studio* und – von uns angeregt – an vielen anderen Orten in Wien stattfinden, vermischen sich mit den feministischen *talking circles* der 1970er-Jahre."

Miki fragte: „Was genau sind *talking circles*?"

„Gloria Steinem", sagte Johanna, „schreibt zum Beispiel darüber. Sie hat in ihrer Zeit in Indien in den späten 1950er-Jahren erstmals weibliche *talking circles* erlebt: sie saßen beisammen und tauschten sich über ihre spezifischen Erfahrungen als Frauen aus. Die feministische Szene im Amerika der 1970er Jahre hat diese uralte Tradition von *talking circles* von Frauen zu einem wichtigen Bestandteil ihrer Arbeit gemacht. Es wurde über Erfahrungen von Frauen offen und in Ruhe gesprochen: Über Lohn- und Hausarbeit, über Sexualität und Gesundheit, über Gewalterfahrungen und Liebesbeziehungen."

Ich sagte: „Irgendwann kam das wohl auch in Europa an." Wir lachten. „Aber", fügte ich hinzu: „ich muss sagen, dass ich reine Gesprächskreise oder Selbsthilfegruppen bei Schreibfragen nicht so sinnvoll finde. Hingegen halte ich das Nebeneinanderschreiben, sich gegenseitig Texte vorlesen und dann – sehr konzentriert und gut moderiert – feedbacken für extrem produktiv, lehrreich, angenehm, ja, unschlagbar! Übrigens bauen unsere Schreibtreffs auf der Tradition der amerikanischen *writers' dates* auf."

Miki sagte: „Jedenfalls funktioniert das Schreiben hier wunderbar, jedes Mal wieder."

Ich sagte: „Was wir als Schreibende hier gemeinsam praktizieren, ist genau das, was in einem der Weimarer Manifeste steht: nur dort zu sprechen, wo wir uns wohlfühlen. Wir lesen unsere Texte nur dort vor, legen unsere Schreibprozesse dort offen, wo sie freundlich aufgenommen werden."

„Hier", sagte Miki, „kann ich mich von der Kampfzone Universität auszuruhen, Luft zu holen. Das Schreiben vergeht einem ja dort."

> "She had felt foolish: Oxford always made her feel foolish."
>
> Virginia Woolf, The Years (1937)

Ich antwortete ihr, aufgebracht: „Ich finde, die Art wie mit deiner Habilitation umgegangen wurde, nicht nur grausam und idiotisch, sondern leider auch typisch."

Johanna schloss sich an: „Als Frau musst du in diesem patriarchalen System schon extra hart kämpfen!"

Jetzt war ich in Fahrt und rief: „Faktum ist, wie viel sich auch immer an unseren Universitäten verändert hat in den letzten Jahrzehnten, sie sind Denk- und Organisationssysteme, die ausschließlich von Männern und unter bewusstem, aggressivem jahrhundertelangem Ausschluss von Frauen geschaffen worden sind. Es ist von seiner Entstehung her ein patriarchales System, in dem sich bestimmt auch viele Männer nicht wohlfühlen. Aber Frauen und ihre Anliegen wurden prinzipiell geringgeschätzt. Das ist an Virginias Geschichte und an Cambridge, dieser Männereliteuniversität, besonders gut sichtbar. Ihr Vater war geprägt von diesem Denksystem, das Frauen weit ins 20. Jahrhundert hinein vehement ausschloss. Dementsprechend abwertend ging er mit Texten von Frauen, die außerhalb entstanden, um. Doch Caroline und Virginia, die keinen Platz in diesem System hatten, schufen für sich selbst andere, angenehme und produktive Schreib- und Denkräume."

Miki sagte: „Das finde ich sehr cool. Gute Vorbilder. Und offenbar, wandten sie sich, wie ich, auch anderen Textsorten zu. Die eine theologisch, die andere künstlerisch, oder?"

„Ja!" rief ich: „Virginia kritisierte an ihrem Vater und seinem Werk besonders, dass er den simplen Objektivitätskriterien des 19. Jahrhunderts so erlegen war. Vielleicht ist das frech, aber ich vermute, dass, die Vorstellungen von Empirie und Wissenschaftlichkeit an unseren Unis bis heute irgendwie auf denen des 19. Jahrhundert beruhen. Dies betrifft auch die etablierten Praktiken und Vorgaben des wissenschaftlichen Schreibens, es sind die des klischeehaften männlichen Einzelkämpfers. Virginia forderte übrigens gegen Ende ihres Lebens, dass wir eine ganz neue Art von College gründen sollen, die Methoden der Beherrschung und Kampfeslust ablehnen.

The new college: „It is young and poor; let it therefore be founded on poverty and youth. Obviously, then, it must be an experimental college, an adventurous college."

Virginia Woolf, Three Guineas (1938)

Wir packten unsere Sachen und verabschiedeten uns aus dem Schreibtreff. Johanna und ich gingen noch gemeinsam auf ein Mittagessen in die Suppenwirtschaft. Als sie ihr Curry löffelte, sagte sie: „Du sprichst immer von den feministischen Manifesten deiner Weimarer Frauen, aber eigentlich hast du eh schon dein eigenes."

„Wie? Manifest? Naja, das würde ich nicht sagen. Aber ich beginne, immer mehr Zusammenhänge zu sehen. Ich lese zur Zeit Bücher von ganz jungen Feministinnen, wie Anne Wizorek und Julia Korbik. Cool, wie frisch und frei sie den Feminisumus für sich neu entdecken. Langsam beantwortet sich mir die Frage: Was bedeutet feministische Schreibpraxis nun für mich?"

„Und? Wie lautet die bisherige Antwort?"

„Diese regelmäßigen Schreibtreffs, die wir abhalten, zu denen vorwiegend, aber nicht ausschließlich, Frauen kommen, dieses kontinuierliche wohlwollende Nebeneinanderschreiben, dieses Erschaffen eines gemeinsamen Schreibraumes durch unsere Anwesenheit, dieses offene, ehrliche und unfehlbar freundliche Reden über Schreibprozesse, das gegenseitige *Friendly Feedback* auf unsere Texte, genau das ist schon meine feministische Schreibpraxis!"

Johanna sagte: „In der dritten Welle des Feminismus darf das eben auch sein, dass Frauen wieder sagen, wir brauchen etwas anderes, etwas Weibliches. Wir wollen uns nicht anpassen an überkommene männliche beziehungsweise patriarchale Normen."

„It would be a thousand pities if women wrote like men, or lived like men, or looked like men, for if two sexes are quite inadequate, considering the vastness and variety of the world, how should we manage with one only? Ought not education to bring out and fortify the differences rather than the similarities?"

Virginia Woolf, A Room of One's Own (1929)

Ich antwortete ihr: „Ich beobachte, dass viele Frauen, nicht alle, sich mehr *connectedness* wünschen, wie Bolker es nennt. Ob Frauen nun aus genetischen oder sozialen Gründen stärker kommunikativ orientiert sind, ist letztlich egal. Wahrscheinlich beides. Und ich denke, dass auch viele Männer diese patriarchalen Hierarchien und den Dauerkampfmodus satt haben. Die Übergänge zwischen Männlichkeit und Weiblichkeit sind ja ohnehin fließend. Darüber schrieb Virginia immer wieder."

„Different though the sexes are, they intermix. In every human being a vacillation from one sex to the other takes place"

Virginia Woolf, Orlando (1928)

„Sie meinte auch, dass es für das Schreiben besonders förderlich sei, die männlichen und weiblichen Anteile in sich zu aktivieren."

„Some collaboration has to take place in the mind between the woman and the man before the art of creation can be accomplished. Some marriage of opposites has to be consummated. The whole of the mind must lie wide open if we are to get the sense that the writer is communicating his experience with perfect fullness."

Virginia Woolf, A Room of One's Own (1929)

Ich fuhr fort: „Jedenfalls steht es uns zu, Systeme und Orte aufzubauen und einzufordern, in denen auch Frauen sich wohlfühlen mit ihrem Schreiben und Reden. Das wäre meine feministische Forderung. Colleges, an die wir gerne gehen, als Studierende und Lehrende und Forschende."

> The new college: „People who love learning for itself would gladly come there. Musicians, painters, writers, would teach there, because they would learn. What could be of greater help to a writer than to discuss the art of writing with people who were thinking not of examinations or degrees or of what honour or profit they could make literature give them but the art itself?"
>
> Virginia Woolf, Three Guineas (1938)

Auf dem Radweg nach Hause entlang des Donaukanals dachte ich an die *Memoir*-Schreibgruppe, die ich mit meiner Kollegin Ana gegründet hatte. Einmal im Monat las jede von uns den anderen einen Ausschnitt aus einem literarisch-autobiografischen Projekt vor. Manche Textstellen gingen tief unter die Gänsehaut, die sie hervorriefen, manchmal stiegen uns Tränen in die Augen und oft auch glucksten wir über die Ironie der Welt oder unserer Lebensgeschichten oder freuten uns miteinander an Durchbrüchen im Text oder im Leben, oft in beidem. Das Schreiben und Sich-Austauschen über die Texte war wie ein Katalysator, manchmal nahmen wir schreibend Entwicklungen vorweg, oft kauten wir nach, verdauten wir, mit vielen Mägen, wie geduldige Kühe. Immer wieder, bis wir es durch hatten. Immer aber gab es Applaus für das Vorlesen, für das Dasein, für das Verbundensein.

Es war also nicht nur dieses Miteinanderschreiben, das meine Schreibpraxis feministisch machte, dachte ich, als ich den Hügel zu meiner Wohnung hinaufradelte. Nein, es lag auch daran, dass in diesen verschiedenen, zufällig zusammengesetzten Schreib- und Feedbackrunden, in denen ich mich bewegte, in denen meine Anwesenheit das Schreiben anderer bereicherte und ermöglichte und die auch mein eigenes Schreiben bereicherten und ermöglichten, eine prototypische Sammlung der wichtigsten Themen und Anliegen von Frauen war.

Ich dachte an Milica, die uns immer wieder Ausschnitte aus ihrem *Memoir* „Bomben über Belgrad" vorlas, in dem sie die langfristigen subtilen, über Generationen wirksamen Folgen von Krieg in ihrem Leben beschrieb. Ja, so war es, die Frauen rund um mich schrieben über Krieg, Emigration, Gewalt, Trauma, Sexualität und Erotik, Bildung, Beruf, Familie, Kinder haben oder keine, Krankheit und Gesundheit und wer bestimmt, was was ist, Wissenschaft und ihre Mauern, Flucht, Armut, inneren Reichtum, Kreativität, Einsamkeit, Solidarität, es war alles da.

> The new college: „Next, what should be taught in the new college, the poor college? Not the arts of dominating other people; not the arts of ruling, of killing, of acquiring land and capital. They require too many overhead expenses; salaries and uniforms and ceremonies. [...] It should teach the arts of human intercourse; the art of understanding other people's lives and minds [...] The aim of the new college [...] should be not to segregate and specialize, but to combine."
>
> Virginia Woolf, Three Guineas (1938)

Es brodelte in mir. Dennoch fühlte ich mich unsicher, die feministischen Thesen, die in mein Leben als Schreibtrainerin und Schreibende gekommen waren, Außenstehenden gegenüber zu formulieren. Doch sobald ich im Illustrations-Lehrgang, den ich nun im dritten Jahr besuchte, eine Aufgabenstellung bekam, sprudelte sofort mein neu gewonnener, neu fokussierter Schreib-Feminismus bildreich hervor.

> The new college: „should explore the ways in which mind and body can be made to co-operate; discover what new combinations make good wholes in human life. The teachers should be drawn from the good livers as well as the good thinkers ...,"
>
> Virginia Woolf, Three Guineas (1938)

Auf eine von Dadaismus und Bauhaus inspirierte Collage klebte ich mit riesigen schwarzen und roten Lettern den Schriftzug: „Create shared writing spaces". Darüber platzierte ich ein Foto von Virginia und ein knallgelbes Quader, das ein Zimmer von oben darstellte, mit mehreren Tischen und vielen Sesseln.

Ich machte auch eine Collage zu den Weimarer Manifesten. Darauf steht eine Frau in akrobatischen Verrenkungen unter dem Dach der Universität. Während sie versucht, mit einer Hand auf dem Laptop zu schreiben und mit der anderen Hand, die sie weit über den Rand der Universität hinausstreckt, ein Baby hält, wird ihr von oben das Messer angehalten. Über ihr thronen diverse Männer und auch Frauen der steilen Universitätshierarchie, die auf die verrenkte, junge Frau ganz unten hinabblicken.

Im Lehrgang entwickelte ich auch eine Infografik in der Größe einer Kreditkarte, eine „Erinnerungskarte" für die Geldtasche: „Warum wir immer noch Feminismus brauchen". Denn ich fand es wichtig, neben den Schreibwünschen von Frauen, die faktische Ungleichbehandlung nicht aus dem Augen zu verlieren. Darauf stand:

Wir brauchen immer noch Feminismus, weil …

- jede 4. Frau Vergewaltigung erlebt,
- 7 von 10 Frauen mit Kind unter 15 Jahren von einem Teilzeit-Gehalt leben,
- Frauen 23,4% weniger Stundenlohn bekommen &
- nur 15 % aller Professuren weiblich besetzt sind.

Außerdem entwarf ich ein Freewriter-Logo für einen Siebdruck, angelehnt an die Ästhetik des Jugendstils, auf dem eine Möwe über die New Yorker Verizano Bridge fliegt, umgeben von Sonnenstrahlen. New York was always on my mind.

> "as a woman, I have no country. As a woman I want no country. As a woman my country is the whole world."
>
> Virginia Woolf, Three Guineas (1938)

New York

Im nächsten Sommer flog ich wieder nach New York. Die Hitze und die jamaikanischen Rhythmen aus den Ghettoblastern an den Straßenecken von Brooklyn begrüßten mich wie leidenschaftliche Küsse. Ich lag auf dem hohen *boxspring bed* in Naomis Gästezimmer und lauschte durch das offene Fenster den Geräuschen des amerikanischen Herzschlags, den Sirenen, den vielen Sprachen, der Musik, den Klimaanlagen an den Fenstern der Nachbarwohnungen. Diesmal war ich gekommen als Malerin, als Frau in Veränderung, in Trennung, in guter Hoffnung für mein Leben als Künstlerin. Ich hatte mich an der New York School of Visual Arts für einen Öl-Porträt-Malkurs eingeschrieben. Stolz fuhr ich mit Leinwänden unter dem Arm und einem Rucksack voller Farbtuben und Pinseln in der New Yorker U-Bahn. Eine Woche lang war ich die Kunststudentin an einer englischsprachigen Universität, die ich immer hatte sein wollen.

Danach besuchte ich einen alten Freund in Boston, einen Studienkollegen aus Berkeley-Tagen, der nun Professor an einem College war. Abends warf Julian den *barbecue* im winzigen Hinterhof seines Hauses an. Während mariniertes Huhn brutzelte, gebratene Annanasstücke dufteten und wir französischen Weißwein tranken, erzählten wir uns gegenseitig unsere letzten zehn Jahre. Dann sagte er: „And what about your current writing? Any new projects?"

Leicht beschwipst erzählte ich von meiner These, dass Virginia Woolfs Geist nach Amerika emigriert sei und dass ich die Szene ihrer Emigration sogar gemalt hatte. Sie auf einem Schiff, das gerade in den Hafen von New York einläuft. Im vierten Kapitel meines Buches hätte ich ihre unsterbliche Seele in New York entdeckt, ihre Ideen und Ansätze. Wie sie förmlich hier lebte!

Julian rief: „Wow, I would love to read that! And I bet lots of people in America would, too! The feminists, the writers, lots of people. Can you publish it in English?"

Ach, meine amerikanischen Freunde und Freundinnen, ach meine männlichen Alliierten!

Ich sagte, dass ich nicht wüsste, ob ich das Virginia-Woolf-Buch als Ganzes je fertigstellen würde. Ob meine Familie mir verzeihen würde, wenn ich über die Jahre des Frosts etwas publizieren würde. Ich hatte im letzten Jahr nur selten an dem Buch gearbeitet.

Ich sagte: „But I *do* like my chapter on Virginia Woolf in New York. And I love the Weimar Manifestos. I wish I could *only* write about that."

„You can. Why don't you make a stand alone essay out of it? In English."

Und so fuhr ich zurück nach Wien, mit zwei Ölporträts im Koffer und einem Auftrag.

Nationalbibliothek Wien

Zuerst schrieb ich endlich das Kapitel über meine Begegnung mit Virginia in New York fertig. Später, so dachte ich, würde ich es vielleicht zu einem *stand alone essay* ins Englische übersetzen.

Eines Tages sagte Johanna zu mir: „Nur Donnerstage sind zu wenig. Wir brauchen einen zweiten Schreibtag pro Woche!"

Und Simon, der Alliierte, sagte, als wir wieder mal in meiner Lieblingsbar saßen, uns durch einen Cocktail und das blaue Licht des Aquariums der Alltagswelt enthoben fühlten: „Ich denke, was du wirklich willst, ist, jetzt endlich einmal dein Buch fertigzustellen. Oder?"

„Ja, klar. Genau das will ich. Das werde ich auch tun."

What a community ...

Von da an traf ich mich zusätzlich zu unseren Donnerstagschreibtreffs jeden Freitag mit Johanna in der Nationalbibliothek. In dem ehrwürdigen, kaiserlichen Gebäude am Heldenplatz im Herzen von Wien gab es einen Lesesaal mit Blick auf den Burggarten. Hier hatte ich in Hochgeschwindigkeit die Rohfassung für das Buch „Frei geschrieben" verfasst, der Raum war für mich getränkt mit positiven Schreiberinnerungen.

Jeden Freitag fuhr ich stolz mit dem Rad über die klassizistische Wiener Ringstraße, bei Regen und Sonne, unter der Allee mit hellgrünen frischen Blättern oder über das herbstnasse Laub, parkte mein Rad dort, wo früher des Kaisers Kutschen gestanden hatten und freute mich auf den morgendlichen Kaffeeplausch in der modernen Lounge der Nationalbibliothek. Oft kam auch noch die eine oder andere Mitschreiberin.

Im Lesesaal saßen wir immer am gleichen großen Holztisch, gegenüber voneinander. Was tat das mit mir? Alles.

Ich bin so eine Frau, wie Joan Bolker sie beschreibt, eine, der im Schreibzimmer allein die Wände zu nahekommen. So sehr ich das Alleinsein oft genieße, auch prinzipiell gerne viel Zeit mit mir verbringe, ich schreibe nicht so gerne alleine. Doch, gewisse Texte schreibe ich sehr gerne alleine, meine Morgenseiten oder Reisegedanken im Flugzeug oder Zug. Auch Angebote, Webtexte und Seminarbeschreibungen klopfe ich zumeist einfach in die Tastatur, alleine in meinem Büro, eins, zwei, drei los geht's. Aber es gibt Texte, die ich in mir trage, die auf diese Weise nicht zum Vorschein kommen würden. Die ich mir, wenn ich alleine bin, nicht zutraue. Oder für die es eben ein Setting der Verbundenheit braucht, dieses Gesehenwerden durch andere, diese Anerkennung der Anwesenheit, die sich so anfühlt, als würden wir uns gegenseitig freundlich versichern: „Ja, ich weiß, du schreibst jetzt und das ist okay, das ist möglich. Und es ist egal, ob du melodramatische persönliche Geschichten aufschreibst oder einen Krimi oder eine komplexe wissenschaftliche Frage durchdenkst, ich sehe dich und ich bin da, egal ob dein Schreiben heute gut oder schlecht wird."

Da spüre ich, dass meine Existenz nicht an diesem Text hängt, sondern gesichert ist. Hingegen werden Schreibzeiten, die ich nur für mich in den Kalender eintrage, oft von wichtigeren Terminen verdrängt. Aber, wenn eine oder mehrere MitschreiberInnen auch da sind, an diesem gleichen Ort wie ich, ist der Zeit-Raum für die nicht-dringenden, aber wichtigen Texte gesichert. Da stehen wir dann am Eingang der Nationalbibliothek mit unserer Jahreskarte und beamen uns hinein ins Schreiben. Ganz leicht. Weil wir es eben so vereinbart haben und weil wir fast jede Woche da sind, an diesem fixen Vormittag, und uns jedes Mal wie kleine Kinder freuen, dass wir uns diese Zeit – wie eine verbotene Schleckerei – gestohlen haben. Heimlich und voller Genuss schlecken wir die Süßspeise. Sie kostet nichts, diese gestohlene Zeit und sie muss auch nichts bringen. Für andere. Wir müssen nichts beweisen, nichts vorweisen, nichts abgeben. Kein Lehrherr beurteilt uns. Keine Note, kein Abschluss, kein Titel. Und doch, wir schreiben Bücher, Dissertationen, Artikel, Geschichten. Manches davon wollen wir publizieren und tun es auch irgendwann, irgendwie, irgendwo. Wenn wir wollen, wann es uns passt und wenn unsere Texte bereit dafür sind. Nicht das Produkt und nicht das Honorar dafür zählt. Was zählt, ist das Schreiben selbst, das gemeinsam nebeneinander Schreiben und darüber – davor und danach – Reden. Das nährt uns, berechtigt uns, mehr als irgendetwas sonst im Leben. Und stärkt uns für oder gegen die Kritik oder Ablehnung, die in der Welt draußen auf uns zukommen könnte.

Denn in unserer Zeit des schnellen und überall verfügbaren Wissens, der Arbeitseffizienz, der Überproduktion von Texten und Bildern geht es nicht darum, genial zu sein. Es geht darum, die Verbundenheit mit sich selbst wiederzufinden und die mit ein paar Mit-Schreibenden und mit den Lesenden.

Ich war einigermaßen zufrieden mit meiner Schreibpraxis, endlich, nach so vielen Jahren hatte ich Wege, Räume und Menschen gefunden, die mein Schreiben ermöglichten. Es hatte zwar nicht jahrhundertelang gedauert, wie bei Virginias literarischer Figur Orlando, aber es ist ein langer Weg gewesen.

Doch immer wieder erinnerten mich andere, wie sie als Schreibende in Systemen, aus denen ich mich draußen hielt, strampelten und kämpften. Eines Tages, etwa ein Jahr nach unserem phänomenalen Workshop zur feministischen Schreibpraxis fand ich einen Eintrag auf dem Blog der Weimarer Frauengruppe, der mich anstachelte:

Raus aus der Frauenförderung

Frauenförderung präsentiert sich uns als ein Anpassungstraining. Wie muss ich sein, um in der maskulin geprägten Arbeits-/Wissenschaftswelt klarzukommen? (Wie lerne ich tiefer und lauter zu sprechen? Wie lerne ich, die Ränkespiele mitzuspielen?) Wie bringe ich meinen Beruf mit Familie und Haushalt unter einen Hut? (Wie schaffe ich es, dabei nicht völlig unterzugehen? Die Antwort: ‚Es gibt in Apolda einen Fensterputzer, der ist günstig und macht sogar die Rahmen.') Dass die Frage danach, wie man Familie und Beruf unter einen Hut kriegt, allein Frauen gestellt wird, ist ein Skandal.

Dass Anpassung die Idee ist, die die Frauenförderung verfolgt, ist auch ein Skandal.

Wir wollen andere Auseinandersetzungen anstossen, z. B. eine historisierende und eine machtsensible Auseinandersetzung. Woher kommt die Forderung, als Familie und in Familien zu leben?

Woher kommt es, dass die ARBEIT in Familien (Haushalt erhalten, Erziehung, Pflege) nicht als Arbeit anerkannt ist? Wer profitiert (vermeintlich)? Wer verliert (vermeintlich)? Wer gerät unter die Räder? Woran macht man ‚Unter-die-Räder-geraten' fest? Wie traurig ist das alles? Wie normal ist das alles? Mit wie vielen Gruppen kann ich mich solidarisieren?

Wieso ist es so schwierig, Dinge anders zu denken und anders zu machen? Wieso ist es so schwierig, die solide ausgetretenen Pfade zu verlassen? Was macht die Hemmnisse so robust?

Aus: Women know your limits, Timestamp: Monday 2014/04/28

Ich fand den Text ungeheuerlich. Komisch und traurig und wahr. Nein, wir wollen kein *Anpassungstraining* und wir wollen nicht *gleichgestellt* werden. Meine Weimarer Gruppe von Nachwuchswissenschafterinnen wurde ja von einem Gleichstellungsbüro finanziert. *Gleichstellung?* Nein, Danke. Was war der Preis, um in diesem System Männern *gleichgestellt* zu sein? Wir wollen anders sein dürfen. Jeder und jede soll anders sein dürfen. Wir wollen eine Schwestern-Gang sein, uns zusammentun, uns unterstützen und verbinden, auch mit Alliierten, Männern und Menschen aus verschiedenen Gruppen, die sich auch nicht *gleichstellen* lassen wollen.

Wir wollen die Verletzlichkeit beim Schreiben und Reden und Denken nicht zudecken, wir wollen Strukturen schaffen, so hatte Silke geschrieben, die nicht verletzen. Und wir wollen diese fairen Sprachräume und lebensfreundlichen Strukturen für das Schreiben von Frauen (und für Alliierte) auch außerhalb der Universität leben. Denn wir schreiben weiter, falls wir die Universität verlassen. Und wenn wir innerhalb der Institutionen bleiben, dann möchten wir Neues riskieren, das hatte Sarah in ihrem Manifest geschrieben.

CONTRA_GLEICH_STELLUNGS_MANIFEST

Von Sarah Czerney

Die Universität ist ein hierarchischer, patriarchaler und oftmals sexistischer Laden, der durch Erzeugung und Aufrechterhaltung von Druck und Erpressung Ungerechtigkeiten produziert.

Die Oben-sticht-unten-Mentalität verunmöglicht kreativ-produktiv-kollaborative Arbeiten. Mit diesen Positionen wollen wir nicht gleichgestellt werden.

Aus der Wut und Empörung über die HERRschenden Zustände, an die wir uns qua Frauenförderung und Gleichstellungsma nahmen anpassen sollen, wächst die Forderung nach feministisch_anderen_Denk_Schreib_Leb_Handels_Seinsweisen und_räumen.

Wir fordern:
Solidarisch-loyal-unterstützende Freiräume

Eine feministische Praxis, die viel sein kann:
Sand im Getriebe – Stören – Riskieren – Anecken – Zusammenhalt – Stärken – Verunsicherung der HERRschaften

Machen wir uns angreifbar, riskieren wir etwas Neues, werden wir mehr, unterstützen wir uns, stehen wir füreinander ein, stärken wir uns, finden wir Räume!

Gegen Gleichstellung mit dem boys club, für feministisch_andere Denk_Schreib_Leb_Seins_Handelsräume!

Virginia Woolf portraitiert von der deutsch-französischen Fotografin Giséle Freund (1939)

Innerhalb oder außerhalb der bestehenden Institutionen, in neuen Colleges oder in Privaträumen, in jedem Fall brauchen wir angenehme Schreibräume. Denn das Schreiben schüttelt uns zuweilen ordentlich durch, das wissenschaftliche und erst recht das Schreiben eines *Memoirs*. Und wer darf denn nun bestimmen, wo die Grenzen und Übergänge zwischen diesen Genres liegen?

Virginia war jedenfalls gegen Ende ihres Lebens sehr radikal geworden. Sie schaute nicht mehr neidisch und sentimental hinein in die Fenster der ehrwürdigen Universität Cambridge, die sie ausgeschlossen hatte. Im Jahr 1939 meinte sie in „Three Guineas", wir brauchen ganz neue Colleges und die alten sollten wir am besten gleich mitsamt ihren Scheinheiligkeiten niederbrennen.

> „[...] **burn the (old) college to the ground.** Set fire to the old hypocrisies. Let the light of the burning building scare the nightingales and incarnadine the willows. And let the daughters [...] dance round the fire and heap armful upon armful of dead leaves upon the flames. And let their mothers lean from the upper windows and cry, ‚Let it blaze! Let it blaze! For we have done with this education!'"
>
> Virginia Woolf, Three Guineas (1938)

Tod

Die Jahre vergingen, Paul und ich begannen, uns an unsere neue Art der Elternschaft zu gewöhnen, getragen von unserer Liebe zu Beloved. Ich reiste mit unserem heranwachsenden, so stolzen und wachen Sohn an die Pazifikküste im Nordwesten der USA, wir campten am Wildstrand und redeten viel. Und ich merkte zunehmend, wie mich meine Verbundenheit mit ihm, mit meinen SchreibfreundInnen und TrainerkollegInnen als alleinstehende Frau, Mutter, Künstlerin, Unternehmerin und Autorin nährte.

Die Jahre vergingen, in denen ich Woche um Woche die Texte meines, dieses Buches überarbeitete. Ich hatte sehr rohe, sehr persönliche Erstfassungen vor mir, vieles davon unverständlich und spannungslos für andere. Während der zwei Schreibtreffs pro Woche, den monatlichen eintägigen *retreats* und in manch winterlicher Auszeit bei meiner Freundin Carina in Südkalifornien verwandelte ich diese Rohtexte sehr langsam, Kapitel für Kapitel. Ich fokussierte, literarisierte, kürzte, baute aus und um. Mein Schreiben über meine Reisen, Erfahrungen und Gedanken wurde – so spürte ich das stark – überhaupt erst wahrhaftig durch die massive Überarbeitung der ursprünglichen Textversionen. Und es passierte dabei eine Verwandlung, die weit über die Texte hinausging. Ich transformierte mich mit ihnen und auf fast magische Weise – wie das oft so ist beim Schreiben eines *Memoirs* – verwandelte sich meine Umgebung gewissermaßen mit.

Doch die bange Frage, was meine Herkunftsfamilie dazu sagen würde, dass ich das Familientrauma in einem Buch publik machen wollte, blieb immer über mir hängen.

Es war kein Schreibdonnerstag, oder -freitag, sondern ein Bürodienstag, als mich die Nachricht erreichte, dass mein Onkel unerwartet verstorben war. Es war der Onkel, der zehn Jahre zuvor seine Tochter, meine Kusine Alexa vor Gericht verklagen wollte, weil sie über die an ihr als Kind verübte sexualisierte Gewalt gesprochen hatte. Er war schon alt und schwer krank, als er starb, dennoch schlug sein Tod ein, wie ein Paukenschlag.

Ich stoppte meine Arbeit in der E-Mailflut, klappte meinen Laptop zu und radelte am herbstlich bunten Donaukanal Richtung nach Hause. Da lag eine tote Ratte auf dem Weg. Später schrieb ich auf dem Balkon zu Hause in der warmen Herbstsonne ein Gedicht über die Ratte. Dann rief ich Alexa an.

> "I meant to write about death, only life came breaking in as usual.
>
> Virginia Woolf, Diary (1922)"

Ich ging nicht zum Begräbnis, wie ich schon seit fast zehn Jahren zu keiner großen Familienfeier gegangen war, die meinen Onkel hofierte und den Ausschluss meiner Kusinen zu Tode schwieg. Doch das Begräbnis sollte ein Neubeginn werden. „Überraschend, wenn auch logisch" wurden später die Folgen seines Todes und des Begräbnisses bezeichnet. Es war, als würde ein Deckel, ein Schatten, eine böse Macht von uns allen gehoben. Wiederbegegnungen zwischen Tanten und Nichten, Gespräche zwischen Müttern und Töchtern, Entschuldigungen und Versöhnungen waren plötzlich möglich, die zuvor undenkbar gewesen wären. Mit einem Kusinenfest beendeten wir die zehnjährige Phase des eisigen Schweigens in meiner Großfamilie.

Zufällig – oder auch nicht – wurde mir genau in diesem erinnerungswürdigen Herbst ein Verlagsvertrag für mein Buch angeboten. Ein *Memoir* in einem Wissenschaftsverlag? Passt das? Oder war es ohnehin ein Sachbuch über Schreiben, auch wissenschaftliches? Ich wollte und musste mich nicht entscheiden. Vielmehr war mir die Vermischung der Genres Programm. Ich hatte kurz davor im Zuge einer Recherche für eine Konferenz Bücher über eine feministische Schreibdidaktik im Raum zwischen Wissenschaft und Kunst/*Memoir*/Politik entdeckt: „Feminism and Composition", „Feminist Rhetorical Practices", „Women Writing the Academy", „Beyond the Archive" und „Autobiographical Writing Across the Disciplines". Ich bestellte diese – amerikanischen – Bücher, ich blätterte sie durch, ich staunte und juchzte. Ein neues wissenschaftliches Schreiben war schon längst im Werden. Ein neues feministisches Schreiben in den Wissenschaften, in dem autobiografische Bezüge von Forschung offengelegt, ja Teil der Arbeit werden, in denen Emotion und Ethik komplementär und damit verbunden mit dem Intellekt sind und auch im wissenschaftlichen Text Raum einnehmen!

Es ging um Forschung, die persönliche Erfahrung bzw. die eigene Familiengeschichte mit dem Fachlichen verbindet. Kreativität und Intuition werden als Methoden wissenschaftlichen Arbeitens bewusst gemacht. Politischer Aktivismus und Wissenschaft arbeiten zusammen und neue hybride Formen von Forschung und Textproduktion entstehen.

Und so dachte ich, schreibe ich also in meinem eigenen abenteuerlichen College, dem *writers' studio,* diese experimentelle Dissertation, für die ich mir dann selbst einen Orden malen werde.

Um das Buch fertigzustellen, hole ich Feedback von einigen KollegInnen und im Buch vorkommenden Personen ein.

Paul freute sich, dass ich unsere England-Reisen literarisch verewigt hatte, aber fragte mich: „Sind die weiblichen Schreibräume nur für Frauen? Inwiefern sind diese geteilten, angenehmen Schreibräume eigentlich ‚weiblich'? Und, ist ‚männlich' etwa *per se* schlecht?"

„Nein!", rief ich. „Du weißt, dass ich Männer, manche, sehr liebe und gerne mit ihnen zusammenarbeite, wenn sie sich solidarisch, eben als Alliierte von feministischen Anliegen, verhalten. Es geht mir letztlich um freundlichere, produktivere Schreibpraktiken und -räume für alle, die das wollen. In meinen *weiblichen*, geteilten, freudvollen Schreibräumen sind jedenfalls Männer willkommen. Ich glaube aber, dass Frauen tendenziell ein stärkeres Bedürfnis haben, in sozialer Verbundenheit zu agieren. Und diese weiblichen Bedürfnisse müssen jetzt auch mal Beachtung finden!"

Finale im Schloss

Im ersten Sommer nach dem Tod meines Onkels fuhr ich mit meiner Mutter im Auto in das abgelegene Schloss unweit von Wien, in dem meine Kusine Alexa seit Kurzem lebte. Wir fuhren über eine kurvenreiche Straße, hügelauf, hügelab, und redeten über das fertige Buchmanuskript, das ich meiner Mutter und meiner Kusine zwei Wochen zuvor geschickt hatte. Ich war schon ein wenig entspannt, denn beide, meine Mutter und Alexa, hatten mir am Telefon gesagt, dass sie das Buch gut fanden und wichtig und richtig. Meine Mutter lenkte das Auto durch die sommerlich saftige Landschaft und ich genoss ihre anerkennenden Worte über mein Buch.

Dann gingen wir auf einer steinernen Brücke über den Burggraben und hinauf in den ersten Stock des jahrhundertealten Schlosses. In einem riesigen Salon mit fünf Meter hohen Stuckdecken und großen abstrakten Gemälden an der Wand saßen wir drei in je einem breiten Polstermöbel. Die Fenster gaben den Blick in die Weite frei, eine österreichische Flusslandschaft mit bewaldeten Bergen.

Als unser Gipfelgespräch begann, sagte Alexa: „Ich verstehe das Anliegen deines Buches sehr gut. Ich bin eine Frau, die ein eigenes Zimmer hat und ausreichend Geld; ich würde so gerne schreiben, tue es aber trotzdem nicht. Wie sich schreibend dieses Schweigegebot auflösen lässt, darum geht es in deinem Buch. Frauen, die schreiben möchten, brauchen mehr als ein Zimmer für sich allein."

Meine Mutter sagte: „In deinem Buch geht es darum, was Schreiben leisten kann, im Leben. Und wie Schreiben gelingen kann. Und ich habe verstanden, wie komplex der Vorgang des Schreibens eines Buches ist."

Alexa sagte: „Auch diese Angst davor, nicht in den wissenschaftlichen Rahmen zu passen, die kenne ich als Lehrende in therapeutischen Ausbildungen nur allzu gut. Immer versuchen wir Frauen, uns anzupassen, an Normen und Formen, die uns nicht entsprechen.

Da sagte meine Mutter: „Mir scheint, es geht der Wissenschaft darum, das Weibliche bewusst draußen zu halten."

„Interessanter Punkt", warf ich ein. „Ich denke das auch. Virginia hat am Ende ihres Lebens gefordert, dass wir ganz neue Colleges gründen."

Alexa fragte: „Wie meint sie das?"

„Also. Virginia hat insgesamt drei Essays über Frauen und Schreiben publiziert. 1928 forderte sie in ‚A Room of One's Own' ein eigenes Zimmer und Geld zur freien Verfügung, damit Frauen schreiben können. Drei Jahre später fragte sie in ‚Professions for Women': Mit wem willst du den Schreib-Raum teilen und unter welchen Bedingungen? Das heißt, sie hatte schon erkannt, dass der einsame Rückzug auch problematisch sein kann. Denn im Kampf gegen den inneren *angel in the house,* der es immer allen anderen recht machen will, verliert frau oft den Mut zum Schreiben. Gerade wenn eine Frau, wie Virginia sagt, beim Fischen im Unbewussten auf Felsen prallt, etwa auf unangenehme Wahrheiten des Körpers, dann wird es alleine zu Hause geradezu unmöglich zu schreiben. Aber, es ist auch nicht genug, dass wir uns zusammensetzen, zusammenschließen beim Schreiben, gemeinsame Rückzugsräume finden. Denn, so schreibt Virginia in ‚Three Guineas' – zehn Jahre nach ‚A Room of One's Own' – die bestehenden Ausbildungsstätten seien dem patriarchalen Konkurrenzkampf verhaftet. Wir brauchen ganz neue Colleges, in denen neue lebensfreundliche und ganzheitliche Methoden gelehrt und gelernt werden. Auch und gerade das Schreiben."

War ich es, die plötzlich die feministischen Schreibpositionen von Virginia so auf den Punkt bringen konnte? Waren wir es, die hier wie drei Fürstinnen in einem Prunksaal bei einer Friedensverhandlung saßen? Wir verhandelten und transformierten die Geschichte, das Schreiben und den Feminismus, staatstragend und zugleich liebevoll.

Ich war tief berührt darüber, wie genau sie mein Manuskript gelesen hatten, wie einverstanden sie mit mir waren und wie selbstverständlich sie meine Darstellung der Familiengeschichte erlaubten. Obwohl sie nicht wussten, wie viele Male ich besonders das Kapitel über das Familientrauma umgeschrieben hatte und welch tiefe Wandlung das Umschreiben für mich persönlich bewirkt hatte, sagte meine Mutter: „Ich verstehe nun, was Trauma für eine Familie bedeutet. Dein Schreiben darüber ist auch ein Beitrag dazu gewesen, dass unsere Familie nun eine neue Lebensphase beginnen kann."

Hatte sie das wirklich gesagt? Ich schaute auf, versuchte uns von oben zu sehen. Es schien mir als wären Kameras aufgestellt, um unser Gespräch als Podiumsdiskussion zu filmen. Ich sah, dass der Stuck in verschiedenen Pastellfarben bemalt war. Gedämpftes Rosa, Hellblau und Hellgelb. Auf dem Klavier standen gerahmte Fotos von Kindern. Es war ein altes Schloss mit langen Zimmerfluchten, aber warm, belebt und friedlich. Wir bewohnten die Geschichte, wir nahmen sie an und veränderten sie gleichzeitig. Jede von uns hatte zuweilen Tränen in den Augen, jede von uns war unendlich froh darüber hier zu sein. Hier und jetzt. Wir hatten den dunklen Schweigeengel vertrieben, besiegt, überwunden.

Ich schaute von den großen Bildern abstrakter Malerei an der Wand auf die kleinen Kinderfotos und hinüber zu den Fenstern mit weiter Sicht hinunter auf die Donau, die gemächlich um den steilen Schlossberg floss. Ich dachte an die Zeiten des Frostes, als mir so gewesen war, als sei alles eingefroren, unsere Herzen, unsere Sprache und die Donau. So wie die Themse in Virginias Buch „Orlando".

Orlando, so dachte ich plötzlich, auf unser Gipfeltreffen wie von oben blickend, hat eine neue Station erreicht. Sie spricht mit ihren weiblichen Verwandten und mit vielen anderen Frauen – und auch mit Männern – darüber, was vorgefallen ist, auch über alles, was schon gut ist und all das, was sich noch ändern muss für Frauen, für Kinder, für alle. Sie spricht offen und informiert und wahrhaftig, und sie lässt sich Zeit.

Da sagte Alexa: „Jede und jeder in unserer Großfamilie hat sehr unterschiedlich lange gebraucht um mit dieser, unserer Familiengeschichte umzugehen. Jede und jeder hat jeweils anderswo gestanden, mit dem eigenen Interesse, der Offenheit, der psychischen Möglichkeit, im eigenen Leben und Werden. Auch das hat die Kommunikation so schwierig gemacht."

Ich dachte an Lisas Satz aus ihrem Manifest: „Denken ist in der Zeit". Erkennen, Schreiben und Miteinanderreden sind in der Zeit. Ein *Memoir* zu schreiben, fertigzuschreiben, so lange zu überarbeiten, bis es öffentlichkeitstauglich wird, ist auch in der Zeit.

Meine erste Reise auf Virginia Woolf Spuren hatte im Sommer 2005 stattgefunden. Ich hatte mich also unfassbare zwölf Jahre lang mit Virginia auseinandergesetzt, allerdings mit einigen langen Pausen. Und ich hatte sechseinhalb Jahre lang, seit meiner Reise nach Maui im Februar 2011, an diesem Buch gearbeitet, oft nur nebenbei.

Die Arbeit an einem *Memoir* ist ein Prozess, der einen selbst verändert. Am Ende, am Schluss ist frau nicht mehr die, die sie war, als sie zu schreiben begann. Manches wird sichtbarer, fühlbarer, klarer; manches kann überwunden werden, anderes schleppst du weiter über die Jahrhunderte des eigenen Lebens. Neue Themen tauchen auf, neue Fragen, neue Texte. Das Leben dauert eben Jahrhunderte, wie das von Virginias literarischer Figur Orlando.

Nach der Beendigung unseres Gipfelgesprächs wollten wir eine Runde um das Schloss spazieren. Meine Mutter, meine Kusine Alexa und ich gingen über die neugebaute Holzterrasse hinunter in den begrünten Turnierhof, in dem reife Marillen an den Bäumen hingen. Plötzlich fiel mir ein, dass der Schluss von Virginias Roman „Orlando" in ihrem – ehemaligen – Schloss spielt.

Das Ende des Buches „Orlando" spielt im Jahr 1928, also in genau dem Jahr, als Virginia diesen Roman fertigstellte. Orlando hat nach Jahrhunderten der Suche und einer magischen Geschlechtsumwandlung ihr Ziel erreicht, sie hat ein Buch mit Gedichten geschrieben und veröffentlicht. Sie fährt im Jahr 1928 mit einem Auto durch den Londoner Verkehr hinaus aus der Stadt, zurück zu dem Schloss, deren Besitz ihr als Frau abgesprochen worden war. Zurück in das Schloss, in dem das erste Kapitel des Romans spielt. Orlando geht zu der großen Eiche, an der sie vor Jahrhunderten als junger Fürst gesessen hatte, oft verzweifelt, weil sie – er – nicht und nicht schreiben konnte. Nun denkt die weibliche Orlando des 20. Jahrhunderts an ihren Verlagsvertrag, das Geld, das sie mit dem Buch verdient hat, an ihren Sohn und an den Ruhm. Doch fragt sie sich:

> „What has praise and fame to do with poetry? What has seven editions (the book had already gone into no less) to do with the value of it? Was not writing poetry a secret transaction, a voice answering a voice?"

Virginia Woolf, Orlando (1928)

Die allerletzte Szene des Romans ist so: Orlando steht bei Nacht vor dem Schloss und kommuniziert mit der Person, die sie vor Jahrhunderten war. In ihrer Imagination oder Erinnerung ist das Schloss mit Fackeln erleuchtet, wie damals, im Jahr 1588, als Königin Elizabeth I auf Besuch kam und den jungen Fürsten Orlando zum Schatzmeister und Verwalter über Ländereien ernannte. Als die weibliche Orlando im Jahr 1928 vor dem nächtlichen Schloss steht, geht der Mond auf.

> „All was still now. It was near midnight. The moon rose slowly over the weald. Its light raised a phantom castle upon earth. There stood a great house with all its windows robed in silver. Of wall or substance there was none. All was phantom. All was still. All was lit as for the coming of a dead Queen."
>
> Virginia Woolf, Orlando (1928)

Orlando sieht vor sich, wie die königliche Kutsche einfährt und Schatten von Menschen sich verbeugen. Die Königin steigt aus, Orlando begrüßt sie. Es schlägt Mitternacht. Der letzte Satz des Romans lautet:

> „And the twelfth stroke of midnight sounded; the twelfth stroke of midnight, Thursday, the eleventh of October, Nineteen Hundred and Twenty Eight."
>
> Virginia Woolf, Orlando (1928)

Virginia beendet den Roman „Orlando" mit dem Datum seiner Fertigstellung. Und wie ist der Schluss des Kinofilms „Orlando"? Er spielt konsequenterweise nicht im Jahr 1928, sondern 1995, zu dem Zeitpunkt, als der Film gedreht wurde. Die Schauspielerin Tilda Swinton fährt auf einem Motorrad mit Beiwagen, in dem ihre kleine Tochter sitzt, durch das moderne London hinaus aus der Stadt. Sie fahren zum Schloss, in dem der Film seinen Beginn genommen hat. Es ist nun, 1995, ein Museum voller Touristen. Doch Orlando und ihr Kind, nunmehr eine Tochter, laufen durch den Schlosspark bis zu der Wiese, wo die Eiche steht. Das

Mädchen filmt mit einer kleinen Handkamera wackelig das hohe, sommerlich trockene Gras und seine Mutter, die nun erfolgreiche Autorin Orlando, wie sie am Boden an die Eiche gelehnt sitzt. Orlando schaut in den Himmel, in die Zeit, Tränen stehen in ihren Augen. Ihre Tochter sagt: „Why are you sad?" Orlando antwortet: „I am not". Dann deutet sie in den Himmel, wo über der Eiche ein androgyn wirkender Mensch mit Engelsflügeln schwebt. Es ist der Sänger Jimmy Somerville in goldenem Gewand, er singt mit hoher Stimme: „I am coming, I am coming, I am here at last, I am free of the past, in this moment of extasy at last I am free." Die Filmmusik läuft weiter, während wir den Abspann sehen.

Und wie wird nun mein Buch enden? Ich glaube weder, dass wir je frei von der Vergangenheit sein können noch, dass dies wünschenswert wäre. Wir können aber die Geschichte transformieren und bewohnen, so wie das auch Virginia mit ihrem Roman „Orlando" gezeigt hat.

Am Ende meines Buches gehen Alexa, meine Mutter und ich durch das Schloss, hinaus über die Brücke, entlang saftig grüner Wiesen. Ich möchte Orlando oder Virginia und uns allen zurufen:

„Schreiben ist möglich und reden auch. Neue Methoden der Schreiblehre sind möglich genauso wie neue, weibliche Formen und Räume des Miteinanderschreibens.

Auf die Frage, was ist feministische Schreibpraxis, kann ich jetzt antworten: Dieses Buch selbst. Es versucht einen Spagat zwischen Wissenschaft und autobiografischem Erzählen, zwischen Fragen zur Frauengeschichte und Schreibmethodik. Ich habe es in weiblichen Schreibräumen konzipiert, geschrieben und vielfach überarbeitet, unterstützt über all die Jahre hinweg durch Schreib-Workshops, Schreibtreffs, Feedbackrunden und *talking circles*, in Vernetzung mit vielen Frauen und einigen alliierten Männern. Dieses Buch ist nicht in Abkapselung von der Welt entstanden, wie es dem Genie-Mythos entsprechen würde, sondern eingebettet in die Fülle und die *ups and downs* des Lebens als Berufstätige, Freundin, Ehepartnerin, Mutter und alleinstehende Frau. Und es ist zu meiner Überraschung zu einer Gesprächsgrundlage geworden für weibliche Erfahrungen in meiner Familie."

Als wir von unserem Spaziergang zurück zum Schloss gingen, um dort gemeinsam ein Mittagessen zu kochen, war ich müde und froh. Ich schaute auf mein Handy, es war Samstag, zwölfter August Zweitausendundsiebzehn.

» «

„Thus, with some time on your hands and with some book learning in your brains [...] surely you should embark upon another stage of your very long, very laborious and highly obscure career. A thousand pens are ready to suggest what you should do and what effect you will have."

Virginia Woolf, A Room of One's Own (1929)

The end, the beginning.

Literatur

Gregor Ackermann und Walter Delabar (Hsg.), *Schreibende Frauen – Ein Schaubild im frühen 20. Jahrhundert,* Aisthesis Verlag 2011.

Claire Aitchison and Cally Guerin (ed.), *Writing Groups for Doctoral Education and Beyond. Innovations in practice and theory,* Routledge 2014. Darin Beitrag von Judith Wolfsberger: *A weekly dose of applause! Connectedness and Playfulness in the Thesis Marathon.*

Gudrun Ankele (ed.), *absolute Feminismus,* Orange Press 2010.

Stephen Barkway, *The Virginia Woolf Daybook,* Virginia Woolf Society of Great Britain 2007.

Chris Baty, *No Plot? No Problem. A low-stress, high-velocity Guide to Writing a Novel in 30 Days,* Chronicle Books 2014.

Quentin Bell, *Virginia Woolf – Eine Biographie von Quentin Bell,* Insel Verlag 1972.

Quentin Bell und Virginia Nicholson, *Charleston – a Bloomsbury House and Garden,* Frances Lincoln Limited 2004.

Michael Bengel, *Tea time vor Land's End – Südenglische Erkundungen,* Picus Verlag 2008.

Luise Berg-Ehlers, *Mit Virginia Woolf durch England,* Insel Verlag 2012.

Luise Berg-Ehlers, *Die Gärten der Virginia Woolf,* Nicolaische Verlagsbuchhandlung 2004.

Joan Bolker (ed), *The Writers' Home Companion,* Henry Holt 1997. Darin besonders: Joan Bolker, *A Room of One's Own is not Enough.*

Dorothea Brande, *Schriftsteller werden. Der Klassiker über das Schreiben und die Entwicklung zum Schriftsteller,* Autorenhaus Verlag 2009.

Gayle Brandeis, *Fruitflesh. Seeds of inspiration for women who write,* Harper 2004.

Bill Bryson, *A Walk in the Woods,* Broadway Books 2015.

Lea Bretz und Nadine Lantzsch, *Queer_Feminismus – Label & Lebensrealität,* UNRAST-Verlag 2013.

Julia Cameron, *The Artist's Way – A Spiritual Path to Higher Creativity,* Penguin Putnam Inc. 1996.

Sigrid Chamberlain, *Adolf Hitler, die deutsche Mutter und ihr erstes Kind – Über zwei NS-Erziehungsbücher,* Psychosozial-Verlag 2003.

Michael Cunningham, *The Hours,* HarperCollins Publishers 1998

Rory Dicker, *A History of U.S. Feminisms,* Seal Press 2016.

Peter Elbow and Pat Belanoff, *Being a Writer. A Community of Writers Revisited,* McGraw-Hill Education 2002.

Peter Elbow, *Writing with Power,* Oxford University Press 1981.

Peter Elbow, *Writing without Teachers,* Oxford University Press 1973.

Diane P. Freedman und Olivia Frey, *Autobiographical Writing across the Disciplines*, Duke University Press 2003.

Christine Frick-Gerke (Hrsg.), Inspiration Bloomsbury – Der Kreis um Virginia Woolf, Fischer Taschenbuch Verlag 2003.

Simone Frieling, *Im Zimmer meines Lebens – Biografische Essays über Sylvia Plath, Gertrude Stein, Virginia Woolf, Marina Zwetajewa u.a.*, Edition Ebersbach 2010.

Angelica Garnett, *Deceived with Kindness – A Bloomsbury Childhood*, Oxford University Press 1984.

Katrin Girgensohn u. Ramona Jakob, 66 *Schreibnächte:Anstiftung zur literarischen Geselligkeit. Ein Praxisbuch zum kreativen Schreiben*, Edition Isele 2001.

Katrin Girgensohn, *Neue Wege zur Schlüsselqualifikation Schreiben. Autonome Schreibgruppen an der Hochschule*, Deutscher Universitätsverlag &VS Research 2007.

Katrin Girgensohn u. Nadja Sennewald, *Schreiben lehren, Schreiben lernen. Eine Einführung*, WBG /UTB 2012.

Natalie Goldberg, *Writing Down the Bones: Freeing the Writer Within*, Shambala Publications 1986.

Natalie Goldberg, *Old Friend from Far Away: The Practice of Writing Memoir*, Free Press 2007.

Alastair Gordon, *Im Zentrum der Pracht*, in: GEO Special New York, Gruner & Jahr 1999.

Fiona Joy Green, *Practicing Feminist Mothering*, Arbeiter Ring Publishing 2011.

Katherine Hill-Miller, *From the Lighthouse to Monk's House – A Guide to Virginia Woolf's Literary Landscapes*, Gerald Duckworth & Co Ltd. 2001.

Gundi Haigner, *Freewriting. Schreib dich frei!* Bildungsverlag Lemberger 2013.

Lewis Hyde, *The Gift – Creativity and the Artist in the Modern World*, Vintage Books 2007.

Danell Jones, *Der Virginia Woolf Writer's Workshop in sieben Lektionen*, Autorenhaus Verlag 2008.

Mary Karr, *The Art of Memoir*, HarperCollins Publishers 2015.

Mary Karr, *The Liars' Club. A Memoir*, Picador Classic 2015.

Judith Kerr, *A Small Person Far Away*, HarperCollins Publishers 2002.

Judith Kerr, *Als Hitler das rosa Kaninchen stahl*, Ravensburger 1978.

Judith Kerr, *Warten bis der Frieden kommt*, Ravensburger 1979.

Judith Kerr, *Eine Art Familientreffen*, Ravensburger 1978.

Gesa E. Kirsch, *Women Writing the Academy – Audience, Authority and Transformation*, Southern Illinois University Press 1993.

Gesa E. Kirsch (ed.), *Feminism and Composition – A Critical Sourcebook*, Bedford/ St. Martin's 2003.

Julia Korbik, *Stand up – Feminismus für Anfänger,* Rogner & Bernhard GmbH & Co. Verlags KG 2014.
Swantje Lahm, *Schreiben in der Lehre,* Verlag Barbara Budrich/ UTB 2016.
Hermione Lee, *Virginia Woolf,* Vintage Books 1999.
Mark Levy, *Geniale Momente: Revolutionieren Sie Ihr Denken durch persönliche Aufzeichnungen,* Midas 2002.
Dorothea Löckner und Alexander Potyka, *Cricket, Tee und alte Schlösser – Britischer Lifestyle,* Picus Verlag 2005.
Petra Neumann, *Marie Luise Kaschnitz und Bollschweil, Spuren 14,* Deutsche Schillergesellschaft 1998.
Nancy Mairs, *Voice Lessons: On Becoming a (Woman) Writer,* Beacon Press Books 2003.
Meredith Maran (ed.), *Why We Write About Ourselves: Twenty Memorists on Why They Expose Themselves (and Others) in the Name of Literature,* Penguin 2016.
Anna O. Marley, *The Artist's Garden – American Impressionism and the Garden Movement,* University of Pennsylvania Press 2014.
Linda Koy Myers and Brooke Warner (ed.), *The Magic of Memoir. Inspiration for the Writing Journey,* She Writes Press 2016.
Jan Morris, *Reisen mit Virginia Woolf,* S. Fischer Verlag 1993.
Molly Peacock, *The Paper Garden – an Artist Begins Her Life's Work at 72,* Bloomsbury 2012.
Sondra Perl und Mimi Schwartz, *Writing True. The Art and Craft of Creative Nonfiction.* Cengage Learning 2013.
Tristine Rainer, *Tagebuch schreiben,* Autorenhaus Verlag 2005.
Gabriele Rico, *Writing the Natural Way: Using Right-brain Techniques to Release Your Expressive Powers,* 15th Anniversary Revised and Expanded Edition, 2000.
Brigitte Römmer-Nossek, *Academic Writing as a Cognitive Developmental Process: An Enactivist Perspective*, Doctoral Thesis Vienna 2017.
Rainer Maria Rilke, *Letters to a Young Poet,* Penguin Books 2011.
Jacqueline Jones Royster und Gesa E. Kirsch, *Feminist Rhetorical Practices: New Horizons for Rhetoric, Composition, and Literacy Studies,* Southern Illinois University Press 2012.
Vita Sackville-West, *Eine Frau von vierzig Jahren,* Edition Ebersbach 2012.
Vita Sackville-West, *Portrait eines Gartens,* Schöffling & Co. Verlagsbuchhandlung 1997.
Ulrike Scheuermann, *Schreibdenken. Schreiben als Denk- und Lernwerkzeug nutzen und vermitteln,* Verlag Barbara Budrich/UTB 2012.
Pat Schneider, *Writing alone and with others,* Oxford University Press 2003
Edith Schofield, *Cornwall Coast PATH: BUDE TO FALMOUTH,* Trailblazer Publications 3rd edition 2009.

Birgit Schreiber, *Schreiben zur Selbsthilfe – Worte finden, Glück erleben, gesund sein,* Springer-Verlag 2017.
Rebecca Solnit, *Men Explain Things to Me,* Haymarket Books 2015.
Gloria Steinem, *My Life on the Road,* Oneworld Publications 2016.
Isabelle Stengers und Vinciane Despret, *Women Who Make a Fuss,* University Minnesota Press 2011.
Marlene Streeruwitz, *Poetik,* Fischer Taschenbuch 2014.
Nhat Hanh Thich, *How to Walk,* Parallax Press 2015.
Pamela Todd, *Die Welt von Bloomsbury – Auf den Spuren von Virginia Woolf und ihren Freunden,* Pavillion Books Ltd. 1999.
Katja Urbatsch, *Ausgebremst. Warum das Recht auf Bildung nicht für alle gilt,* Heyne Verlag 2011.
Johanna Vedral, *Collage Dream Writing: Geschichten aus der Tiefe schreiben,* punktgenau 2017.
Rebecca Walker, *Baby Love: Choosing Motherhood After a Lifetime of Ambivalence,* Riverhead Books 2007.
Rebecca Walker, *Black White and Jewish: Autobiography of a Shifting Self,* Riverhead Books 2001.
Rebecca Walker (ed.), *To Be Real: Telling the Truth and Changing the Face of Feminism,* Riverhead Books 1995.
Judith Wolfsberger, *Frei geschrieben. Mut, Freiheit & Strategie für wissenschaftliche Abschlussarbeiten,* Böhlau/UTB 2016.
Judith Wolfsberger, *Genährt und ermutigt! Wie T.C. Boyle vom Arbeiterkind zum Literaten wurde und was wir von Schreib-Workshops in Amerika lernen können,* in: TextArt 2-2014.
Anna Wizorek, *Weil ein Aufschrei nicht reicht – Für einen Feminismus von Heute,* Fischer Verlag 2014.
Virginia Woolf, *Anon,* in: Twentieth Century Literature, 25th Anniversary Number, Fall/Winter 1979.
Virginia Woolf, *A Beginner's Guide,* Bookpoint Ltd. 2000.
Virginia Woolf, *A Passionate Apprentice – The Early Journals 1897–1909,* Hogarth Press 1990.
Virginia Wolf, *A Writer's Diary – Being Extracts from the Diary of Virginia Woolf,* Harcourt, Inc. 2003.
Virginia Woolf, *A Room of One's Own and the Three Guineas,* Oxford University Press 2015.
Virginia Woolf, *Between the Acts,* Harcourt Brace & Company 1970.
Virginia Woolf, *Briefe 1,* Fischer Taschenbuch Verlag 2006.
Virginia Woolf, *Briefe 2 1928–1941,* S. Fischer Verlag GmbH 1989.
Virginia Woolf, *Das große Lesebuch,* Fischer Taschenbuch Verlag 2005.
Virginia Woolf, *Der gewöhnliche Leser,* S. Fischer Verlag GmbH 1989.

Virginia Woolf, *Die Wellen,* Fischer Taschenbuch Verlag GmbH 1979.
Virginia Woolf, *Ein eigenes Zimmer,* Fischer Taschenbuch Verlag 2005.
Virginia Woolf, *Frauen und Literatur,* S. Fischer Verlag GmbH 1989.
Virginia Woolf, *Jacob's Room,* Oxford University Press 2008.
Virginia Woolf, *London,* Verlag Klaus Wagenbach 1992.
Virginia Woolf, *Moments of Being – Autobiographical Writings,* Pimlico 2002.
Virginia Woolf, *Mrs. Dalloway,* Penguin Books 2000.
Virginia Woolf, *Orlando: A Biography,* Harcourt Brace & Company 1992.
Virginia Woolf, *Schreiben für die eigenen Augen – Aus den Tagbüchern 1915–1941,* Fischer Klassik 2012.
Virginia Woolf, *The Death of the Moth and Other Essays,* Harcourt Brace & Company 1970.
Virginia Woolf, *The Diary of Virginia Woolf 1915–1919,* Houghton Mifflin Harcourt Publishing 1977.
Virginia Woolf, *The Diary of Virginia Woolf 1931–1935,* Houghton Mifflin Harcourt Publishing 1982.
Virginia Wolf, *The Diary of Virginia Woolf 1925–1930,* Houghton Mifflin Harcourt Publishing 1981.
Virginia Woolf, *The Voyage Out,* The Hogarth Press 1965.
Virginia Woolf, *The Waves,* Grafton Books 1977.
Virginia Woolf, *Thoughts on Peace in an Air Raid,* Penguin Books 2009.
Virginia Woolf, *To the Lighthouse,* Vintage 1992.
Virginia Woolf, *Online-Sammlung aller ihrer literarischer und essayistischen Werke durch die The University of Adelaide,* E-books @Adelaide: https://ebooks.adelaide.edu.au/w/woolf/virginia/
Carolinne Zoob, *Der Garten der Virginia Woolf,* Deutsche Verlags-Anstalt 2013.

Copyright der Virginia Woolf- Zitate:
Alle Werke von Virginia Woolf sind bereits Teil der *public domain*. Nach österreichischem, deutschem und englischen Urheberrecht endet dieses für Werke der Literatur, der Tonkunst und der bildenden Künste 70 Jahren nach dem Tode des Urhebers.
Alle Hervorhebungen (fett) in den Zitaten aus Virginia Woolfs Werken und Tagebüchern wurden von Judith Wolfsberger vorgenommen.

Abbildungen

Panoramfotos auf den Kapitelstartseiten:
© Judith Wolfsberger, Kapitel 1: Wanderung nach Chareleston; Kapitel 2: Knole Castle; Kapitel 3: Küste von Cornwall; Kapitel 4: Hudson Bay in New York; Kapitel 5: Cambridge.

Fotos von Virginia Woolf:
Cover: Portrait of Virginia Woolf and Vanessa Garnett, 1932 © Peter Lofts Photography; Vorspann: © National Portrait Gallery, London; Abbildung 1: © Harvard University Library; Abbildung 2: MS Thr 560(100), Houghton Library, Harvard University; Abbildung 3: © National Portrait Gallery, London; Abbildung 4: © Rheinisches Bildarchiv, rba_158948; Abbildung 5: © bpk/IMEC, Fonds MCC/Gisèle Freund.

Dank

Mucindrof, Sept. 2017

Ich sitze im bäuerlichen Obstgarten im kleinen burgenländischen Dorf Mucindrof, die Sonne scheint herbstlich mild, die Zwetschken, Äpfel und Birnen hängen reif an den Bäumen, während ich die letzten Überarbeitungen in mein Manuskript einfüge. Rund um mich sitzen lose verteilt in diesem altmodisch idyllischen Garten meines Kollegen Markus Mersits an je einem Tischchen SchreibkollegInnen und arbeiten an ihren Texten. Ich bin erfüllt von Dankbarkeit über diesen Altweibersommer im kroatischsprachigen Burgenland, so nah an der ungarischen Grenze. An so vielen Orten und in Anwesenheit und Begleitung so vieler außergewöhnlicher Menschen ist dieses Buch entstanden. *Thanks to all of you!*

Ich bedanke mich zuerst bei Paul, der nicht nur die Idee für unsere erste Reise auf Virginia Woolfs Spuren in Südengland gehabt hatte, sondern mit mir alle Englandreisen, die dieses Buch beschreibt, geplant und durchgeführt hat. Ohne seine Begeisterung und Unterstützung gäbe es dieses Buch nicht.

Und genauso wenig gäbe es dieses Buch ohne den immensen Zuspruch, die Gastfreundschaft, die Offenheit, über Schreibmethoden, Buchideen und ihre Entwicklung zu reden, die Herzenswärme und Weite, die mir in den USA immer und immer wieder entgegengebracht worden ist. Ich bedanke mich herzlich bei Carina Johnson, die mir jedes Jahr im Februar den *sun room* in ihrem Haus in Südkalifornien zur Verfügung gestellt und mir mit endloser Geduld zugehört hat.

Thank you, Rebecca Walker, for your wise ideas for book concepts. Thank you, all my great writing teachers at UCLA – Amy Friedman, Colette Sator, Francesca Lia Block, Lisa Cron – and at the NYU.

I am also grateful for enduring friendship and hospitality to Jen Chau-Fontán, Julian Bourg, Katherine Burgomaster, Naomi Singer, and Rosanna Moore. Thanks to David Leibert for your hospitality at The Palms at Indian Head and thanks to the Anza-Borrego Foundation for the great group hikes through the magnificent desert park, which helped me to ventilate my mind in between writing sessions.

Ein Dankeschön an Barbara Bartmann, mit der ich viele Gespräche über meine erste Virginia-Woolf-Reise führen konnte. Die allerersten Texte über meine Reisen auf Virginia Woolfs Spuren sind in Ana Znidars Travel-

Writing-Seminar im *writer'studio* entstanden. Ana hat mich und die Entstehung dieses Buches über ein Jahrzehnt lang begleitet, in Wien, Maribor und auf Brač. Dankedankedanke! In Wien war meine Trainer-& Schreibkollegin Johanna Vedral die stete Säule unserer Schreibtreffs, jahrelang wöchentlich und dann zwei Mal pro Woche und immer öfter. Ich danke dir!

Für intensives und liebevolles Feedback zu Teilen oder dem gesamten Manuskript danke ich, neben den oben genannten, Milica Jancovic, Irene Steindl und den TeilnehmerInnen unserer Memoir-in-Progress-Gruppe. Was für ein Lebensglück diese Feedbackrunden doch sind! Ich bedanke mich bei den TeilnehmerInnen meiner Seminare, die immer wieder nachgefragt haben, wie es meinem Buchprojekt gehe.

Danke auch an Nana Swiczinsky von Illuskills und meine lieben Kolleginnen aus dem Lehrgang für Illustration, Ida Räther, Hilde Renner, Sandra Biskup und Pezu Puffer. Das Malen und Zeichnen mich euch, hat auch mein Schreiben sehr inspiriert.

Herzlichen Dank auch an Christiane Lewe, Lena Eckert, Lisa Conrad, Sarah Czerney, Silke Martin von der Bauhaus-Universität Weimar für die fantastische Zusammenarbeit und dafür, dass ich ihre „Manifeste zur feministischen Schreibpraxis" in diesem Buch publizieren darf. Danke auch an Miki Martinek, die mir ebenfalls Einblicke in die hierarchisch-patriarchalen Strukturen unserer Universität ermöglich und mir gestattet hat, ihre Geschichte zu beschreiben.

Danke an den Böhlau Verlag, besonders an Claudia Macho für ihr Engagement; Danke an Marcus Fischer für die Unterstützung bei der Titelfindung; Danke an Andrea Schiffer für das Cover und den Layoutentwurf. Ein riesiges Danke an Jutta Barsa, die während meiner Schreibzeiten das *writers'studio* so verlässlich und ideenreich gemanagt hat. Danke an Susanne Karel für die Unterstützung bei der Recherche der Zitate und Bilder. Ich bedanke mich aus tiefstem Herzen bei Christine Gruber, die durch ihre weise Begleitung so vieles ermöglicht hat. Danke an Lukas Wurz für viele wichtige Gespräche. Danke an meine Eltern und meine Kusine Alexa, dass sie der Thematisierung der schwierigen Familiengeschichte in einer Buchpublikation zugestimmt haben. Danke an meinen Sohn, dessen Anwesenheit in meinem Leben mir so viel Lebens- und Schaffensfreude schenkt.

Der Herbstwind weht mir die Haare in die Stirn, die Zwetschken am Boden riechen überreif, Markus' Suppe am Herd ruft, ich danke euch allen!

Die Autorin

Judith Wolfsberger, Autorin von
„Frei geschrieben: Mut, Freiheit und Strategie für wissenschaftliche Abschlussarbeiten"
(UTB, 4. Auflage) leitet das writer'studio. Sie hat Geschichte, Wissenschaftstheorie und Creative Writing in Wien, Berkeley und Los Angeles studiert und hält Seminare und Vorträge. Mehr auf writersstudio.at und virginias-vision.com.